Les

MW01707230

Elisabeth Kübler-Ross

Les derniers instants de la vie

Traduit de l'anglais par
Cosette Jubert et Etienne de Peyer

Editions Labor et Fides - Genève

ISBN 2-8309-0096-0
L'édition originale a paru sous le titre « On Death and Dying », New York, The Macmillan Company.
© 1969 by Elisabeth Kübler-Ross.
1975, Labor et Fides, Genève,
1, rue Beauregard, CH-1204 Genève.

Table des matières

Préface

Lorsqu'on m'a demandé si j'étais disposée à écrire un livre sur la mort et les mourants, j'ai accepté avec enthousiasme la proposition. Mais quand je me suis assise devant ma table en me demandant comment j'allais m'y prendre, cela devint une tout autre affaire. Par où commencer? Qu'y mettre? Jusqu'où aller devant des lecteurs inconnus qui liront ce livre, combien de choses pourrai-je communiquer de cette expérience avec des malades qui sont à fin de vie? Quelle quantité de petits traits qui sont transmis sans le secours de la parole et qu'il faut avoir sentis, qu'il faut avoir vus, dont il faut avoir fait l'expérience et que les mots traduisent si mal!

J'ai travaillé parmi les malades proches de leur mort pendant ces deux dernières années, plus quelques mois, et cet ouvrage rendra compte du début de cette expérience qui a fini par devenir, pour tous ceux qui y ont participé, une découverte significative et riche d'instructions. Mon intention n'est pas de rédiger un manuel sur la façon de procéder en présence des mourants, moins encore un traité complet sur leur psychologie. Il s'agit simplement d'un compte rendu sur une nouvelle manière de centrer l'intérêt sur le malade considéré comme un être humain, en l'impliquant dans un dialogue pour apprendre de lui quels sont les points forts et quelles sont les faiblesses de notre traitement hospitalier du patient. Nous avons demandé aux malades d'être nos maîtres en nous apprenant à mieux

connaître les étapes finales de la vie, les anxiétés, les craintes, les espoirs par lesquels on passe en abordant cette dernière phase de l'existence.
J'ai simplement rapporté les récits de mes malades qui ont bien voulu nous faire part des angoisses, des espérances, des déceptions dont nous avons pu être la cause pour eux. Nous espérons ainsi pouvoir encourager d'autres personnes à ne pas fuir les malades «désespérés», mais à s'approcher d'eux, parce que nous pouvons beaucoup les aider au cours de leurs dernières heures. Ceux qui pourront le faire découvriront à quel point c'est là une expérience mutuellement enrichissante; ils apprendront beaucoup de choses sur la démarche de l'esprit humain, sur les aspects absolument uniques de chaque vie humaine et ils sortiront de cette entreprise en se sentant enrichis et peut-être délivrés de certaines angoisses relatives à leur propre fin.

E. K. -R.

I. La peur de la mort

Que je prie, non pour être préservé des dangers,
mais pour les regarder en face,
Et que je ne demande point l'apaisement de ma souffrance,
mais le cœur qu'il me faut pour la surmonter.
Que je ne m'attende point à des alliés sur le champ
de bataille de la vie, mais à ma propre force.
Que je n'implore point avec crainte pour être sauvé,
mais que j'aie foi en la patience pour conquérir ma liberté.
Accorde-moi de n'être pas ingrat, sachant qu'à ta seule
miséricorde je dois mes succès; mais si je succombe,
que l'étreinte de ta main me secoure.

Rabindranath Tagore, La Corbeille de Fruits
LXXIX, p. 116 Edition N.R.F. 1921 4e édition
traduction Hélène Du Pasquier

Les générations passées ont payé un important tribut de vies humaines aux épidémies. La mort faisait de fréquents ravages parmi les nourissons et les jeunes enfants, au point que les familles n'ayant perdu aucun membre en bas âge étaient rares. La médecine a beaucoup évolué au cours de ces dernières décennies. Les vaccinations massives ont permis l'éradication pratique de bien des maladies, du moins en Europe occidentale et aux Etats-Unis. L'usage de la chimiothérapie et en particulier des antibiotiques a contribué à une diminution progressive des issues fatales dans les maladies infectieuses. Les progrès de la puériculture et de l'éducation ont amené une régression de la mortalité et de la morbidité infantiles. Les diverses maladies qui causaient une proportion frappante de décès parmi les jeunes et les personnes d'âge moyen ont été vaincues. Le nombre des vieillards augmente donc et, partant, celui des malades atteints de certaines affections malignes ou chroniques généralement liées au grand âge.
Les pédiatres ont moins à s'occuper de cas aigus ou d'états mettant la vie en danger; en revanche ils soignent de plus en plus d'enfants présentant des symptômes psychosomatiques, des difficultés d'adaptation et des troubles du comportement. Dans les salles d'attente des médecins, on rencontre plus que jamais des gens aux prises avec des problèmes affectifs et davantage aussi de personnes âgées qui non seulement essaient de s'ac-

commoder de leurs facultés physiques réduites et des limitations qui en découlent, mais qui doivent en outre faire face à la solitude et à l'isolement, avec tout ce que cela comporte de peine et d'angoisses. La plupart d'entre eux ne vont pas consulter un psychiatre. C'est à des spécialistes d'autres professions qu'imcombe la tâche de déceler leurs besoins et d'y remédier: aux prêtres et aux pasteurs, ainsi qu'aux travailleurs sociaux. Aussi est-ce à l'intention de ceux-ci que je m'efforcerai de souligner ici les modifications intervenues, auxquelles il faut imputer, en dernier ressort, la crainte toujours plus grande de la mort, la prolifération des cas où les difficultés d'ordre émotionnel dominent, de même que le besoin accru de comprendre les problèmes de la mort et de son approche et d'y faire face.

Si nous portons nos regards vers des temps révolus pour étudier les civilisations et les peuples de jadis, nous sommes surpris de constater que la mort a toujours été pour l'homme un objet de répulsion. Or elle le restera probablement toujours. Au point de vue du psychiatre, c'est très compréhensible et peut s'expliquer avant tout, sans doute, par la notion fondamentale que dans notre inconscient, la mort ne nous apparaît jamais comme possible en ce qui nous concerne personnellement. Notre inconscient n'est pas en mesure d'envisager comme une réalité éventuelle le terme de notre propre vie ici-bas et s'il faut admettre que notre existence terrestre doit avoir une fin, celle-ci sera toujours attribuée à une intervention maligne venant de l'extérieur. En termes plus simples, notre esprit, dans sa partie inconsciente, n'admet pas que nous puissions mourir sans être tués; la mort due à une cause naturelle ou à la vieillesse lui est inconcevable. C'est pourquoi l'idée de la mort en soi est associée à celle d'une mauvaise action, d'un événement effrayant, de quelque chose qui, par définition, appelle une vengeance et un châtiment.

Il est sage de garder ces faits à la mémoire, car ils sont essentiels à la compréhension de certaines communications de nos malades qui, sans cela, demeureraient obscures.

Un autre point qu'il s'agit de saisir, c'est que nous ne sommes pas à même, dans notre inconscient, de distinguer entre un désir et un fait. Nous avons tous eu de ces rêves illogiques dans lesquels deux thèses totalement opposées peuvent subsister parallèlement – ce qui nous paraît tout à fait admissible dans le rêve mais devient impensable et contraire au bon sens sitôt que nous entrons dans l'état de veille. Or, tout comme dans notre inconscient, qui est incapable d'établir la différence entre le désir de tuer quelqu'un dans un moment de colère et le fait d'avoir accompli le geste meurtrier, le jeune enfant n'est pas à même de faire cette distinction. L'enfant qui, fâché de ce que sa mère n'ait pas donné suite à ses désirs, souhaite la voir tomber morte sera fortement traumatisé lorsque cette mort surviendra réellement – même si elle n'est pas liée de façon proche, dans le temps, à ces envies destructrices. Il croira toujours porter, partiellement ou entièrement, la responsabilité de la perte de sa mère. Il se dira sans cesse en lui-même – mais le confiera rarement à quiconque: «C'est moi qui ai fait cela, j'en suis responsable, j'étais méchant, c'est pourquoi maman m'a quitté.» Il est utile de se rappeler que l'enfant aura une réaction analogue s'il perd son père ou sa mère à la suite d'un divorce, d'une séparation ou de l'abandon du foyer par l'un d'eux. La mort est souvent considérée par l'enfant comme un événement passager et ne se différencie donc guère, pour lui, d'un divorce qui ne lui ôte pas toute possibilité de revoir sa mère ou son père absents.

De nombreux parents se souviendront de certaines remarques de leurs enfants, du genre de: «Maintenant, je vais enterrer mon petit chien et le printemps prochain, quand les fleurs repousseront, il se relèvera.» C'était peut-être une aspiration identique qui incitait les anciens Egyptiens à pourvoir leurs morts de victuailles et d'objets divers, dans l'idée d'assurer leur félicité, et les anciens Indiens d'Amérique à ensevelir leurs proches avec leurs effets personnels.

En vieillissant, lorsque nous commençons à nous rendre compte que la toute-puissance humaine a, en réalité, bien peu de pouvoir et que nos voeux les plus ardents sont incapables de rendre possible l'impossible, nous voyons diminuer notre crainte d'avoir contribué à la mort d'une personne chère et, parallèlement, notre sentiment de culpabilité. Toutefois cette crainte ne demeure en veilleuse qu'autant que rien ne viendra la défier. On peut en observer les vestiges quotidiennement, dans les couloirs des hôpitaux et chez les gens qui entourent la famille d'un mort.

Un couple peut avoir passé des années à se disputer, le jour où l'un des partenaires meurt, le survivant se tordra les mains, pleurera, criera, se frappera la poitrine, s'abîmera dans le regret, la peur et l'angoisse; il redoutera davantage qu'avant, par conséquent, sa propre mort, croyant toujours à la loi du talion – œil pour œil, dent pour dent – «Je suis responsable de sa disparition, je devrai, en compensation, subir une mort pitoyable.»

La connaissance de ces faits peut nous aider à comprendre un grand nombre de coutumes anciennes et de rites qui se sont perpétués à travers les siècles et dont le but est d'atténuer la colère des dieux ou des gens, suivant les cas, et de réduire la punition que l'on prévoit. Je pense au cérémonial d'incinération, aux vêtements déchirés, aux voiles de deuil, aux pleureuses des temps anciens – ce sont autant de moyens d'éveiller la pitié à l'égard des endeuillés, d'exprimer la douleur, la peine, la honte éprouvées. Lorsque quelqu'un, à la suite de la mort d'une personne aimée, bat sa coulpe, s'arrache les cheveux ou refuse de manger, c'est qu'il essaie de se punir lui-même, afin d'éviter ou d'amoindrir le châtiment auquel il s'attend en raison du sentiment de sa culpabilité.

Ce chagrin, cette impression de honte et de culpabilité ne sont pas très éloignés du ressentiment et de la colère. Le chagrin, dans son évolution, comporte toujours une part de rancune. Nul n'étant volontiers prêt à avouer sa colère à l'égard d'un mort, ces émotions sont souvent déguisées ou réprimées et viennent prolonger le chagrin, ou se font jour d'une autre façon. Il ne faut pas oublier qu'il ne nous appartient pas de qualifier de tels sentiments de mauvais ou de honteux, mais que nous devons comprendre leur signification et leur origine véritables comme quelque chose d'essentiellement humain. Pour l'illustrer, je choisirai à nouveau l'exemple d'un enfant – et cet enfant, c'est nous. Le bambin de cinq ans qui perd sa mère s'adresse des reproches pour cette disparition, tout en gardant rigueur à celle qui l'a abandonné et qui n'est plus là pour lui donner ce dont il a besoin. La morte devient dès lors pour l'enfant un objet d'amour et de nostalgie infinie, mais il la hait avec autant de force qu'il l'aime, en raison de la privation ressentie.

Les Hébreux considéraient le corps d'un défunt comme quelque chose d'impur, qu'il ne fallait pas toucher. Les premiers

Indiens d'Amérique parlaient d'esprits mauvais et lançaient des flèches en l'air pour les chasser. Diverses autres cultures connaissent des rites destinés à conjurer le «mal» chez les morts et ces coutumes prennent toutes naissance dans ce sentiment de colère qui existe encore en chacun de nous, bien que nous ne l'admettions pas aisément. Il se peut que la tradition des pierres tombales puise son origine dans le désir de retenir les esprits mauvais prisonniers sous la terre et que l'habitude de garnir les tombes de gravier soit, elle aussi, le vestige symbolique de cette même tendance. Quant aux salves des funérailles militaires, elles figurent, bien que nous les considérions comme un «dernier hommage», un rite analogue à celui des Amérindiens jetant leurs lances et leurs flèches à travers les cieux.

Si je cite ces exemples, c'est pour mettre en évidence le fait que l'homme n'a pas foncièrement changé. La mort est toujours, pour lui, un événement terrible, effrayant, et la peur de la mort est universelle, quand bien même nous croyons l'avoir domptée à différents niveaux.

Ce qui a changé, c'est notre manière d'envisager et d'aborder la mort et l'agonie, de même que nos malades mortellement atteints.

Ayant été élevée dans un pays d'Europe où la science n'est pas particulièrement avancée, où les techniques modernes viennent seulement de se frayer un chemin dans la pratique de la médecine et où les gens vivent encore, parfois, comme il y a un demi-siècle, j'ai eu l'occasion d'étudier ce qui correspond peut-être à l'évolution de l'humanité en raccourci.

Parmi mes souvenirs d'enfance figure celui de la mort d'un paysan qui était tombé d'un arbre. Aussitôt, l'issue fatale apparut comme certaine. Il a simplement demandé de pouvoir mourir chez lui, à la maison: un voeu qui fut exaucé sans objection aucune. Il a fait venir ses filles dans sa chambre et s'est entretenu quelques instants en tête-à-tête avec chacune d'elles. Tranquillement, il a réglé ses affaires, en dépit de douleurs aiguës, et fait la répartition de ses biens et de ses terres, dont rien ne devait être retranché, toutefois, jusqu'au moment où sa femme l'aurait rejoint dans la mort. Il a demandé à tous ses enfants de se partager le travail, les responsabilités et les devoirs qu'il avait lui-même assumés jusqu'à son accident. Puis il a prié ses amis de venir une dernière fois, pour qu'il puisse prendre congé d'eux. Bien que je fusse à cette époque encore une petite fille, je n'ai pas été exclue de cet adieu, pas plus que mes frères et sœurs. Nous avons également pu participer aux préparatifs de la famille ainsi qu'à son chagrin, jusqu'à la mort du malheureux. Après qu'il eut rendu le dernier soupir, on ne l'emmena pas, mais on le laissa dans ce foyer qui lui était cher, qu'il avait construit, parmi ses amis et voisins qui vinrent le regarder tandis qu'il reposait, entouré de fleurs, là où il avait vécu, en ce lieu qu'il avait tant aimé. Dans ce pays-là aujourd'hui encore, il n'y a pas de chapelle mortuaire truquée, pas d'embaumements, pas de maquillages qui font croire au sommeil. Seules les stigmates d'une maladie défigurante sont cachées sous des bandages et il faut un cas infectieux pour que l'on emporte le corps avant l'heure de l'ensevelissement.

Pourquoi décrire ces coutumes «démodées»? Je pense qu'elles révélent notre acceptation de l'issue fatale et qu'elles aident le mourant aussi bien que sa famille à admettre la séparation d'avec des êtres chers. Lorsqu'un malade peut finir sa vie dans le milieu qui lui est habituel et auquel il est attaché, il a moins d'efforts à faire pour s'acclimater. Sa famille le connaît suffisament pour pouvoir remplacer, le cas échéant, un sédatif par un verre du vin qu'il préfère; l'odeur du potage qui mijote à la cuisine le mettra en appétit: il pourra boire quelques cuillerées du liquide savoureux, ce qui, me semble-t-il, est toujours plus agréable qu'un goutte-à-goutte. Je ne voudrais pas minimiser l'utilité des sédatifs ou des perfusions et je sais par mon expérience de médecin de campagne, qu'ils peuvent sauver des vies et sont souvent indispensables. Mais je sais aussi que dans bien des cas la patience, des présences familières et la nourriture habituelle peuvent remplacer les flacons de soluté, pour la simple raison que l'on parvient ainsi à satisfaire aux besoins physiologiques du malade sans lui imposer l'intervention de trop de personnes et de soins hospitaliers.

Le fait de pouvoir rester à la maison, lorsque la mort y a frappé quelqu'un, et de pouvoir participer aux conversations, aux discussions, aux appréhensions de tous fait sentir aux enfants qu'ils ne sont pas seuls dans la peine et leur apporte le réconfort de la responsabilité et du deuil partagés. Cette expérience les prépare peu à peu à envisager la mort comme un élément

de la vie et les aidera peut-être à devenir adultes, à acquérir une certaine maturité.
Cette conception contraste grandement avec les habitudes d'une société où la mort est considérée comme un sujet tabou et les discussions à ce propos comme malsaines – comme quelque chose dont les enfants doivent être écartés parce que, allèguent les adultes, «c'en serait trop pour eux». On les éloigne, on les envoie chez des parents et souvent on leur dit des mensonges qui ne convainquent personne, comme, par exemple, «maman est partie pour un long voyage». L'enfant en ressent un malaise et sa méfiance pour les adultes ne fera que s'accentuer si d'autres membres de la famille lui présentent des versions différentes, s'ils fuient ses questions, ferment les yeux sur ses doutes, le comblent de cadeaux – maigre compensation à la perte qu'il subit mais qu'il lui est interdit de regarder en face. Tôt ou tard, il prendra conscience du changement intervenu dans sa famille et suivant son âge et sa personnalité, il conservera, par rapport à l'événement, l'impression d'une peine inassouvie. Il le considérera comme un incident effrayant, mystérieux, traumatisant pour lui, comme expérience vécue en présence d'adultes à qui on ne peut se fier et devant lesquels on se trouve désarmé.
Il est tout aussi maladroit de dire à une petite fille venant de perdre son frère que «Dieu aime tellement les petits garçons qu'il a emmené Jeannot au ciel». Devenue femme, la fillette ne parvient pas à vaincre son ressentiment à l'égard de Dieu: lorsque, trente ans plus tard environ, elle a perdu à son tour son jeune fils, elle a fait une psychose maniacodépressive.
On pourrait s'attendre à ce que notre degré élevé d'émancipation, nos acquisitions scientifiques et notre connaissance de l'homme nous aient fourni de meilleurs moyens pour nous préparer, nous et nos familles, à cette issue inéluctable. Mais au contraire, il n'est plus possible à l'homme, aujourd'hui, de mourir en paix et en toute dignité dans son foyer.
Plus nous progressons en matière de science, plus nous semblons craindre et nier la réalité de la mort. Comment est-ce possible? Nous recourons à des euphémismes; nous prenons des dispositions spéciales pour que les morts aient l'air de dormir, tout simplement; nous expédions les enfants pour les protéger de l'ambiance d'anxiété et d'agitation qui règne dans la maison,

lorsque le disparu a eu la chance de mourir chez lui; nous leur interdisons d'aller rendre visite à un parent mourant à l'hôpital; nous nous perdons en longues discussions et nous nous disputons pour savoir s'il convient, oui ou non, de dire la vérité aux malades – une question qui se pose rarement lorsque le mourant est soigné par le médecin de famille qui l'a peut-être vu naître et qui connaît les points faibles comme la capacité de résistance de chaque membre de la famille.
Ce refus de faire face à la mort calmement a sans doute plusieurs raisons. L'un des facteurs essentiels provoquant cette attitude tient à ce que l'agonie est, à bien des égards, plus cruelle qu'autrefois et que le mourant, en particulier, est plus seul, car tout est devenu mécanique et sans âme; il est même difficile, parfois, de déterminer techniquement le moment précis où la mort est intervenue.
Les gens meurent dans la solitude et d'une manière impersonnelle du fait que très souvent ils sont arrachés à leur milieu et envoyés en toute hâte à l'hôpital, où les attend la salle des urgences. Quiconque a été, une fois ou l'autre, gravement malade et a éprouvé, à cette occasion un besoin de repos et surtout de réconfort, se rappellera sans doute l'impression qu'il a eue à se sentir placé sur un brancard puis à subir le hurlement d'une sirène d'ambulance et l'activité fiévreuse dont il a été environné jusqu'à ce que s'ouvre la grille de l'hôpital. Il faut avoir vécu cela pour se faire une idée de l'inconfort et de la froide contrainte subis au cours de ce transport; or ce n'est que le début d'une longue et lourde épreuve, pénible à supporter lorsqu'on est en de bonnes conditions mais qui produit un effet difficile à décrire par des paroles: les bruits, mécaniques et autres, les voix, la lumière trop crue, les appareils, tout concourt à créer une ambiance confuse et intolérable. Peut-être ferions-nous bien d'accorder davantage d'attention au malade couché sous ses draps, de réfréner un peu notre soif d'efficacité et notre hâte bien intentionnée, pour lui prendre la main, pour sourire, ou pour écouter la question qu'il aimerait poser. Cela, déjà pendant le transport à l'hôpital, qui est dans bien des cas le premier épisode de l'agonie. J'exagère quelque peu ma description pour mieux marquer le contraste avec le malade resté à son domicile – ce qui ne signifie pas qu'il faudrait renoncer à sauver des vies quand l'hospitalisation permet de le

faire; mais nous ne devrions pas perdre de vue les impressions, les besoins, les réactions du malade.

Un grand malade est souvent traité comme quelqu'un qui n'a ni droits ni opinion. C'est en général une autre personne qui décide à sa place de son hospitalisation, qui fixe le moment de son entrée en clinique et qui choisit l'établissement. Il ne faudrait pas un gros effort, pourtant, pour se rappeler qu'un malade a, lui aussi, des sentiments, des préférences, des idées personnelles, et surtout – c'est le plus important – qu'il a le droit de faire entendre sa voix.

Retrouvons notre malade présumé à la salle des urgences. Il sera aussitôt entouré d'infirmiers, d'infirmières affairées, de médecins, d'assistants, auxquels se joindront peut-être un laborantin qui voudra prélever un peu de sang et un technicien chargé de faire un électrocardiogramme. Le malade sera éventuellement emmené au service de radiographie; il entend certains commentaires sur son état, puis des discussions, des questions adressées aux membres de sa famille. Lentement mais implacablement, il commence à être traité comme une chose. Déjà il n'est plus un être humain à part entière. Des décisions sont prises sans aucun souci de son avis. S'il tente de se révolter, on lui admistre un sédatif. Enfin, après des heures d'attente au cours desquelles on cherche à établir s'il possède ou non la résistance nécessaire, il est véhiculé vers la salle d'opération ou le centre de soins intensifs. Il fait désormais l'objet de graves préoccupations et d'importantes sommes seront dépensées pour son état de santé.

Il a beau réclamer un peu de repos et de paix, crier pour sauvegarder le respect de sa dignité humaine: on lui fera des perfusions, des transfusions, on lui donnera un cœur mécanique; au besoin, il subira une trachéotomie. Il souhaite peut-être voir une seule personne s'interrompre une minute seulement pour qu'il puisse lui poser une unique question – il a, vingt-quatre heures sur vingt-quatre, toute une équipe autour de lui, qui s'occupera avec zèle de sa fréquence cardiaque, de son pouls, de son électrocardiogramme ou de sa fonction pulmonaire, de ses sécrétions ou de ses excrétions, mais non pas de lui en tant qu'être humain. Il désire peut-être soutenir cette lutte, mais ce sera un combat inutile puisque tout cela est mis en œuvre en dehors de lui, dans le seul but de sauver sa vie, et c'est une fois ce but atteint, seulement, que l'on pourra considérer l'individu lui-même. Car ceux qui placent l'individu au premier plan risquent de perdre un temps précieux pour sauver sa vie! Ne semble-t-il pas que telle soit, du moins, l'explication ou la justification de tout cela? Ou bien cette approche de plus en plus mécanisée, impersonnelle, représente-t-elle peut-être un moyen de défense de notre part? Cette façon de procéder n'est-elle pas notre manière à nous de réagir aux angoisses qu'un malade parvenu au seuil de la mort, ou tout au moins dans une situation critique, suscite en nous, ou de les étouffer? Notre effort pour nous concentrer sur l'équipement et sur la fonction physiologique n'équivaut-il pas à une tentative désespérée de nier la menace de la mort, si effrayante, si décourageante pour nous que nous préférons diriger tout notre savoir sur des appareils qui nous atteignent moins directement que le masque de souffrance d'un autre être humain? Il nous rappelle, lui, une fois de plus, que nous ne sommes pas tout-puissants, que nous avons des limites, que nous sommes exposés à des échecs et enfin que nous sommes, nous aussi mortels.

La question s'impose peut-être: sommes nous en train de nous humaniser – ou de devenir moins humains? Ce livre ne tend nullement à porter un jugement, mais quelle que puisse être la réponse, il est clair qu'actuellement, le malade souffre davantage qu'autrefois – non pas physiquement, peut-être, mais sur le plan affectif. Or ses besoins émotifs n'ont pas changé tout au long des siècles; seule s'est modifiée notre aptitude à y répondre.

II. Attitudes devant la mort et l'agonie

Les hommes sont cruels, mais l'Homme est bon.
R. Tagore, Stray Birds CCXIX

Le rôle de la société dans la genèse de notre attitude de défense

Jusqu'ici, nous avons considéré les réactions individuelles à la mort et à l'égard des mourants. Si nous nous tournons maintenant vers la société, nous nous demanderons ce qui arrive à l'homme dans une société qui cherche à ignorer et à éviter la mort. Quels facteurs, s'il en est, contribuent à accroître l'anxiété suscitée par la mort? Que se passe-t-il dans le domaine si mouvant de la médecine où nous devons nous demander si elle restera une profession humanitaire respectable ou si elle deviendra une nouvelle science impersonnelle servant plus à prolonger la vie qu'à diminuer les souffrances humaines? Ne voyons-nous pas les étudiants en médecine placés en face d'un choix entre des douzaines de conférences sur l'ARN et l'ADN, sans avoir la moindre expérience des simples relations entre le médecin et son malade, qui servait d'alphabet du succès pour le médecin de famille de jadis? Que se passe-t-il dans une société qui accorde plus d'importance au quotient intellectuel et au niveau social qu'à de simples questions de doigté, de tact, de sensibilité et de bon goût dans la manière d'aborder ceux qui souffrent? Dans une société spécialisée qui admire le jeune étudiant pour ses recherches en laboratoire au cours de sa première année d'études médicales, alors qu'il est complètement à court d'arguments lorsque le malade lui pose la question la plus élémentaire? Si nous pouvions combiner l'enseignement des nouvelles acquisitions scientifiques et techniques et le respect des relations humaines et attribuer à chacun la même importance, nous ferions certainement des progrès; mais ce n'est pas le cas lorsque les connaissances nouvelles sont inculquées aux étudiants au détriment des contacts humains. Qu'adviendra-t-il d'une société qui insiste sur le nombre et la masse et non sur l'individu – et dans laquelle les facultés de médecine souhaitent agrandir leurs auditoires, à cent lieues du souci de contact entre le professeur et l'étudiant, contact qu'on remplace par des exposés télévisés en circuit fermé, des bandes magnétiques et des films, et toute cette gamme de procédés permettant d'instruire un plus grand nombre d'étudiants d'une façon de plus en plus impersonnelle?

Ce changement d'orientation, ce glissement de l'individu à la masse, a été certainement plus spectaculaire dans d'autres secteurs des relations humaines. Si nous jetons un coup d'œil sur les transformations qui ont eu lieu dans ces dernières décennies, nous le rencontrons partout. Autrefois, l'homme était capable d'affronter son ennemi en face. Il avait une chance équitable dans une rencontre personnelle avec un ennemi visible. Aujord'hui, soldats et civils doivent compter avec les armes de destruction massive qui ne laissent aucune chance raisonnable, aucune possibilité de percevoir leur soudaine présence. La destruction peut fondre des profondeurs d'un ciel serein et écraser des milliers d'êtres comme la bombe de Hiroshima; elle peut survenir sous forme de gaz ou d'autres armes chimiques, invisibles, meurtrières. Ce n'est plus l'homme qui lutte pour ses droits, ses convictions, la sécurité et l'honneur de sa famille, c'est la nation entière, y compris les femmes et les enfants, qui est entraînée dans la guerre, atteinte directement ou indirectement, sans aucune chance de survivre. Ainsi, la science et la technique ont concouru à accroître la peur de la destruction, partant, la peur de la mort.

Est-il dès lors étonnant que l'homme éprouve de plus en plus le besoin de se défendre? Si ses moyens de défense physique diminuent, ses défenses psychologiques devront décupler. Il ne peut conserver indéfiniment une attitude de dénégation. Il ne peut persister dans sa prétention d'être à l'abri. Si nous ne pouvons nier la mort, nous pouvons au moins tenter de la maîtriser. Nous pouvons participer à la course de vitesse sur les autoroutes, puis lire dans les journaux le taux de mortalité du

dernier week-end, avec un frisson dans le dos, mais aussi avec une certaine joie: «C'est arrivé aux autres, moi, je m'en suis tiré!»
Des groupes humains, bande de malfaiteurs ou nations entières, se servent de leur identité de groupe pour traduire leur peur d'être anéantis en attaquant et en détruisant les autres. La guerre serait-elle tout simplement un besoin d'affronter la mort, de la conquérir et de la dominer, d'en sortir vivant – une forme spécieuse du refus de notre propre mortalité? Un de nos malades, qui s'en allait d'une leucémie, disait avec la plus complète incrédulité: «Il n'est pas possible que je meure maintenant. Ce ne peut pas être la volonté de Dieu, puisqu'il m'a laissé en vie quand on me tirait dessus, presque à bout portant, pendant la deuxième guerre mondiale».
Une femme exprimait son indignation et son incrédulité en parlant de la «mort injuste» d'un jeune homme rentré du Vietnam pendant un congé et qui a été tué dans un accident d'auto, comme si le fait d'avoir survécu sur un champ de bataille devait garantir son immunité devant la mort à son retour au foyer.
On pourrait donc trouver une chance de paix dans l'étude des attitudes que les chefs des nations observent à l'égard de la mort, eux qui décident de la guerre et de la paix entre nations. Si nous faisons tous un effort extrême pour regarder notre propre mort en face, pour aborder nos angoisses à l'idée de notre mort et aider les autres à apprivoiser ces pensées, il y aurait sans doute moins d'instinct de destruction dans notre entourage.
Les agences d'information pourraient faire leur part de la besogne en apprenant aux gens à affronter la réalité de la mort, en évitant ce langage impersonnel qui parle froidement de la «solution de la question juive», qui rapporte l'assassinat de millions d'hommes, de femmes et d'enfants; ou, pour parler d'une circonstance plus récente, qui déclare que la récupération d'une colline au Vietnam s'est faite par élimination d'un nid de mitrailleuses et par les lourdes pertes essuyées par les troupes Viet-Cong. Tout cela pourrait être relaté en insistant sur la tragédie humaine, sur les pertes en vies humaines des deux côtés. Il y en a tant d'exemples dans tous les journaux et autres techniques d'information qu'il est inutile d'en parler davantage.

En résumé, je pense que par leurs rapides progrès techniques et leurs nouvelles découvertes scientifiques, les hommes ont mis au point, non seulement de nouveaux procédés, mais aussi de nouvelles armes de destruction massive qui augmentent la peur d'une mort violente et catastrophique. L'homme doit se défendre psychologiquement de tous côtés contre cette crainte croissante de la mort et cette croissante impuissance à la prévoir et à s'en protéger. Psychologiquement, il peut nier la réalité de sa propre mort pendant un certain temps. Puisque, dans notre inconscient, nous ne pouvons concevoir notre propre mort et croyons au fond à notre immortalité, mais que nous concevons très bien la mort du voisin, les nouvelles mentionnant des quantités de morts dans une bataille, dans une guerre, sur les autoroutes, ne font que soutenir notre foi inconsciente à notre propre immortalité et nous permettent – dans le secret de notre inconscient – de nous réjouir en répétant: «C'est l'autre, ce n'est pas moi!».

Si le refus n'est plus possible, nous pouvons essayer de nous rendre maîtres de la mort en la défiant. En nous lançant à grande vitesse sur les autoroutes, en rentrant indemnes de la guerre, nous pouvons nous sentir immunisés contre la mort. Nous avons tué dix fois plus d'ennemis que nous n'avons perdu d'hommes – on l'entend répéter quotidiennement sur les ondes. Est-ce là l'expression de nos vœux les plus infantiles, la projection de nos rêves de toute-puissance et d'immortalité? Si toute une nation, toute une société souffre d'une telle crainte et nie aussi évidemment la mort, les moyens de défense auxquels elle recourt sont forcément destructeurs. Les guerres, les émeutes, le nombre croissant de meurtres et d'autres crimes pourraient bien n'être que les indices de notre incapacité croissante à assumer la mort dignement. N'avons-nous pas à revenir à l'être humain, à l'individu, ne faut-il pas repartir à zéro, tenter de concevoir notre propre mort et apprendre à affronter cet événement tragique, mais inévitable, avec une peur moins irrationnelle?

Quel rôle la religion a-t-elle joué dans notre époque de changements? Jadis, la plupart des gens semblaient croire en Dieu sans se poser de questions; ils croyaient à un au-delà où l'on se reposait de ses souffrances et de ses peines. Il y avait une récompense au ciel et si nous avions beaucoup souffert sur terre, nous serions récompensés après la mort selon le courage et la grâce, la patience et la dignité avec lesquels nous avions porté notre fardeau. La souffrance était plus naturelle, comme l'enfantement, qui était un phénomène long et douloureux – mais la mère était éveillée à la naissance de l'enfant. La souffrance avait un but et une récompense future. Aujourd'hui, nous endormons les futures mères, nous essayons d'éviter la souffrance et l'angoisse; nous pouvons même provoquer l'enfantement pour qu'il ait lieu le jour anniversaire d'un autre membre de la famille ou pour éviter qu'il coïncide avec un autre événement important. Beaucoup de mères ne se réveillent que plusieurs heures après la naissance de leur bébé, trop droguées et trop endormies pour se réjouir de cette naissance. Il n'y a plus de sens à la souffrance, puisqu'on peut administrer des sédatifs contre la douleur, les démangeaisons et les autres malaises. Il y a bien longtemps qu'on a cessé de croire que la souffrance terrestre sera récompensée dans le ciel. La souffrance a perdu sa signification.

Mais avec ce changement, plus rares sont les personnes qui croient à une vie après la mort, négation vraisemblable de notre mortalité. Eh bien, si nous ne pouvons imaginer une vie après la mort, force nous est de regarder la mort en face. Si nous n'avons pas de récompense au ciel pour notre souffrance, celle-ci devient absurde par définition. Si nous participons aux activités d'une église pour avoir des relations sociales ou pour danser, nous nous privons du but profond qu'avait l'Eglise, donner une espérance, un but à atteindre à travers les tragédies de la vie terrestre, une tentative de nous faire comprendre les circonstances douloureuses de notre existence, autrement insupportables, si elles n'ont pas une signification.

Si paradoxal qu'il paraisse, alors que la société nous poussait à nier la mort, la religion a perdu une grande quantité de ceux qui croyaient à une vie après la mort, à l'immortalité, et elle a atténué la négation de la mort à cet égard. Du point de vue du malade, ce fut un misérable échange. Tandis que la protestation religieuse, c'est-à-dire la croyance au sens de la souffrance ici-bas et la récompense au ciel après la mort, constituaient un espoir, un but à atteindre, la négation de la société ne donne plus ni espoir, ni but à atteindre, mais n'a fait qu'accroître notre angoisse, contribuant ainsi à nous rendre plus

destructeurs et plus agressifs – à tuer pour fuir la réalité: regarder en face notre propre mort.
La perspective de l'avenir nous montre une société dans laquelle un nombre croissant d'êtres humains sont «maintenus en vie» par des machines remplaçant les organes vitaux et par des ordinateurs contrôlant de temps en temps l'organisme pour voir si certaines fonctions physiologiques complémentaires ne doivent pas être remplacées par un appareillage électronique. On créera toujours plus de centres où seront rassemblées toutes les données techniques et où une lampe s'allumera lorsqu'un malade rendra le dernier soupir, pour commander l'arrêt automatique des appareils.
D'autres établissements jouiront d'une popularité de plus en plus grande, parce que les personnes décédées y seront prestement surgelées pour être entreposées dans des locaux spéciaux à basse température, en attendant le jour où la science et la technique auront suffisamment progressé pour qu'on puisse dégeler les corps les ramener à la vie et les réintroduire dans la société. Mais il y aura une telle surpopulation qu'il sera nécessaire de créer des commissions spéciales qui décideront du nombre de ceux qui pourront être dégelés, comme il y a actuellement des commissions qui décident qui recevra un organe sain disponible et qui mourra.
Tout cela peut paraître horrible et incroyable. Mais la triste vérité est là, c'est déjà en train de se passer. Il n'existe pas de loi dans notre pays qui empêche les gens avides de faire de l'argent de tout, d'exploiter la peur de la mort et qui interdise aux opportunistes le droit de faire de la publicité et de vendre à un prix élevé la promesse d'une vie possible après des années de congélation. Ces organisations existent déjà et si nous rions des gens qui se demandent si la veuve d'un mari congelé est en droit de toucher la sécurité sociale ou de se remarier, ces questions sont trop graves pour qu'on les ignore. Elles ne font que montrer le degré extraordinaire de refus dont ont besoin certaines personnes pour éviter d'affronter la réalité de la mort et il est grand temps que tous, quelle que soit leur profession et leurs convictions religieuses, s'unissent avant que notre société se pétrifie au point de se détruire elle-même.
Nous avons jeté un coup d'œil sur le passé et vu l'aptitude de l'homme à faire face à la mort avec sérénité; nous avons eu un

aperçu – quelque peu effrayant – de l'avenir; revenons au présent et demandons-nous sérieusement ce que nous pouvons faire à cet égard comme individus. Il est évident que nous ne pouvons renverser la tendance à l'expansion démographique. Nous vivons dans une société de masse, plutôt que d'individus. Les auditoires des facultés de médecine augmenteront, que nous le voulions ou non. Le nombre des voitures sur les autoroutes ira croissant. Le nombre des gens qu'on maintient en vie augmentera, il suffit pour cela de noter les progrès de la cardiologie et de la chirurgie du cœur.

D'autre part, nous ne pouvons pas revenir en arrière. Nous ne pouvons offrir à chaque enfant l'expérience instructive d'une vie simple à la ferme, en contact direct avec la nature, l'expérience de la naissance et de la mort dans l'entourage naturel de l'enfant. Les hommes d'église ne réussiront pas nécessairement à ramener beaucoup de personnes à la foi en une vie après la mort qui rendrait cette échéance plus rémunératrice à travers une sorte de dénégation de la mortalité.

Nous ne pouvons nier l'existence d'armes destructives à puissance massive, nous ne pouvons remonter le cours du temps. La science et la technique nous permettront de remplacer davantage d'organes vitaux et la responsabilité de décider qui vivra et qui mourra, qui sera donneur et qui sera receveur, croîtra énormément. Les problèmes légaux, moraux, éthiques et psychologiques se poseront à la génération actuelle et à la génération future qui devra trancher ses questions de plus en plus fréquemment, jusqu'à ce que ce soit des ordinateurs qui les tranchent.

Si chaque homme tente à sa manière de repousser à plus tard ces questions jusqu'à ce qu'il soit contraint d'y répondre, il ne sera capable de changer le cours des choses que s'il commence par envisager sa propre mort. Cela, on ne peut le faire au niveau de la masse, ni en le confiant à des ordinateurs. Cela doit être entrepris par chaque être humain, seul en face de lui-même. Chacun de nous cherche à esquiver ce sujet et pourtant chacun de nous doit y faire face tôt ou tard. Si nous commencions tous par envisager la possibilité de notre mort personnelle, nous pourrions accomplir beaucoup de choses, la plus importante étant le bien-être de nos malades, celui de nos familles et en définitive, celui de notre pays.

Si nous pouvions enseigner à nos étudiants la valeur de la science et de la technologie en même temps que l'art et la science des relations humaines, des soins humains complets à donner à nos malades, ce serait un réel progrès. Si l'on ne doit pas abuser de la science et de la technique pour accroître l'esprit de destruction et pour prolonger la vie plutôt que la rendre plus humaine, si la science et la technique pouvaient marcher la main dans la main en libérant du temps – plutôt qu'en le restreignant – pour des contacts humains personnels, nous pourrions réellement parler d'une grande société.

Enfin, nous pouvons accéder à la paix – notre propre paix intérieure autant que la paix entre nations – en affrontant et en acceptant la réalité de notre propre mort.

Nous donnons un exemple de combinaison des efforts médicaux, scientifiques et humanitaires dans le cas de M. P. que voici:

M. P. était un malade de cinquante-et-un ans qui fut hospitalisé pour une sclérose amyotrophique latérale à évolution rapide avec complications bulbaires. Il était incapable de respirer sans appareil respiratoire, il ne parvenait pas à expulser ses mucosités par la toux et souffrait d'une pneumonie et d'une infection au niveau de sa trachéotomie. Celle-ci l'empêchait d'ailleurs de parler, en sorte qu'il restait étendu dans son lit, écoutant le bruit terrifiant du respirateur, incapable de communiquer à quiconque ses besoins, ses pensées, ses sentiments. Nous n'aurions jamais rendu visite à ce malade si l'un des médecins n'avait eu le courage de nous demander de l'aide. Un vendredi soir, il vint nous voir et nous demanda simplement notre appui, non pas tant pour le malade, que pour lui-même. Tandis que nous l'écoutions, nous avons entendu mentionner des sentiments dont on ne parle pas souvent. Ce médecin avait été chargé de ce patient lors de son admission et il était visiblement impressionné par les souffrances de cet homme. Le malade était relativement jeune et ses lésions neurologiques exigeaient une surveillance médicale considérable et des soins hospitaliers constants pour prolonger cette vie de quelques jours. La femme du malade souffrait de sclérose en plaques et était paralysée de tous ses membres depuis trois ans. Notre malade désirait mourir pendant ce séjour à l'hôpital et ne pouvait concevoir qu'ils soient tous deux paralysés à la maison, chacun veillant l'autre sans pouvoir lui apporter le moindre secours.

Cette double tragédie provoqua chez le médecin une angoisse et lui fit entreprendre une série d'efforts énergiques pour sauver la vie de cet homme «quel que soit son état». Le médecin était parfaitement conscient d'aller à l'encontre des désirs de son malade. Mais ses efforts continuèrent à donner de bons résultats, malgré une occlusion coronaire qui vint encore compliquer la situation. Il la combattit avec autant de succès qu'il combattit la pneumonie et les infections. Lorsque le malade commença à se remettre de toutes ses complications, la question se posa: «Et maintenant, que faire?» Il pouvait vivre, mais seulement avec le respirateur et vingt-quatre heures de soins par jour, incapable de bouger le petit doigt, intellectuellement lucide et parfaitement conscient de la gravité de son état, mais à part cela, totalement immobilisé. Le médecin perçut les critiques implicites que provoquait sa tentative de tirer cet homme d'affaire. Il devina également l'irritation de ce malade contre lui et sa déception. Qu'allait-il donc faire? D'ailleurs, il était trop tard pour changer quoi que ce soit. Il avait voulu faire tout son possible comme médecin en prolongeant une vie et maintenant qu'il avait réussi, il ne constatait rien d'autre que des critiques – réelles ou non – et de la colère chez son patient.

Nous décidâmes de tenter de résoudre le conflit en présence du malade, puisqu'il s'agissait essentiellement de lui. Il parut intéressé lorsque nous lui révélâmes le but de notre visite. Il était visiblement content que nous l'ayons associé à cette affaire en le considérant comme une personne, malgré son incapacité de communiquer. En présentant le problème, je lui demandai de faire un signe s'il ne désirait pas parler de la question. Ses yeux furent plus éloquents que s'il avait pris la parole. Il se débattait nettement pour en dire plus long et nous cherchâmes le moyen de le faire participer davantage au débat. Le médecin, soulagé de pouvoir partager son fardeau, se révéla plein d'imagination et déconnecta le respirateur pendant quelques minutes pour permettre au patient de dire quelques mots en exhalant. Une quantité de sentiments ont été exprimés pendant cet entretien. Il insista sur le fait qu'il n'avait pas peur de mourir, mais de vivre. Il réagit aussi à l'égard de son médecin, lui demandant instamment «de m'aider à vivre, maintenant que vous avez fait l'impossible pour me tirer d'affaire.» Tous deux sourirent.

Dès l'instant où le dialogue fut possible entre eux, il y eut une grande détente. Je formulai les conflits intérieurs du médecin et le malade exprima sa sympathie. Je lui demandai comment nous pouvions l'aider au mieux en ce moment. Il décrivit sa panique progressive devant son incapacité de parler, d'écrire et de communiquer. Il fut reconnaissant de ce bref instant d'efforts et d'échange communs qui rendirent les semaines suivantes bien moins douloureuses pour lui. Lors d'une autre séance, j'observai avec plaisir qu'il envisageait même son départ comme possible et son transfert sur la côte ouest «si je puis y emmener le respirateur et les soins hospitaliers».

Cet exemple montre excellemment dans quelles situations embarrassantes les jeunes médecins peuvent se trouver. Ils apprennent à prolonger la vie, mais on leur donne peu d'indications sur la définition de ce mot. Ce malade se considérait comme «mort jusqu'à la tête», la tragédie étant qu'il était parfaitement conscient de son état et incapable de bouger le petit doigt. Lorsque le tuyau d'aspiration l'écrasait et le blessait, il ne pouvait le dire à l'infirmière qui passait des heures avec lui, mais ne savait établir la moindre communication. Nous admettons souvent qu'il «n'y a plus rien à faire» et nous concentrons notre attention sur les installations au lieu de le faire sur les jeux de physionomie du malade qui peuvent nous dire des choses tellement plus importantes que les machines les plus perfectionnées. Lorsqu'une démangeaison le prenait, le patient ne pouvait ni bouger, ni se gratter, ni souffler et cette impuissance l'angoissait jusqu'à la panique et le conduisait «au seuil de la folie». L'introduction de ces séances régulières de cinq minutes rendirent au malade son calme et lui permirent de mieux supporter ses maux.

Quant au médecin, il fut délivré de ses conflits et il parvint à de meilleures relations, sans sentiment de culpabilité ni de pitié. Ayant vu combien ces dialogues directs pouvaient causer de soulagement et de réconfort, il les continua lui-même après s'être servi de nous comme d'une sorte de catalyseur pour créer la communication.

Je suis convaincue qu'il devrait en être toujours ainsi. Je ne crois pas qu'il soit avantageux qu'un psychiâtre soit appelé chaque fois qu'une relation entre malade et médecin se détériore ou qu'un médecin refuse d'aborder des sujets importants avec son patient ou se montre incapable de dialoguer. J'ai considéré qu'il était très courageux de la part de ce jeune médecin de reconnaître ses limites – c'est un signe de grande maturité – et de faire part de ses conflits en cherchant un appui plutôt qu'en évitant le sujet et en fuyant le malade. Notre objectif ne doit pas être de posséder dans un hôpital des spécialistes pour mourants, mais d'apprendre au personnel médical à affronter avec calme ces difficultés et à chercher la bonne solution. Je suis certaine que la prochaine fois qu'il rencontrera de semblables tragédies, ce jeune médecin sera bien moins troublé et bouleversé. Il cherchera à être un bon médecin en prolongeant la vie, mais il tiendra aussi compte des besoins du malade et en parlera franchement avec lui. Le malade en question, qui était encore une personne, ne pouvait supporter la vie parce qu'il ne pouvait faire usage des facultés qui lui restaient. En combinant nos efforts, nous pouvons utiliser beaucoup de ces facultés lorsque nous ne sommes pas paralysés par la seule vue d'un individu aussi désespérément atteint et qui souffre tant. Peut-être devrais-je dire que nous pouvons les aider à mourir en essayant de les aider à vivre, plutôt qu'à végéter d'une manière aussi peu humaine...

Les débuts d'un séminaire interdisciplinaire sur la mort et les mourants

En automne 1965, quatre étudiants en théologie de la faculté de Chicago m'ont demandé mon aide pour un travail de recherches qu'ils avaient choisi de préparer. Leur groupe devait rédiger une étude sur «La crise dans la vie humaine» et ces étudiants estimaient que la plus grave crise que les gens avaient à affronter était la mort. Dès lors la question la plus naturelle s'est posée: Comment faites-vous des recherches sur les mourants et l'approche de la mort, alors que les données en sont tellement insaisissables? Comment faites-vous, si vous ne pouvez pas vérifier vos données et ne pouvez entreprendre aucune expérience? Nous nous sommes réunis et avons décidé que le meilleur moyen d'étudier la mort et son approche était de demander à des malades à fin de vie d'être nos maîtres. Nous observerions des malades gravement atteints, nous étudierions leurs réactions et leurs besoins, nous apprécierions les réactions des gens qui les entourent et nous nous approcherions des mourants autant qu'ils nous permettraient de le faire.

Nous décidâmes d'interroger un mourant la semaine suivante. Nous convînmes du moment et du lieu et ce plan nous parut très simple, sans l'ombre d'une complication. Comme les étudiants n'avaient aucune expérience clinique et n'avaient pas encore été en contact avec des malades à fin de vie dans un hôpital, nous escomptions qu'il y aurait de leur part quelques réactions émotives. Je devais mener la conversation pendant qu'ils se tiendraient autour du lit à écouter et à observer. Puis nous nous retirerions dans mon bureau pour discuter de nos propres réactions et de celles du malade. Nous nous imaginions qu'en effectuant plusieurs entretiens analogues, nous saisirions mieux ce qu'éprouvait un malade à fin de vie, ce que pouvaient être ses besoins que nous nous serions empressés de saitsfaire le mieux possible.

Nous n'avions pas d'autre idée préconçue, nous n'avons rien lu, ni articles, ni ouvrages sur ce sujet de manière à avoir l'esprit tout à fait libre et à ne retenir que ce que nous étions nous-mêmes en mesure de constater, tant chez le patient qu'en nous-mêmes. Nous n'avons pas non plus étudié le dossier du malade – et cela, de propos délibéré – parce que cela pouvait estomper ou altérer nos propres observations. Nous ne voulions pas avoir notre siège fait sur la manière dont les malades allaient réagir. Nous étions prêts, en revanche, à étudier toutes les données accessibles après avoir consigné nos impressions. Nous pensions que cela nous sensibiliserait aux desiderata des malades, que cela nous rendrait plus réceptifs et plus perspicaces et, nous l'espérions, que cela calmerait la peur des étudiants, grâce à un nombre croissant de confrontations avec des malades de différents âges et de différents milieux.

Nous étions très satisfaits de nos projets et ce n'est que quelques jours plus tard que commencèrent nos difficultés.

Je pris contact avec des médecins de divers services et de diverses salles pour demander l'autorisation d'interroger certains de leurs patients à fin de vie. Les réactions furent diverses, allant des regards étonnés de l'incrédulité à un changement plutôt brutal de sujet de conversation, le résultat final étant que je n'obtins pas la plus petite chance d'approcher l'un de ces malades. Certains médecins «protégèrent» leurs patients en disant qu'ils étaient trop faibles, trop malades, trop fatigués ou trop peu causants; d'autres refusèrent brutalement de participer à un tel plan. Je dois dire en leur faveur qu'ils avaient une certaine justification, car je venais de commencer mon activité dans cet hôpital et aucun d'eux n'avait eu l'occasion de me connaître et de savoir quel était mon style et mon genre d'activité. Ils n'avaient aucune garantie, sauf celle que je pouvais leur donner, que leurs malades ne seraient pas traumatisés et que ceux qui ne savaient rien encore de la gravité de leur état n'en seraient pas informés. Et puis, ces médecins ne savaient rien de mes expériences précédentes dans d'autres hôpitaux.

J'ai ajouté ce qui précède pour exposer leurs réactions avec honnêteté. Ces médecins étaient à la fois sur la défensive lorsqu'on parlait de la mort et des mourants, désireux de protéger les malades pour leur éviter une expérience traumatisante venant d'un membre du corps médical qui leur était associé depuis peu de temps. Il parut soudain qu'il n'y avait pas un seul malade à fin de vie dans cet immense hôpital. Mes coups de téléphone, mes visites aux diverses salles, tout fut inutile. Certains médecins répondirent poliment qu'ils y penseraient, d'autres qu'ils ne désiraient pas exposer leurs malades à des questions, de peur qu'on les fatigue outre mesure. Une infirmière exaspérée me demanda avec agressivité si je trouvais du plaisir à dire à un jeune malade de vingt ans qu'il n'avait plus que quelques semaines à vivre. Elle s'en alla avant que j'aie pu lui exposer davantage notre projet.

Enfin, lorsque nous parvînmes à rencontrer un malade, il m'accueillit à bras ouverts. Il m'invita à m'asseoir et il était évident qu'il désirait parler. Je lui dis que je ne désirais pas l'écouter maintenant, mais que je reviendrais le lendemain avec mes étudiants. Je n'avais pas assez d'intuition pour percevoir son extrême besoin de communiquer. C'était si difficile de trouver un malade que je voulais faire participer mes étudiants à l'entretien. Je ne m'étais pas rendu compte que lorsqu'un malade dit: «Je vous en prie asseyez-vous *maintenant*», demain peut-être trop tard. Lorsque nous arrivâmes le lendemain, il était enfoncé dans son oreiller, trop faible pour parler. Il fit un vain effort pour lever le bras et soupira: «Merci d'essayer...» et mourut moins d'une heure après, gardant le secret de ce qu'il avait voulu nous dire et que nous désirions si désespérément apprendre de lui. Ce fut notre première et notre plus douloureuse leçon, mais ce fut aussi le début d'un séminaire qui allait commencer comme une simple tentative et finirait par être une expérience personnelle pour beaucoup d'entre nous.

Après cette rencontre, les étudiants se réunirent dans mon bureau. Nous éprouvions le besoin de parler de notre propre expérience et désirions échanger nos réactions pour mieux comprendre. Nous pratiquons cet usage aujourd'hui encore. Techniquement, peu de choses ont changé à cet égard. Nous continuons à voir un malade à fin de vie chaque semaine. Nous lui demandons l'autorisation d'enregistrer le dialogue sur bande magnétique et nous lui laissons le soin de décider de la durée de la conversation. Nous avons abandonné la chambre du patient pour une petite salle d'entretien où nous pouvons être vus et entendus sans que nous voyions l'auditoire. Parti de quatre étudiants en théologie, l'auditoire est devenu nombreux, atteignant la cinquantaine, ce qui a nécessité la pose d'une vitre-écran.

Lorsque nous apprenons qu'un malade est disposé à passer au séminaire, nous l'abordons une première fois, seule ou avec un étudiant et le médecin responsable ou l'aumônier de l'hôpital ou les deux. Après une brève introduction, nous fixons le but et la durée de notre visite, clairement et concrètement. Je dis à chaque malade que nous avons un groupe interdisciplinaire du personnel hospitalier qui désire être instruit par le malade. Nous soulignons que nous voulons en savoir davantage sur les malades graves et les mourants. Puis nous nous taisons et attendons les réactions du malade, en paroles ou autrement. Tout cela n'a lieu que lorsque le malade nous a invités à parler. Un dialogue typique s'en suit:

Médecin (Méd): Bonjour, M. X. Je suis la doctoresse R. et mon compagnon est l'aumônier N. Etes-vous d'accord d'avoir un moment d'entretien?

Malade (Mal): Je vous en prie, asseyez-vous.

Méd: Nous avons une demande particulière à vous faire. L'aumônier N. et moi, nous travaillons avec un groupe de personnes

de l'hôpital qui cherchent à en savoir davantage sur les grands malades et les mourants. Seriez-vous d'accord de répondre à quelques questions?
Mal: Eh bien, interrogez, je verrai bien si je peux répondre.
Méd: A quel point êtes-vous malade?
Mal: Je suis tout plein de métastases...
(Un autre malade dira: «voulez-vous vraiment parler à une vieille femme en train de mourir? Vous êtes jeune et en bonne santé!»)

D'autres malades sont loin d'être aussi réceptifs au premier abord. Ils commencent par se plaindre de leurs maux, de leurs peines, de leur dépit, jusqu'à ce qu'ils soient prêts à faire part de leur panique. Nous leur rappelons alors que c'est exactement ce que nous souhaitons que les autres entendent; accepteraient-ils de dire la même chose un peu plus tard?
Lorsque le malade est d'accord, le médecin consentant et toutes les dispositions prises, nous transportons personnellement notre patient dans la salle d'entretien. Rares sont ceux qui peuvent encore marcher, la plupart sont assis sur des chaises roulantes, quelques-uns sont étendus sur des brancards. S'il y a des transfusions ou des goutte à goutte à faire, on apporte tout l'appareillage. La parenté n'est pas associée à ces conversations, mais elle a parfois été interrogée après le dialogue avec le malade.
Nos entretiens tiennent compte du fait que personne des assistants ne possède d'information circonstanciée sur le malade interrogé. Nous répétons en général, pendant le transport à la salle d'entretien, les objectifs que nous y poursuivons, nous insistons sur le droit du malade à mettre fin à la séance en tout temps et pour quelque raison qu'il puisse avoir. Nous décrivons la vitre réfléchissante de la paroi qui permet à l'auditoire de voir et d'entendre sans que nous le voyons, accordant au patient un instant d'intimité avec nous, ce qui est souvent l'occasion d'éliminer les dernières inquiétudes et les dernières craintes qu'il pourrait encore avoir.
Parvenus à la salle d'entretien, la conversation se déroule aisément et rapidement, partant d'informations générales et abordant peu à peu les préoccupations personnelles, comme le montrent les enregistrements dont quelques-uns sont reproduits dans ce livre.

Après chaque séance, le malade est tout d'abord reconduit dans sa chambre, puis le séminaire continue. On ne laisse jamais les malades attendre dans les couloirs. Lorsque celui qui dirige l'entretien est rentré dans la salle, il rejoint l'auditoire et nous discutons ensemble sur ce qui s'est passé. Nos réactions personnelles et spontanées, qu'elles soient pertinentes ou irraisonnées sont exposées au grand jour. Nous en discutons la portée au plan du sentiment ou de la raison. Nous passons en revue les réponses du malade aux diverses personnes qui l'ont questionné et nous essayons pour finir de percevoir le sens dynamique et psychique de ses communications. Nous examinons ses points forts et ses faiblesses, ainsi que les nôtres dans notre façon de nous comporter vis à vis de cette personne et nous concluons par des propositions recommandant certaines manières d'aborder notre malade, dans l'espoir de lui rendre plus agréables les derniers jours ou les dernières semaines qui lui restent à vivre.

Aucun de nos malades n'est mort pendant l'entretien. Ils ont survécu, les uns une douzaine d'heures, les autres plusieurs mois. Un bon nombre de nos malades les plus récents sont encore en vie et il en est plusieurs qui étaient gravement atteints et qui ont eu une rémission et sont retournés une fois encore chez eux. Un certain nombre n'a pas eu de rechute et se porte bien. Je souligne ce fait, parce que nous parlons de mourir avec des malades qui ne sont pas mourants au sens classique du terme. Avec beaucoup, sinon avec la plupart d'entre eux, nous parlons de ce phénomène parce que c'est quelque chose à quoi ils ont pensé, du fait que la maladie qui les frappe est habituellement mortelle; notre intervention peut se situer n'importe quand, entre le diagnostic et les instants qui précèdent de peu la mort.

La discussion est utile à bien des égards, comme nous l'avons constaté à force d'expérience. Elle est utile aux étudiants qui se rendent compte de la nécessité d'envisager la mort comme une possibilité réelle, non seulement pour les autres, mais pour eux-mêmes. Elle s'est montrée très pratique comme moyen de désensibilisation, bien que celle-ci ne se produise que lentement et non sans douleur. Plus d'un étudiant qui venait pour la première fois a dû quitter l'auditoire avant la fin de l'entretien. D'autres sont parvenus à rester jusqu'au bout, mais furent incapables d'exprimer leur opinion dans la discussion. D'autres encore ont dirigé leur ressentiment et leur colère contre certains participants, contre la personne qui conduisait le dialogue, parfois contre le malade interrogé. Ce dernier cas s'est produit parfois lorsqu'un malade semblait envisager la mort avec calme et sérénité, tandis que l'étudiant était bouleversé par cette confrontation. La discussion démontrait alors que l'étudiant accusait le malade de manquer de réalisme, voire de maquiller la réalité, parce qu'il ne pouvait lui-même concevoir qu'on puisse faire face à cette crise avec une pareille dignité.

D'autres participants commencèrent à s'identifier au malade, en particulier s'ils étaient du même âge et avaient à résoudre les mêmes conflits dans la discussion – et longtemps après. Plus les membres du groupe apprirent à se connaître entre eux et à constater qu'il n'y avait pas de tabous, plus la discussion s'orienta vers une sorte de thérapie de groupe comportant de francs affrontements, des soutiens réciproques, parfois des découvertes et des idées très pénibles. Les malades ne se rendirent guère compte de l'impression et des effets à long terme que la plupart de leurs communications produisirent sur un grand nombre d'étudiants, tous très divers les uns des autres.

Deux ans après la création de ce séminaire, il devint un cours officiel pour la faculté de médecine et pour celle de théologie. Il est aussi suivi par beaucoup de médecins stagiaires, par des infirmières et aides infirmières, des infirmiers, des travailleurs sociaux, des prêtres et rabbins, des anesthésistes et des ergothérapeutes, mais très rarement par des membres du corps médical de notre propre hôpital. Les étudiants en médecine et en théologie qui le suivent comme cours obligatoire suivent également un cours théorique abordant des questions théoriques, philosophiques, morales et religieuses, cours présenté alternativement par l'auteur et par l'aumônier de l'hôpital.

Tous les entretiens sont enregistrés sur bande magnétique et restent à disposition des étudiants et enseignants. A la fin de chaque trimestre, chaque étudiant rédige un travail sur un sujet de son choix. Ces travaux paraîtront dans une revue; ils vont de l'étude exhaustive de concepts très personnels sur la mort et de la crainte qu'elle inspire à des travaux de haute valeur philosophique, religieuse ou sociologique abordant la question de la mort et du mourant.

Pour garantir le caractère confidentiel de ces entretiens, une liste des participants est dressée et les noms et indications d'identité des malades sont modifiés sur tous les documents.
Parti d'une réunion à bien plaire de quatre étudiants, un séminaire s'est constitué en deux ans et il est suivi par près de cinquante personnes provenant de toutes les professions en rapport avec la santé. Au début, il fallait une dizaine d'heures par semaine pour obtenir d'un médecin l'autorisation d'interroger un malade; aujourd'hui nous avons rarement l'obligation de chercher un malade à interroger. Nous recevons des rapports de médecins, d'infirmières, de travailleurs sociaux et, ce qui est très encourageant, de malades eux-mêmes qui ont assisté au séminaire et ont fait part de leur expérience à d'autres malades à fin de vie qui demandent à assister à leur tour à l'entretien, les uns pour rendre service, les autres tout simplement pour qu'on les écoute.

Les mourants et leur enseignement

Dire ou ne pas dire, là est la question.
En parlant avec des médecins, des aumôniers, des infirmières, nous sommes souvent frappés de leur préoccupation concernant la capacité d'un malade de supporter «la vérité». «Quelle vérité?» demandons-nous d'habitude. Après qu'un diagnostic de cancer a été posé, il est toujours très difficile de se trouver en tête à tête avec le malade. Certains médecins préfèrent avertir les proches, mais cacher les faits au malade pour éviter de le bouleverser. Certains médecins sont sensibles aux besoins de leur patient et savent lui exposer intelligemment la gravité de sa maladie sans lui ôter tout espoir.
J'estime personnellement que cette question ne devrait jamais se présenter comme un conflit. La question ne devrait pas être: «Devons-nous lui dire...?», mais: «Comment faire part de la chose à mon malade?» J'essayerai d'expliquer cette attitude dans les pages qui suivent. Je répartirai donc très en gros par catégories les nombreuses expériences que font les malades lorsqu'ils prennent brusquement conscience de leur fin prochaine. Comme nous l'avons précédemment souligné, l'homme n'aime pas délibérément envisager la fin de sa vie terrestre, et ce n'est que fortuitement et à contre-cœur qu'il envisage d'un

œil distrait l'éventualité de sa propre mort. L'une de ces occasions est évidemment la découverte qu'il est atteint d'une maladie qui menace sa vie. Le simple fait qu'on dit à un malade qu'il a un cancer le rend conscient de cette possibilité de la mort.

On dit souvent que les gens assimilent une tumeur maligne et une maladie incurable, les considérant comme synonymes. Au fond, c'est vrai et cela peut être une malédiction ou une bénédiction, suivant la façon dont le malade et sa famille sont dirigés dans cette situation cruciale. Pour la plupart des gens, le cancer est encore une maladie mortelle, malgré le nombre croissant de guérisons réelles et de rémissions significatives. Je crois que nous devrions prendre l'habitude de penser à la mort et à ce qui la précède, de temps en temps, et je souhaite qu'on le fasse avant de la rencontrer dans notre propre vie. Si nous n'y avons pas pensé, le diagnostic d'un cancer dans notre famille nous rappellera brutalement notre propre mortalité. Cela peut donc être une bénédiction d'employer le temps d'une maladie à penser à la mort qui nous concerne, sans nous occuper de savoir si le malade y succombera ou verra prolonger sa vie.

Si un médecin peut parler librement avec son malade du diagnostic d'une tumeur maligne sans y associer forcément l'idée d'une mort prochaine, il aura rendu au patient un signalé service. Il doit en même temps laisser la porte ouverte à l'espoir, que ce soit par de nouveaux remèdes, de nouveaux traitements, l'éventualité de nouvelles techniques et de nouvelles découvertes. Le principal est de transmettre au malade la certitude que tout n'est pas perdu, qu'on ne l'abandonnera pas à cause de ce diagnostic; que c'est une bataille qu'on mènera à deux ou à plusieurs, malade, médecin, famille, quel que soit le résultat. Ce malade n'aura pas peur de la solitude, ne soupçonnera pas qu'on veuille le tromper ou le rejeter, il continuera à avoir confiance dans l'honnêteté de son médecin et il saura que si quelque chose peut être fait, ils le feront ensemble. Cette manière d'aborder la question est aussi rassurante pour la famille qui se sent souvent terriblement impuissante dans des moments comme ceux-là. Elle dépend beaucoup de l'assurance que lui donnera le médecin, par ses paroles ou par d'autres signes. Elle se sentira plus courageuse en sachant que tout ce qui peut être fait sera fait, sinon pour prolonger une vie, du moins pour diminuer la souffrance.

Si une malade se présente avec une grosseur au sein, un médécin prévenant lui fera entrevoir la possibilité d'une tumeur maligne et lui dira par exemple qu'une biopsie en révélera la vraie nature. Il lui dira aussi d'avance qu'une opération chirurgicale étendue sera nécessaire si la tumeur est maligne. Cette malade aura plus de temps devant elle pour se faire à l'idée d'un cancer et pour accepter une intervention chirurgicale en cas de besoin. Lorsqu'elle se réveillera après l'opération, il pourra dire: «Je suis navré, nous avons dû faire une opération étendue». Si la malade réagit en disant: «Quelle chance, c'était une tumeur bénigne», il répondra simplement: «Je souhaite que vous ayez raison» et il s'assiéra à côté d'elle un instant au lieu de se sauver. Cette malade pourra prétendre ne rien savoir pendant plusieurs jours. Il serait cruel de la part du médecin de la forcer à accepter les faits au moment où elle lui fait clairement comprendre qu'elle n'est pas en mesure de les affronter. Le fait de lui avoir dit une fois ce qu'il en est suffit à maintenir la confiance dans le médecin. La malade reviendra vers lui plus tard, lorsqu'elle sera assez forte pour pouvoir regarder en face l'issue fatale possible de sa maladie.

Une autre malade répondra peut-être: «Oh, docteur, c'est terrible, combien de temps me reste-t-il à vivre?» Le médecin pourra alors lui dire tout ce qu'on a réussi à faire au cours des années précédentes pour prolonger la vie de ceux qui étaient atteints de cette maladie et lui parler des interventions chirurgicales qui ont abouti à des résultats encourageants; il lui dira que personne ne sait combien de temps lui reste à vivre. Je crois que la pire manière de se comporter devant un malade, si grave soit sa maladie, est de lui assigner un nombre précis de mois ou d'années de vie. Puisque cette information est fausse dans tous les cas et que l'exception dans les deux directions est la règle, je ne vois aucune raison de donner cette information. Cela n'a d'utilité que dans des cas assez rares, lorsqu'un chef de famille doit être informé du peu de temps qui lui reste pour mettre ordre à ses affaires. Mais j'estime que même dans ce cas, un médecin compréhensif qui a du tact dira à son patient qu'il vaut mieux s'occuper de mettre ses affaires en ordre pendant qu'il en a le temps et la force, plutôt que d'attendre trop longtemps. Ce malade sera parfaitement capable de capter ce message implicite pendant qu'il est encore en mesure de conserver l'espoïr que tout malade doit conserver, même ceux qui disent qu'ils sont prêts à mourir. Nos entretiens nous ont prouvé que tous les malades ont laissé la porte ouverte à la possibilité d'une existence prolongée et aucun d'eux n'a jamais soutenu qu'il ne désirait plus du tout vivre.

Lorsque nous avons demandé à nos malades comment on les avait mis au courant, nous avons appris que tous savaient de toute manière que leur maladie était mortelle, qu'on le leur ait dit clairement ou non, mais que c'était du médecin que dépendait essentiellement la présentation de cette nouvelle d'une manière acceptable.

Mais qu'est-ce donc qu'une manière acceptable? Comment le médecin sait-il qu'un malade désire être informé brièvement, qu'un autre aura besoin d'une longue explication scientifique, qu'un troisième voudra éviter à tout prix d'aborder le sujet? Comment le savoir, si nous n'avons pas l'avantage de connaître assez bien notre patient avant d'être confronté à une telle décision?

La réponse dépend de deux choses. La plus importante est notre propre attitude, notre propre faculté d'affronter la maladie mortelle et la mort. Si c'est un énorme problème dans notre propre vie, si la mort est envisagée comme un sujet affreux, horrible et tabou, nous ne pourrons jamais en parler calmement et utilement avec un malade. Et je dis intentionnellement «la mort», même si nous n'avons qu'à répondre à la question tumeur maligne ou bénigne. La première est toujours associée à l'idée de mort imminente, de nature destructive de la mort et c'est elle qui déclanche toutes les émotions. Si nous ne pouvons faire face à la mort avec sérénité, comment pouvons-nous assister nos malades? Certes, nous espérons que ceux-ci ne nous poseront pas cette horrible question. Nous tournons en rond et parlons de banalités et du temps magnifique qu'il fait dehors et le patient intuitif jouera le jeu et parlera du printemps prochain, même s'il est parfaitement conscient qu'il n'y en aura pas pour lui. Interrogez ce genre de médecins, ils vous diront que leurs malades ne désirent pas connaître la vérité, qu'ils n'ont posé aucune question et qu'ils croient que tout va très bien. Les médecins sont en fait très soulagés de ne pas être mis au pied du mur et sont souvent parfaitement inconscients d'avoir eux-même provoqué cette attitude de leur malade.

Les médecins qui éprouvent encore un malaise devant ces entretiens, mais sont moins sur la défensive, appellent un pasteur ou un prêtre et lui demandent de parler au malade. Ils peuvent se sentir plus tranquilles d'avoir rejeté la responsabilité sur quelqu'un d'autre, ce qui vaut mieux qu'esquiver la question. Mais d'autre part, ils peuvent avoir une telle anxiété dans ce domaine qu'ils donnent des ordres parfaitement clairs au personnel hospitalier et à l'aumônier, interdisant de rien dire au malade. Le degré de précision de ces ordres en dit beaucoup plus long sur l'angoisse du médecin que celui-ci ne serait disposé à le reconnaître.

D'autres ont moins de peine à aborder la question et ils rencontrent beaucoup moins de malades peu désireux d'aborder le problème de leur maladie et de sa gravité. Je suis persuadée par le grand nombre de malades avec lesquels j'ai parlé de la chose, que ces médecins qui éprouvent le besoin de refuser la question pour eux-mêmes trouveront le même refus chez leurs malades et que ceux qui peuvent parler d'une maladie mortelle trouveront leurs malades bien plus capables d'y faire face et d'en prendre conscience. Le besoin de nier est directement proportionnel chez le patient au besoin du médecin de rejeter la question. Mais ce n'est que la moitié du problème.

Nous avons constaté que divers malades réagissent différemment aux nouvelles qu'on leur donne en fonction de la personnalité qu'ils se sont forgée et du style de vie auquel ils prétendaient dans leur existence précédente. Les gens qui pratiquent la négation comme défense principale en useront bien plus que d'autres. Les malades qui ont dû faire face à des situations très dures dans le passé et les ont affrontées ouvertement en feront de même dans de nouvelles circonstances. Il est par conséquent très utile de faire la connaissance d'un nouveau malade en apprenant à découvrir ses points forts et ses faiblesses. J'en donne un exemple:

Mme A., jeune femme blanche de trente-trois ans, nous demande de lui rendre visite pendant son hospitalisation. Elle se présente comme une femme jeune, petite, obèse, d'une gaîté un peu artificielle et nous dit en souriant qu'elle a «un lymphome bénin» qu'on a traité de diverses manières, y compris la bombe à cobalt et la moutarde à l'azote, traitements connus de la plupart des personnes de l'hôpital comme prescrits pour des tumeurs malignes. Elle connaît bien sa maladie et reconnaît volontiers qu'elle a lu passablement de livres sur ce sujet. Et puis, tout à coup, la voilà au bord des larmes, racontant une histoire pathétique sur la manière dont son médecin lui a parlé de son «lymphome bénin» après avoir pris connaissance des résultats de la biopsie. «Un lymphome bénin?» répétai-je d'une voix légèrement dubitative et attendant tranquillement une réponse. «Dites-moi, docteur, si c'est une affaire maligne ou bénigne» demande-t-elle, et, sans attendre ma réponse, elle raconte les vaines tentatives faites pour essayer d'être enceinte. Pendant neuf ans, elle a vainement espéré avoir un enfant, elle a passé par tous les examens possibles et finalement elle s'est adressée à une agence pour adopter un enfant. On l'a écartée pour plusieurs raisons, surtout parce qu'elle n'avait été mariée que pendant deux ans et demi, mais aussi peut-être à cause de son instabilité sentimentale. Elle n'avait pu accepter le fait qu'on ne voulait pas lui confier un enfant adoptif. Et la voici à l'hôpital, obligée de signer un document concernant un traitement par radiations déclarant clairement que le résultat sera la stérilité, ce qui la rendra définitivement et irrévocablement incapable d'enfanter. C'était là une chose inadmissible à ses yeux, malgré sa signature et son acceptation des préparatifs pour les séances de radiations. Son abdomen était déjà marqué et le premier traitement devait être entrepris le lendemain.

Cette conversation m'a montré qu'elle n'était pas encore capable d'accepter ce fait. Elle posait la question de la tumeur maligne mais n'attendait pas de réponse. Elle me dit aussi qu'elle ne parvenait pas à accepter sa stérilité, bien qu'elle acceptât le traitement aux rayons. Elle finit par me donner tous les détails sur son souhait non satisfait et resta à me regarder d'un air interrogateur. Je lui dis qu'elle ferait mieux de me parler de sa peur de regarder sa maladie en face plutôt que de sa stérilité. J'ajoutai que j'étais parfaitement capable de la comprendre. Je déclarai que les deux situations étaient difficiles, mais pas désespérées et lui promis de la revoir le lendemain du traitement.

C'est au cours de son transport en vue de son premier traitement radiologique qu'elle confirma qu'elle savait que sa tumeur était maligne, mais elle espérait que ce traitement la guérirait. Au cours de la visite suivante, presque une visite de politesse, elle oscilla entre la conversation sur les bébés et celle sur les cancers. Elle se mit peu à peu à pleurer, laissant tomber son apparente gaîté. Elle demanda s'il y avait un «bouton magique» qui la délivrerait de toutes ses angoisses et du fardeau qui pesait sur sa poitrine. Elle était profondément troublée par l'idée de la camarade de chambre qu'on attendait, «craignant mortellement» comme elle disait, que ce soit une femme à fin de vie. Comme les infirmières de son service étaient très compréhensives, nous leur rapportâmes ses craintes et elle devint la compagne d'une charmante jeune femme, ce qui la soulagea beaucoup. Les infirmières lui conseillèrent aussi de pleurer quand elle en avait envie, plutôt que de feindre de sourire sans cesse, ce qu'elle apprécia beaucoup. Elle avait un sens très sûr des gens avec qui elle pouvait parler de sa tumeur maligne et choisissait les moins bien disposés pour parler d'enfants. Le personnel soignant fut très étonné d'apprendre qu'elle était parfaitement capable de parler avec réalisme de son avenir.

C'est à la suite d'une série de visites très fructueuses que la malade me demanda brusquement si j'avais des enfants et, lorsque je lui dis oui, elle mit soudainement fin à l'entretien en prétendant qu'elle était fatiguée. Les visites suivantes furent chargées d'irritation, de remarques désagréables envers les infirmières, les psychiâtres et autres personnages, jusqu'à ce qu'elle parvienne à admettre ses sentiments de jalousie à l'égard des gens en bonne santé, des jeunes et tout spécialement à mon égard, puisque je semblais être comblée de tous les biens. Lorsqu'elle s'aperçut qu'elle n'était pas rejetée, malgré le fait qu'elle était devenue parfois une malade vraiment difficile, elle prit de plus en plus conscience de son irritation et l'exprima clairement comme une colère contre Dieu qui permettait qu'elle meure si jeune et sans avoir été comblée. Heureusement l'aumônier n'était pas du genre solennel, mais était plein de compréhension et put parler avec elle de sa colère dans le même sens que moi, jusqu'à ce que cette agressivité s'estompe pour faire place à une sorte de dépression qui, nous l'espérons, aboutira à l'acceptation de son sort.

Jusqu'à ce jour, notre malade continue à traiter son problème principal dans cette optique dichotomique. Pour un groupe de personnes, elle apparaît comme une femme troublée par sa stérilité; pour le chapelain et pour moi, elle est celle qui parle de la signification de sa courte vie et des espoirs qu'elle conserve de la prolonger. Sa plus grande inquiétude au moment où nous écrivons est que son mari puisse se remarier avec une femme qui lui donnerait des enfants, mais alors, elle admet en souriant: «Il n'est pas le shah de Perse, bien que ce soit vraiment un grand bonhomme.» Elle n'a pas encore tout à fait dominé sa jalousie à l'égard des vivants. Le fait qu'elle n'a plus besoin de maintenir ses dénégations ou de les transposer sur un autre problème, tragique, mais plus acceptable, lui permet de s'accommoder avec plus de succès de sa maladie.
Un autre exemple du problème «dire ou ne pas dire...» est celui de M. D., dont personne ne savait s'il connaissait la nature de son mal. Le personnel soignant était convaincu que le malade ne savait pas que son état était aussi grave, parce qu'il ne permettait à personne d'entrer dans son intimité. Il ne posait aucune question et semblait en général plutôt craint par les infirmières. Elles étaient prêtes à parier qu'il n'accepterait jamais l'invitation d'aborder la question avec moi. Prévoyant des difficultés, j'hésitais à l'aborder et lui demandai simplement:» Où en est votre maladie?» «Je suis pourri par le cancer», fut sa réponse. Le problème à son sujet était que personne ne lui avait jamais posé de question directe. On s'était mépris sur son regard farouche qu'on prenait pour une porte close; en fait, leur propre anxiété empêchait ceux qui l'approchaient de découvrir qu'il désirait énormément s'entretenir avec un autre être humain.
Si le cancer est conçu comme un mal sans espoir qui aboutit à un sentiment de «à quoi bon, nous ne pouvons rien y faire», ce sera le commancement d'une période bien difficile pour le patient et son entourage. Le malade se sentira de plus en plus isolé, il aura l'impression que le médecin ne s'intéresse plus à lui et il sombrera dans le désespoir. Il déclinera rapidement ou tombera dans une dépression profonde dont il ne pourra sortir que si quelqu'un peut lui redonner de l'espoir.
La famille de ces malades peut partager leur sentiment de tristesse, d'inutilité, de désespoir et elle ne peut pas apporter

grand-chose au réconfort du malheureux. Elle peut passer le peu de temps qui reste dans une apathie morbide au lieu de le vivre comme une expérience enrichissante qu'on rencontre souvent lorsque le médecin a su réagir comme on l'a vu plus haut.

Je dois cependant insister sur le fait que la réaction du malade ne dépend pas entièrement de la manière dont le médecin l'a mis au courant. Sans doute, la façon dont la mauvaise nouvelle est présentée est un facteur important, souvent sousestimé, auquel on devrait accorder plus d'importance dans l'enseignement donné aux étudiants en médecine et pendant les stages des jeunes médecins.

En résumé, je crois que la question ne devrait pas être: «Dois-je en parler à mon patient?», mais: «Comment faire part de ce que je sais à mon patient?». Le médecin doit donc d'abord examiner sa propre attitude à l'égard du cancer et de la mort pour être capable d'aborder ces graves problèmes sans angoisse exagérée. Il doit prendre garde aux légers indices qui viennent du malade et qui lui permettront se deviner le désir du patient de regarder la réalité en face. Plus il y aura de gens de l'entourage du malade à savoir le diagnostic, plus vite le malade le saura, parce qu'il y a trop peu de personnes qui soient de bons acteurs et qui puissent garder le masque de la bonne humeur pendant longtemps. De toute manière, la plupart des malades sont au courant. Ils le perçoivent à des changements d'attitude, à une façon différente de les aborder, aux chuchotements, à la diminution des rondes de veille, à la figure gonflée de larmes d'un proche ou à l'air réjoui d'un membre de la famille qui ne peut cacher ses vrais sentiments. Ils prétendront ne rien savoir si le médecin ou la famille ne peut leur parler de leur véritable état et ils accueilleront volontiers quelqu'un qui est disposé à en parler tout en leur laissant prendre une attitude de défense aussi longtemps qu'ils en ont besoin.

Qu'un malade soit clairement informé ou non, il parviendra néanmoins à la conscience de son mal et pourra perdre sa confiance dans un médecin qui lui aura dit un mensonge ou ne l'aura pas aidé à affronter la gravité de sa maladie quand il aurait encore eu le temps de mettre de l'ordre dans ses affaires.

C'est un art de communiquer ces nouvelles pénibles à un

malade, quelqu'il soit. Plus c'est fait simplement, plus il est facile au malade de s'en souvenir lorsqu'il y songera plus tard, s'il ne peut «l'entendre dire» au moment même. Nos malades ont apprécié le fait qu'on leur en ait parlé dans l'intimité d'une petite chambre plutôt que dans les couloirs d'une clinique pleine de gens.

Ce que tous nos malades ont souligné, c'était le sentiment de profonde solidarité qu'ils avaient perçu et qui avait eu plus d'importance pour eux que l'aspect immédiatement tragique que prenaient ces mauvaises nouvelles. C'était l'assurance que tout ce qui pouvait être fait serait entrepris, qu'on ne les laisserait pas «couler», qu'il y avait des traitements à disposition, qu'il subsistait une lueur d'espoir – même dans les cas les plus avancés. Si l'information est transmise de cette manière, le malade continuera à avoir confiance en son médecin et il aura le temps de passer à travers les différentes réactions qui lui permettront de faire face à la nouvelle situation, celle d'une vie menacée.

Dans les pages qui suivent, nous tentons de résumer ce que nous avons appris de nos malades à fin de vie concernant la façon de percevoir les mécanismes qui entrent en jeu au cours d'une maladie dont l'issue est fatale.

III. Première étape: Le refus et l'isolement

Contre lui-même, l'homme dresse des barricades
R. Tagore, Stray Birds LXXIX

Parmi les quelque deux cents malades proches de la mort que nous avons interrogés, la plupart ont eu comme première réaction, en prenant conscience de l'issue fatale de leur maladie, de dire: «Non, pas moi, ce ne peut pas être vrai!» Cette dénégation initiale était aussi vraie chez ceux qui avaient été mis au courant au début de leur maladie que chez ceux auxquels on n'avait rien dit de précis, mais qui en étaient arrivés d'eux-mêmes à cette conclusion par la suite. L'une de nos patientes nous a décrit un rituel – comme elle l'appelait elle-même – long et coûteux destiné à soutenir le refus qu'elle opposait à l'évidence. Elle était convaincue que les rayons-X étaient «embrouillés»; elle a demandé qu'on lui confirme que le rapport sur son examen pathologique n'avait pas pu lui revenir si rapidement et que c'était le rapport concernant une autre malade qui avait été inscrit par erreur sous son nom. Comme ni l'une ni l'autre de ces clauses ne pouvaient lui être accordée, elle ne tarda pas à demander de quitter l'hôpital pour chercher un autre médecin, dans le vain espoir «d'obtenir une explication plus claire de mes indispositions». Cette malade fit le tour de plusieurs médecins, certains lui donnant des réponses rassurantes, d'autres confirmant les premiers soupçons. Quelle que fût la réponse, elle réagit d'une manière identique: elle demanda un nouvel examen, sachant qu'en partie le diagnostic original était exact, mais cherchant

de nouvelles appréciations dans l'espoir que la première conclusion serait erronée, et gardant sans cesse contact avec un médecin pour avoir à portée de main un secours en cas de besoin.
Ce refus anxieux qui suit l'exposé d'un diagnostic est plus typique du malade qui est prématurément informé ou qui apprend la chose de la bouche de quelqu'un qui ne connaît pas bien son patient ou dit la chose hâtivement «pour en avoir fini», sans prendre en considération les dispositions du malade. Le refus, la dénégation est une technique utilisée par presque tous les malades, non seulement pendant les premières étapes de leur maladie ou la confrontation suivante, mais aussi plus tard de manière épisodique. Qui donc a dit: «Le soleil ni la mort ne peuvent se regarder tout le temps en face»? Ces malades peuvent envisager l'éventualité de leur propre mort pendant un moment, mais ils doivent rejeter cette pensée pour pouvoir continuer à vivre.
J'insiste là-dessus, parce que je considère comme une saine entreprise d'aborder cette situation inconfortable et douloureuse dans laquelle ces patients devront vivre parfois assez longtemps. La dénégation fonctionne comme amortisseur après le choc de nouvelles inattendues en permettant au malade de se recueillir, puis, avec le temps, de mettre en œuvre d'autres systèmes de défense moins exclusifs. Cela ne signifie cependant pas que le même malade ne sera pas disposé, voire même heureux, un peu plus tard, s'il peut se soulager en parlant à quelqu'un de cette mort prochaine. Ce genre de dialogue doit avoir lieu à la convenance du malade, lorsqu'il se sent capable d'y faire face (et non à la convenance de celui qui l'écoutera). Et le dialogue doit prendre fin sitôt que le patient ne peut plus affronter les faits et retourne à son refus primitif. Peu importe quand le dialogue a lieu. On nous accuse souvent de parler de la mort à des malades très graves, alors que le médecin a le sentiment qu'ils ne sont pas mourants (et c'est très juste). Je préconise le dialogue sur la mort et l'agonie avec des malades encore éloignés de cette échéance, s'ils déclarent le désirer. Une personne plus forte et en meilleure santé peut plus facilement affronter le problème et elle est moins terrorisée par la mort qui s'approche lorsqu'elle est encore «à des kilomètres» que quand elle «frappe à la porte»,

comme l'a dit fort judicieusement un de nos patients. Il est aussi plus facile à la famille d'aborder ce sujet à un moment où le malade est encore en santé relativement bonne et où on peut prendre des dispositions pour la sécurité financière des enfants et autres membres de la famille pendant que le chef de la maison est encore en possession de ses moyens. Retarder ces conversations n'est souvent pas un service rendu au malade, c'est uniquement une couverture de notre propre instinct de défense.

Le refus est en général une défense temporaire et ne tarde pas à laisser le champ libre à une acceptation partielle. Le refus obstiné ne provoque pas toujours un désespoir croissant s'il persiste jusqu'à la fin, ce que je considère pourtant comme un cas extrêmement rare. Parmi les deux cents malades graves que j'ai interrogés, je n'en ai rencontré que trois qui ont tenté de nier l'approche de la mort jusqu'au dernier moment. Deux femmes ont brièvement parlé de mourir mais n'ont fait que considérer la mort comme «un ennui inévitable qui survient heureusement pendant le sommeil» et ont dit: «J'espère qu'elle viendra sans douleur». Après ces déclarations, elles sont revenues à leur attitude de refus devant la maladie.

La troisième, elle aussi célibataire d'âge moyen, avait apparemment pratiqué le refus pendant la plus grande partie de sa vie. Elle avait un type de cancer bien visible, de grande dimention et qui provoquait des ulcères sur toute sa poitrine, mais elle avait refusé tout traitement jusque peu avant sa mort. Elle avait grande confiance dans la Science chrétienne et est restée fidèle à ses convictions jusqu'au dernier jour. En dépit de son refus, une partie d'elle-même devait avoir fait face à la réalité de sa maladie, puisqu'elle finit par accepter d'être hospitalisée et de subir les traitements qu'on lui proposait. Quand je lui rendis visite avant la première intervention chirurgicale, elle fit allusion à l'opération qu'elle décrivait comme «entailler une partie de la plaie pour qu'elle se cicatrise mieux». Elle précisa qu'elle désirait connaître seulement les détails de son hospitalisation «qui n'ont rien à voir avec ma plaie». Des visites répétées ont mis en évidence qu'elle redoutait toute communication de la part des membres du personnel qui pourraient compromettre son refus, c'est-à-dire, aborder la question de son cancer déjà très avancé. En faiblissant, elle se maquilla de façon de plus en plus grotesque. A l'origine un peu de rouge aux joues et aux lèvres, appliqué de manière discrète, le maquillage devint de plus en plus étendu et de plus en plus rouge jusqu'à la faire ressembler à un clown. Ses vêtements devinrent de plus en plus voyants et plus colorés au fur et à mesure que la mort approchait. Pendant les derniers jours, elle évita son miroir, mais continua à appliquer ses couleurs de masquarade, dans une ultime tentative de cacher son désarroi et la détérioration rapide de ses traits. Comme on lui demandait si l'on pouvait faire quelque chose pour elle, elle répondit: «Venez demain.» Elle ne dit pas: «Laissez-moi seule» ou «Ne m'embêtez pas», mais elle laissa ouverte la possibilité de l'effondrement de sa défense, le lendemain, la possibilité qu'elle ne puisse plus tenir bon et qu'elle ait besoin d'un secours. Ses dernières paroles furent: «Je crois que je ne puis plus y tenir.» Et elle mourut moins d'une heure plus tard.

La plupart des malades ne poussent pas si loin la dénégation. Ils peuvent faire brièvement allusion à la réalité de leur état et déclarer tout à coup qu'ils sont incapables d'envisager la situation plus longtemps avec réalisme. Comment savoir à ce moment, quand un malade ne désire plus l'affronter? Il peut parler de questions pertinentes, tant qu'il s'agit de sa vie, il peut faire part d'idées importantes sur la mort même ou sur la vie après la mort (un refus en soi), pour changer de sujet peu après, en contredisant presque ce qu'il venait de dire. Quant on l'écoute à cet instant, il semble qu'on écoute un malade qui n'a qu'un petit bobo, rien de grave, rien qui puisse compromettre sa vie. C'est alors que nous essayons d'enchaîner et de constater (pour nous-mêmes) que c'est l'instant où le malade préfère considérer des choses plus gaies. Nous laissons alors notre patient rêver tout éveillé à des choses plus heureuses, si improbables soient-elles. (Nous avons eu plusieurs malades qui ont fait ainsi des rêves sur des situations apparemment impossibles qui, à notre grande surprise, se sont réalisées). Ce que je voudrais souligner, c'est que le besoin de dénégation existe en tout malade à un certain moment, tout au début d'une maladie grave, plutôt que vers la fin de sa vie. Plus tard, ce besoin va et vient et vient et l'auditeur sensible et perspicace le reconnaîtra en permettant à son patient de se retrancher dans son attitude défensive, sans lui faire constater ses contradictions. C'est beaucoup plus tard en général que le malade a besoin de solitude plus que de dénégation. Il peut alors s'entretenir de sa santé et de sa maladie, de sa mortalité et de son immortalité, comme si deux jumeaux étaient autorisés à vivre côte à côte, affrontant la mort et gardant l'espoir.

En résumé, la première réaction du malade peut être un état temporaire de choc dont il se relève progressivement. Lorsque son sentiment primitif de stupeur commence à se dissiper et qu'il peut se recueillir et se ressaisir, sa réaction usuelle est: «Non, cela ne peut pas m'arriver à moi.» Comme, dans notre inconscient, nous sommes tous immortels, nous ne parvenons pas à concevoir que nous avons, nous aussi, à faire face à la mort. Selon la manière dont le malade est mis au courant, selon le temps dont il dispose pour admettre graduellement l'inévitable évènement et la façon dont il s'est préparé au cours de sa vie à faire face à des situations bouleversantes, il abandonnera peu à peu son attitude de refus et utilisera des mécanismes de défense moins absolus.

Nous avons aussi constaté que beaucoup de nos malades se servaient de la dénégation en face de membres du service hospitalier qui devaient eux-mêmes pratiquer cette forme d'affrontement pour des raisons personnelles. Ces malades savent très bien choisir entre différents membres de leur famille ou du personnel, ceux avec lesquels ils discuteront de leur maladie ou de leur mort imminente, tandis qu'ils prétendront aller parfaitement bien devant ceux qui ne peuvent pas admettre l'idée de leur décès. C'est peut-être là la raison des divergences d'opinion concernant le désir du malade de savoir que sa maladie aura une issue fatale.

La brève description du cas de Mme K. est un exemple d'une malade qui a pratiqué le refus systématique pendant une assez longue période et qui montre notre comportement à son égard, du moment de son entrée à l'hôpital à sa mort, plusieurs mois plus tard.

Mme K. était une jeune femme blanche de vingt-huit ans, catholique, mère de deux enfants en bas âge. Elle avait été hospitalisée pour une maladie hépatique mortelle. Pour la maintenir en vie, une diète méticuleuse et des contrôles quotidiens en laboratoire étaient absolument indispensables.

Nous avons appris que deux jours avant son hospitalisation,

elle était allée en policlinique où on lui avait dit qu'il n'y avait aucun espoir de guérison. La famille raconta que la malade avait «sombré» jusqu'à ce qu'une voisine lui dise qu'il y avait toujours de l'espoir, lui conseillant de se rendre dans un «tabernacle» où beaucoup de gens avaient été guéris. La patiente demanda conseil à son curé, mais il lui déconseilla d'aller chez un guérisseur par la foi. Le samedi, lendemain de sa visite à la policlinique, elle alla chez le guérisseur et «se sentit immédiatement merveilleusement bien». Le dimanche, elle fut découverte par sa belle-mère dans un état de transe, alors que le mari était au travail et que les petits étaient abandonnés sans soins ni nourriture. Le mari et la belle-mère la conduisirent à l'hôpital et s'en retournèrent avant que le médecin ait pu leur parler.

La malade demanda l'aumônier de l'hôpital «pour lui annoncer la bonne nouvelle». Lorsqu'il entra dans la chambre, elle l'accueillit avec exaltation: «Oh, mon Père, c'était merveilleux. Je suis guérie. Je vais montrer aux médecins que Dieu me guérira. Je me sens très bien maintenant.» Elle exprima sa tristesse de ce que «même ma propre église n'a pas compris comment Dieu agit», faisant allusion à l'avis du prêtre de ne pas visiter le tabernacle.

La malade posa un problème aux médecins, parce qu'elle niait presque complètement sa maladie et qu'on ne pouvait pas compter sur elle en ce qui concernait son alimentation. Elle se bourrait occasionnellement à tel point qu'elle entrait dans le coma; d'autres fois, elle suivait scrupuleusement les ordonnances. C'est pourquoi une expertise psychiatrique s'avéra nécessaire. Lorsque nous avons vu la malade, elle était inopportunément gaie, elle riait nerveusement et nous réitéra qu'elle était parfaitement bien. Elle se promenait dans les salles, faisant des visites aux malades et aux infirmières, essayant de faire une collecte pour un cadeau à l'un des médecins du groupe en qui elle avait une entière confiance, ce qui semblait bien montrer qu'elle avait quand même une conscience partielle de son état réel. Elle posait un problème de discipline parce qu'on ne pouvait pas se fier à elle pour son régime et ses médicaments et qu'elle «ne se comportait pas comme une malade». Sa confiance dans sa santé était inébranlable et elle insistait pour qu'on le lui confirme.

Un entretien avec le mari nous fit découvrir un homme plutôt simple, peu émotif, qui pensait sérieusement que sa femme s'en tirerait mieux en vivant chez elle avec les enfants, même si c'était pour peu de temps, plutôt que de voir se prolonger ses souffrances par de longues hospitalisations, des dépenses infinies et tous les hauts et les bas de sa maladie chronique. Il avait peu de compréhension pour elle et avait presque totalement éliminé tout sentiment du cadre de ses réflexions. Il fit part, de manière très pratique, de l'impossibilité d'avoir un foyer familial stable, du moment qu'il travaillait de nuit et que les enfants vivaient ailleurs pendant la semaine. En l'écoutant et en nous mettant à sa place, nous avons pu comprendre qu'il ne puisse supporter sa vie actuelle qu'en ayant ce détachement. Nous ne pûmes pas lui faire part de certains des désirs de sa femme, ce que nous aurions voulu faire dans l'espoir de voir ses égards envers elle diminuer les besoins qu'elle avait de persister dans son refus, ce qui l'aurait rendue plus docile à un traitement efficace. Il nous quitta comme s'il venait d'accomplir une corvée, visiblement incapable de changer d'attitude.

Nous avons rendu visite à Mme K. à intervalles réguliers. Elle appréciait nos bavardages qui tournaient autour des petits événements quotidiens et des questions concernant ce dont elle avait besoin. Elle s'affaiblit progressivement et, pendant quelques semaines, s'assoupissait en nous tenant la main, sans beaucoup parler. Après cela, elle eut l'esprit de plus en plus brouillé, elle était désorientée et avait des hallucinations, voyant une belle chambre à coucher pleine de fleurs odorantes que lui avait apportées son mari. Quand elle retrouvait sa lucidité, nous essayions par des travaux manuels de lui faire trouver le temps plus court. Elle avait passé une bonne partie des semaines écoulées seule dans une chambre, les doubles portes fermées, et peu de personnes venaient la voir, tant il semblait au personnel soignant qu'il n'y avait pas grand-chose à faire pour elle. Les infirmières motivaient leur propre résolution de l'éviter par des remarques telles que: «Elle divague trop pour se rendre compte de notre présence», ou: «Je ne saurais que lui dire, elle a des idées tellement loufoques!» Comme elle ressentait cet isolement, cette solitude croissante, on la surprenait souvent à décrocher le téléphone «seulement pour entendre une voix».

Quand on la mit à la diète sans protéines, elle commença à être affamée et perdit beaucoup de poids. Elle s'asseyait sur son lit en tenant les petits sachets de sucre entre ses doigts et en disant: «Ce sucre finira par me tuer.» Je me suis assise à ses côtés et quand elle me prenait la main, elle me disait: «Vous avez des mains si chaudes, j'espère que vous serez près de moi quand je me refroidirai.» Elle souriait de l'air de savoir. Elle savait et je savais qu'à ces moments, elle avait chassé sa dénégation. Elle pouvait penser et parler à propos de sa propre mort et tout ce qu'elle demandait, c'était un peu de réconfort, un peu de compagnie et une dernière étape sans trop souffrir de la faim. Nous n'avons pas échangé plus de paroles que celles qui viennent d'être rapportées, nous restions en silence pendant un certain temps, et lorsque je la quittais elle me demandait si je reviendrais sûrement et si j'amènerais cette merveilleuse jeune ET (ergothérapiste) qui l'avait aidée à faire des petits objets de cuir pour sa famille «pour qu'ils aient un souvenir de moi».

Le personnel hospitalier, médecins, infirmières, travailleurs sociaux ou aumôniers, ne sait pas ce qu'il manque en évitant cette sorte de malades. Si l'on a de l'intérêt pour le comportement humain, pour les adaptations et les défenses que les êtres humains doivent employer pour assumer de telles épreuves, c'est bien le lieu où l'on peut apprendre quelque chose. Si l'on s'assied en écoutant, si l'on renouvelle les visites même lorsque le patient ne semble pas vouloir ou pouvoir parler la première ou la seconde fois, le malade ne tardera pas à éprouver un sentiment de confiance, de sentir qu'il y a là quelqu'un qui prend soin de lui, qui est disponible, qui se tient là pour l'entourer.

Quand il sera disposé à parler, il s'ouvrira, il fera part de sa solitude, parfois par des paroles, parfois par de petits gestes, par des communications sans parole. Dans le cas de Mme K., nous n'avons jamais cherché à contredire son refus, lorsqu'elle affirmait qu'elle se sentait bien. Nous nous bornions à insister pour qu'elle prenne ses médicaments et s'en tienne à sa diète, si elle voulait retourner auprès de ses enfants. Il y avait des jours où elle se bourrait d'aliments interdits, ce qui la faisait souffrir deux fois plus le lendemain et les jours suivants. C'était intolérable et nous le lui avons dit. C'était une part de la réalité que nous ne pouvions nier en sa présence. Ainsi, d'une certaine façon, nous lui disions qu'elle était dangereusement malade. Mais nous ne l'avons pas fait explicitement parce qu'il était évident qu'elle était incapable d'admettre la vérité à ce stade de sa maladie. C'est beaucoup plus tard, après qu'elle avait passé par des périodes de stupeur à demi-comateuse et de repli excessif, de confusion et d'hallucinations concernant les tendres soins de son mari exprimés par des fleurs qu'elle a commencé à avoir la force de regarder la réalité de sa situation en face et qu'elle a pu demander une nourriture plus agréable au palais et une compagnie pour les derniers moments, qu'elle sentait bien ne pas pouvoir venir de sa famille.

En songeant à ces longues relations, si significatives, je suis sûre qu'elles n'ont été possibles que parce qu'elle a senti que nous respections son désir de nier sa maladie aussi longtemps que possible. Nous n'avons jamais jugé, quelque difficile qu'ait été le problème de discipline qu'elle posait. (Bien entendu, c'était bien plus facile pour nous, sorte de visiteurs de passage sans responsabilité dans l'équilibre de son régime, sans obligation d'être là toute la journée à passer d'expérience décevante en expérience décevante). Nous avons continué à la voir même pendant les périodes où elle déraisonnait et ne se rappelait plus ni notre visage ni notre rôle professionnel. A longue échéance, c'est le rôle éducatif persistant du thérapeute qui a suffisamment liquidé ses propres complexes à l'égard de sa propre mort, qui aide le malade à surmonter l'anxiété et la peur de sa mort imminente. Mme K. a demandé auprès d'elle deux personnes pendant ses derniers jours à l'hôpital; l'une était la thérapeute avec laquelle elle avait à peine échangé de temps en temps quelques paroles, parfois seulement un serrement de main, et témoigné de moins en moins de souci concernant sa nourriture, ses souffrances, son angoisse. L'autre était l'ergothérapiste qui l'avait aidée à oublier la réalité pendant un instant en lui permetttant d'agir en femme créatrice et productrice, fabriquant des objets qu'elle pourrait laisser à sa famille – peut-être en modeste signe d'immortalité.

Cet exemple montre que nous n'affirmons pas toujours explicitement que le malade est véritablement condamné. Nous essayons de découvrir d'abord les besoins du patient, de prendre conscience de sa force et de ses faiblesses, de trouver des communications franches ou détournées pour déterminer jusqu'à quel point il désire affronter la réalité à un moment donné. Cette malade, à bien des égards exceptionnels, a nettement fait comprendre dès le début que le refus était essentiel pour qu'elle garde son équilibre. Bien que plusieurs membres du personnel soignant l'aient considérée comme une déséquilibrée, les examens ont prouvé que son sens des réalités restait intact malgré les manifestations contraires. Nous avons appris d'elle qu'elle ne pouvait accepter le désir de sa famille de la voir mourir «le plus tôt possible», elle ne pouvait accepter sa propre mort au moment où elle commençait à peine à jouir de la présence de ses petits enfants et elle s'est désespérément accrochée aux forces que lui avait données le guérisseur en l'assurant qu'elle était en excellente santé.

Mais une autre partie d'elle-même savait parfaitement qu'elle était malade. Elle n'a pas lutté pour quitter l'hôpital; en fait, elle y a trouvé son réconfort. Elle s'était entourée de beaucoup d'objets familiers comme si elle devait y faire un long séjour. (Elle n'a jamais quitté l'hôpital). Elle a aussi accepté les limites que nous lui imposions. Elle a mangé ce qu'on lui disait de manger, à quelques exceptions près, quand elle était sens dessus dessous. Elle a reconnu plus tard qu'elle était incapable de vivre avec tant de restrictions et que la souffrance était pire que la mort. On peut considérer les épisodes de suralimentation au moyen de denrées prohibées comme une tentative de suicide, parce que cela aurait conduit à un décès rapide, si le personnel n'était pas intervenu vigoureusement.

En un sens, cette malade oscillait entre le refus presque total de sa maladie et des tentatives répétées pour hâter sa mort. Rejetée par sa famille, souvent négligée ou ignorée par le personnel hospitalier, elle devint un petit être pitoyable, une jeune femme échevelée assise désespérément seule sur le bord de son lit, taquinant le téléphone pour entendre au moins un son. Elle a trouvé un refuge temporaire dans l'illusion de la beauté, des fleurs, de tendres soins qu'elle savait ne pouvoir obtenir dans la vie réelle. Elle n'avait pas de fond religieux solide pour l'aider à traverser cette crise et il a fallu des semaines et des mois de présence silencieuse pour qu'elle finisse par accepter sa mort sans suicide ni psychose.

Nos propres réactions envers cette jeune femme ont été diverses. D'abord ce fut l'incrédulité massive. Comment pouvait-elle prétendre être si bien alors qu'elle était si parfaitement incapable d'absorber une quantité normale de nourriture? Comment pouvait-elle rester à l'hôpital et subir tous ces examens, si elle était réellement convaincue d'être en bonne santé? Nous n'avons pas tardé à comprendre qu'elle ne pouvait assimiler ces questions et nous avons commencé à chercher à la mieux connaître en parlant de choses moins pénibles. Le fait qu'elle était jeune et gaie, qu'elle avait de petits enfants et une famille incapable de l'aider a beaucoup contribué en faveur de nos tentatives pour lui venir en aide malgré ses négations constantes. Nous lui avons permis de dire non autant qu'il a été nécessaire pour sa survie et nous sommes restés disponibles pendant toute la durée de son séjour hospitalier.
Lorsque le personnel soignant l'a mise en quarantaine, nous en avons fait le vif reproche aux infirmières et nous avons pris l'habitude de laisser la porte ouverte, pour la retrouver d'ailleurs fermée à notre prochain passage. En nous familiarisant avec ses particularités, elles nous sont apparues moins étranges et nous y avons trouvé plus de sens, ce qui ajoutait à notre difficulté d'admettre l'attitude des infirmières qui l'évitaient. Vers la fin, cela devint une affaire personnelle, le sentiment de partager une langue étrangère avec quelqu'un qui ne parvenait pas à communiquer avec autrui.
Il n'y a pas de doute que nous nous sommes occupés de cette malade plus qu'il n'est de coutume pour le personnel hospitalier. En cherchant à comprendre les raisons de cet engagement, nous devons aussi ajouter que certaines d'entre elles provenaient de notre déception de voir une famille ne pas jouer un rôle plus secourable envers une malade aussi pathétique. Notre mauvaise humeur s'est peut-être exprimée lorsque nous avons assumé le rôle de réconfort que nous attendions du mari. Et – qui sait – peut-être ce besoin d'en faire davantage dans ces circonstances exprimait-il le vœu inconscient que nous ne soyons pas nous-mêmes rejetés un jour, si le destin nous réservait une situation semblable. Après tout, c'était une jeune femme avec deux petits enfants – rétrospectivement je commence à me demander si je n'étais pas prête à m'associer à son refus.

Cela montre qu'il est nécessaire d'examiner de plus près nos propres réactions lorsque nous travaillons avec des malades, car elles se répercutent toujours dans le comportement du patient et peuvent contribuer à son bien-être ou à son préjudice. Si nous nous regardons honnêtement, cela peut nous aider à évoluer et à mûrir nous-mêmes. Rien n'est mieux fait pour notre propre évolution, que d'avoir affaire à des malades gravement atteints, âgés ou proches de la mort.

IV. Deuxième étape: L'irritation

Nous déchiffrons mal le monde et disons qu'il nous trompe.
R. Tagore, Stray Birds LXXV

Si notre première réaction à des nouvelles catastrophiques est: «Non, ce n'est pas vrai, non, cela ne peut pas m'arriver», elle doit nous conduire à une nouvelle attitude, lorsque, pour finir, on voit poindre en soi cette idée: «Eh bien oui, c'est bien à moi que ça arrive, ce n'était pas une erreur.» Heureusement ou malheureusement, bien peu de malades parviennent à vivre dans un monde d'illusions dans lequel ils se sentent bien, en bonne santé, jusqu'à leur mort.

Quand la première étape, celle du refus, ne peut plus être entretenue, elle est remplacée par des sentiments d'irritation, de rage, d'envie, de ressentiment. La question logique qui suit va se formuler ainsi: «Pourquoi moi?» Comme l'a exprimé l'un de nos malades, le Dr. G., «Je pense que presque tout le monde, dans ma situation, penserait à quelqu'un d'autre en disant: «Vraiment, pourquoi est-ce que ça ne pouvait pas être lui?» et cela m'est plusieurs fois venu à l'esprit... Ce vieil homme que je connais depuis que je suis gosse, passait dans la rue. Il a quatre-vingt-deux ans, il ne sert à rien ni à personne, pensons-nous à vues humaines. Il a des rhumatismes, il est infirme, il est crasseux, bref exactement le genre de bonhomme que vous ne voudriez pas être. Et l'idée m'a frappé avec force: «Pourquoi pas le vieux Georges au lieu de moi?» (Extrait de l'entretien du Dr G.).

Contrairement à l'étape du refus, l'étape de l'irritation est très difficile à assumer du point de vue de la famille et du personnel soignant. La raison en est que cette irritation est projetée dans toutes les directions, sur tout l'entourage, bien souvent au hasard. Les médecins ne sont pas capables, ils ne savent pas quels examens faire, quel régime prescrire. Ils gardent trop longtemps les malades à l'hôpital et ne respectent pas leurs désirs concernant certains privilèges particuliers. Ils permettent à un malade gravement atteint d'être installé dans notre chambre, quand nous payons si cher pour rester un peu seuls à nous reposer, etc.

Les infirmières sont plus souvent encore la cible de leur ressentiment. Tout ce qu'elles touchent n'est pas comme il faut. A peine ont-elles quitté la chambre, la sonnette retentit. La lumière s'allume au moment même où elles commencent leur rapport pour la prochaine équipe d'infirmières. Quand elles secouent les oreillers et mettent de l'ordre dans le lit, on les blâme de ne jamais laisser les malades tranquilles, la lumière s'allume pour demander que le lit soit arrangé plus confortablement. La famille en visite est accueillie avec le minimum d'enthousiasme et de satisfaction, si bien que la rencontre devient un évènement désagréable. Ou bien les visiteurs réagiront par des reproches et des larmes, ou bien par un sentiment de culpabilité et de honte, ou ils éviteront de nouvelles visites, ce qui ne fera que renforcer la gêne et la mauvaise humeur du malade.

Le fait est que bien peu de personnes savent se mettre dans la situation du malade en se demandant d'où peut provenir cette irritation. Peut-être bien que nous serions aussi de fort méchante humeur si toutes nos activités étaient interrompues si prématurément; si tout ce que nous avons entrepris devait rester inachevé ou devait être terminé par quelqu'un d'autre; si nous avions mis de côté un argent péniblement économisé pour jouir de quelques années de repos et de plaisir, pour des voyages, pour continuer à nous occuper de nos fantaisies et qu'il fallait nous heurter à cette évidence: «Tout cela, ce ne sera pas pour moi.» Que pourrions-nous bien faire de notre colère, sinon la projeter sur ceux qui ont encore la chance de pouvoir jouir de tout ce dont nous sommes subitement privés? Ces gens qui vont et viennent avec agitation et qui ne font que nous rappeler que nous ne pouvons même pas nous tenir debout sur nos deux pieds. Ces gens qui ordonnent des examens désagréables et une prolongation de l'hospitalisation, avec tout ce que cela comporte d'empêchements, de restrictions, de frais, tandis qu'à la fin de la journée, ils s'en retournent tranquillement chez eux pour jouir de la vie! Ces gens qui nous disent de nous tenir bien tranquilles pour qu'il ne faille pas recommencer toute la transfusion, au moment où nous avons envie de sortir de notre peau pour nous prouver que nous sommes encore capables de vivre à un certain niveau.

De quelque côté que le malade se tourne à ce moment-là, il ne voit que des injustices. Il fait marcher la télévision et ce n'est que pour trouver un groupe de jeunes gaillards qui exécutent une de ces danses modernes qui l'irritent, parce que tout mouvement est pour lui limité ou douloureux. Il peut voir un film de western dans lequel les gens sont abattus de sang froid pendant que des spectateurs continuent à boire leur bière. Il les comparera à sa famille ou au personnel soignant. Il écoute les dernières nouvelles pleines de récits de destructions, de guerre, d'incendies et de tragédies – tout cela si loin de lui, tous ces gens indifférents aux luttes et aux peines d'un individu qui sera bientôt complètement oublié. Aussi ce malade veut vérifier qu'il n'est pas oublié. Il va élever la voix, il va faire des réclamations, il va se plaindre, exiger qu'on fasse attention à lui, il finira peut-être par crier: «Je suis en vie, ne l'oubliez pas! Vous pouvez entendre ma voix, je ne suis pas encore mort!»

Un patient qu'on respecte, qu'on comprend, auquel on accorde de l'attention et un peu de temps, ne tardera pas à baisser le ton et à atténuer ses exigences agressives. Il saura qu'il est un être humain qui a sa valeur, dont on s'occupe, à qui on permet de vivre au plus haut niveau possible, aussi longtemps qu'il en a la force. On l'écoutera sans qu'il doive recourir à des accès de mauvaise humeur, on lui rendra visite sans qu'il ait à sonner si souvent, parce qu'entrer en passant n'est pas une corvée indispensable, mais un plaisir.

Peut-être la tragédie provient-elle du fait que nous ne pensons pas aux raisons qui motivent la colère du malade et que nous en faisons une affaire personnelle, alors qu'elle n'a rien à voir dans ses origines, avec les personnes qui servent de cible à ce ressentiment. Lorsque le personnel ou la famille réagissent personnellement à cette colère, ils le font avec une colère croissante, ce qui ne fait qu'alimenter le comportement hostile du patient. Ils risquent de diminuer le nombre des visites ou des tournées ou de les abréger; ils peuvent provoquer des discussions inutiles en prenant la défense de leur manière d'être, sans savoir que la plupart du temps, leurs argument n'ont rien à voir avec la vraie question.

Le cas de M. X. est un exemple de colère rationnelle provoquée par la réaction d'une infirmière. Il avait été à plat de lit pendans plusieurs mois et on venait de lui permettre de quitter l'appareil de respiration artificielle pendant quelques heures de la journée. Il avait naguère mené une vie très active et cela lui avait été très dur de subir des restrictions aussi totales. Il était parfaitement conscient du fait que ses jours étaient comptés et son plus grand désir était d'être placé dans diverses positions (il était paralysé à partir du cou). Il avait demandé à l'infirmière de ne jamais mettre la barrière sur le côté de son lit, parce que cela lui donnait le sentiment d'être dans un cercueil. L'infirmière, qui était très hostile à son malade, accepta de laisser les barrières baissées en tout temps. Cette infirmière privée était toujours de fort mauvaise humeur d'être dérangée quand elle lisait et elle savait qu'il la laisserait tranquille tant qu'elle se plierait à son désir.

Au cours de ma dernière visite à M. X., je vis que cet homme, d'habitude si digne, était furieux. Il répétait constamment à son infirmière «Vous m'avez menti», en lui jetant des regards pleins d'incrédulité exaspérée. Je lui demandai la raison de son exaspération. Il essaya de me dire qu'elle avait monté les barrières à l'instant même où il avait demandé d'être placé en position assise pour pouvoir mettre «une fois encore» les jambes hors du lit. Ce récit fut interrompu plusieurs fois par l'infirmière qui, tout aussi furieuse, raconta sa version du récit, disant qu'elle avait dû monter les barrières pour pouvoir accéder à son désir. Une longue discussion s'ensuivit, au cours de laquelle la colère de l'infirmière trouva sa meilleure expression quand elle déclara: «Si j'avais laissé vos jambes hors du lit, vous seriez tombé et vous vous seriez fracassé le crâne». Si nous examinons cet incident en tâchant de comprendre les réactions plutôt que de les juger, nous devrons constater que cette infirmière cherchait à éviter le contact en s'asseyant dans un coin pour lire des brochures, tâchant de garder «à tout prix» son malade tranquille. Elle éprouvait un vrai malaise à devoir s'occuper d'un patient à fin de vie et n'a jamais eu la moindre velléité d'engager un dialogue avec lui. Elle a fait son «devoir» en restant assise dans le même local, mais au point de vue des sentiments, elle est restée aussi détachée de lui que possible. C'était la seule manière qu'avait cette femme d'accomplir son travail. Elle souhaitait sa mort («vous fracasser le crâne») et exigeait clairement qu'il reste immobile et tranquille sur le dos (comme s'il était déjà dans un cercueil). Elle était indignée qu'il lui demande de la changer de position, ce qui, pour lui, signifiait qu'il était encore en vie, tandis qu'elle souhaitait le contraire. Elle était manifestement tellement épouvantée par la proximité de la mort qu'elle devait s'en défendre en évitant tout contact et en s'isolant. Son désir qu'il reste tranquille et ne bouge pas ne faisait que renforcer la peur qu'il avait de l'immobilité et de la mort. Il était privé de communication, solitaire et abandonné, sans secours dans son agonie et dans sa colère croissante. Lorsque sa dernière exigence fut accueillie par une mesure de restriction (la mise en place des barrières, symbole de l'immobilisation), sa rage qui ne s'était pas exprimée jusque-là a donné lieu à l'incident malheureux que nous venons de rapporter. Si l'infirmière ne s'était pas sentie si coupable d'avoir des désirs aussi destructifs, elle aurait probablement été beaucoup moins sur la défensive, elle aurait beaucoup moins discuté, évitant l'incident, l'empêchant de prendre de telles proportions et permettant au malade d'exprimer ses sentiments et de mourir plus paisiblement quelques heures plus tard.

Je me sers de ces exemples pour souligner l'importance de notre patience à tolérer les colères, raisonnées ou non, de nos malades. Inutile de dire que nous ne pouvons être patients qu'à la condition de ne rien craindre, par conséquent, de n'être pas sur la défensive. Il nous faut apprendre à écouter nos patients, à accepter même parfois certaines colères irrationnelles, sachant que le soulagement qu'ils éprouvent à les exprimer leur permettra d'accepter plus facilement la perspective de leurs derniers moments. Et cela, nous ne pouvons le faire que si nous avons su faire face à nos propres craintes de la mort, à nos propres désirs destructifs, et si nous nous sommes rendu compte de nos propres défenses, qui risquent d'intervenir malencontreusement dans les soins que nous donnons à nos malades.

Un autre malade à problèmes, c'est l'homme qui a dirigé toute son existence à son idée et qui réagit par la rage et la colère quand il se voit contraint d'abandonner les leviers de commande. Cela me rappelle M. O. qui avait été hospitalisé pour une maladie de Hodgkin (lymphogranulomatose) dont il disait qu'elle provenait de ses habitudes de malnutrition. C'était un homme d'affaires riche et favorisé par le succès, qui n'avait jamais eu de problème d'alimentation et n'avait jamais dû observer une diète pour perdre du poids. Son récit était tout à fait à côté de la réalité, mais il soutenait que lui et lui seul était la cause de «cette faiblesse». Cette attitude négative fut maintenue par lui, malgré la radiothérapie et malgré ses connaissances et son intelligence qui étaient au-dessus de la moyenne. Il prétendait qu'il ne dépendait que de lui de pouvoir se lever et quitter l'hôpital, sitôt qu'il se serait de nouveau persuadé de manger davantage.

Sa femme vint un jour dans mon bureau, les larmes aux yeux, incapable de supporter davantage cette histoire, disait-elle. Il avait toujours été tyrannique, gérant très strictement ses affaires et son foyer. Et maintenant qu'il était à l'hôpital, il refusait de faire connaître à quiconque les opérations qui devaient intervenir dans ses affaires. Il était furieux contre sa femme lorsqu'elle lui rendait visite et réagissait violemment quand elle posait des questions ou tentait de lui donner des conseils. Mme O. venait demander de l'aide pour prendre en charge un homme dominateur, exigeant, habitué à tout diriger et qui se révélait incapable d'admettre ses limites et peu disposé à communiquer certaines des réalités qu'il fallait pourtant partager.

Nous lui avons montré – par l'exemple de sa propension à se blâmer de sa propre «faiblesse» – qu'il avait besoin de maîtriser toutes les situations et nous nous sommes demandé si elle pourrait lui donner davantage le sentiment de garder la direction de tout, à un moment où il avait justement perdu ce contrôle total de son entourage. C'est ce qu'elle fit en continuant ses visites quotidiennes, mais en téléphonant toujours d'avance pour lui demander quel était le moment le plus favorable et de quelle durée devait être la visite. Aussitôt que

ce fut à lui de déterminer le moment et la durée des visites, cela redevint des rencontres brèves, mais agréables. Elle cessa aussi de lui donner des conseils sur ce qu'il devait manger, sur la durée et la fréquence des moments qu'il passait hors de son lit; elle modifia la forme de ses interventions en disant par exemple: «Je parie que toi seul tu peux décider quand tu te mettras à manger ceci ou cela.» Il put recommencer à manger, mais seulement après que le personnel soignant et la famille eurent cessé de lui dire ce qu'il devait faire.
Les infirmières utilisèrent la même méthode en lui permettant de régler les moments de certaines perfusions, du changement des draps de lit, etc., et – chose qui n'est peut-être pas étonnante – il choisissait approximativement pour ces faits et gestes les moments auxquels on les avait accomplis auparavant, mais il n'y mettait plus ni colère, ni résistance. Sa femme et sa fille eurent plus de plaisir à venir le voir et se sentirent moins irritées et moins coupables en face de leurs propres réactions à l'égard de ce mari et de ce père avec lequel la vie avait été si difficile quand il était bien portant, mais qui était devenu presque insupportable dès qu'il avait commencé à perdre son emprise sur son entourage.
Pour un conseiller, psychiatre, aumônier ou autre membre du personnel médical, ces malades sont d'autant plus difficiles que notre temps est en général très limité et nos charges très lourdes. Lorsque nous finissons par trouver un instant pour rendre visite à des patients comme M. O., nous nous entendons dire: «Pas maintenant, venez plus tard.» Il est alors très facile d'oublier ces malades, de les laisser en plan; après tout, ils l'ont bien voulu. Ils ont eu leur chance et notre temps est très limité. Mais ce sont les malades comme M. O., qui sont les plus isolés, non seulement parce qu'ils sont d'un abord difficile, mais parce qu'ils commencent par nous renvoyer et ne peuvent nous accueillir que lorsque cela leur convient. A cet égard, le monsieur riche et considéré, le personnage important qui a l'habitude de tout régenter, est peut-être le plus pauvre bougre dans ces circonstances et risque de perdre les choses même qui rendraient pour lui la vie un peu plus supportable. Finalement, nous sommes tous semblables, mais les messieurs O. ne peuvent pas l'admettre. Ils contestent jusqu'au bout et perdent souvent l'occasion de parvenir à une humble acceptation de la mort

comme issue finale. Ils provoquent le rejet et la colère, tout en étant les plus désespérés.
L'entretien qui suit donne un exemple de la colère d'un patient proche de la mort. Sœur I. était une jeune moniale qui avait été hospitalisée à nouveau pour une maladie de Hodgkin. Voici la transcription rigoureuse d'une discussion entre elle, le chapelain et moi, au cours de sa onzième hospitalisation. Sœur I. était une malade irritée et exigeante que beaucoup de personnes de l'hôpital et du dehors n'aimaient pas à cause de son attitude. Plus elle devenait dépendante, plus elle posait de problèmes de soins pour le personnel soignant en particulier. Quand elle était hospitalisée, elle avait pris l'habitude d'aller de salle en salle visiter les malades particulièrement graves pour découvrir quels étaient leurs besoins. Elle se rendait alors au local des infirmières, exigeant qu'on s'occupe de ces malades, ce que les infirmières ressentaient comme une ingérence inadmissible et comme une attitude inconvenante. Quand elle fut très malade elle-même, ces jeunes femmes ne lui reprochèrent pas directement son attitude inadmissible, mais exprimèrent leur ressentiment en ne faisant que de courtes apparitions dans sa chambre, en évitant tout contact et en abrégeant la durée de leur présence auprès d'elle.
Les choses semblaient aller de mal en pis et quand nous sommes intervenus, tout le monde parut soulagé de voir quelqu'un d'autre prendre en charge Sœur I. Nous avons demandé à la Sœur si elle était d'accord de venir à notre séminaire pour faire part de certaines de ses opinions et de ses sentiments devant nous. Elle sembla enchantée de la proposition; la discussion suivante s'engagea quelques mois avant sa mort.

L'aumônier: Eh bien, nous avons un peu parlé ce matin du but de cette rencontre. Vous savez que les médecins et les infirmières sont préoccupés de savoir comment répondre plus efficacement aux malades gravement atteints. Je n'irai pas jusqu'à dire que vous êtes devenue un point fixe parmi nous, mais beaucoup de gens vous connaissent. Nous sommes descendus dans le hall et je crois que nous n'avions pas fait vingt mètres que quatre membres du personnel s'étaient arrêtés pour vous dire bonjour.
Malade: Juste avant votre venue, une femme de ménage qui

cirait le parquet a ouvert la porte pour dire «Hallo!» Je ne l'avais jamais vue auparavant. J'ai trouvé ça terrible. Elle a dit: «Je voulais seulement voir qui vous étiez (rire) parce que je ne sais pas...»
Médecin: Voir une Sœur dans un hôpital?
Mal: Peut-être voir une Sœur dans son lit, ou peut-être a-t-elle entendu parler de moi ou m'a-t-elle vue dans le hall et désirait-elle me parler et puis elle a décidé qu'elle ne devait pas perdre son temps. Je n'en sais vraiment rien, mais j'a trouvé ça exagéré. Elle a dit: «Je voulais seulement vous dire bonjour.»
Méd: Depuis combien de temps êtes-vous à l'hôpital? Simplement pour nous donner un bref résumé des faits.
Mal: Cette fois, cela fait pratiquement onze jours.
Méd: Quand avez-vous été admise?
Mal: Lundi soir, il y a deux semaines.
Méd: Mais vous étiez déjà venue avant.
Mal: C'est mon onzième séjour.
Méd: Onze séjours, depuis quand?
Mal: Depuis 1962.
Méd: Depuis 1962, vous avez été onze fois hospitalisée?
Mal: Oui.
Méd: Pour la même maladie?
Mal: Non, on l'a diagnostiquée pour la première fois en 1953.
Méd: Ah, ah. Et qu'est-ce qu'on a diagnostiqué?
Mal: Une maladie de Hodgkin.
Méd: La maladie de Hodgkin.
Mal: Mais cet hôpital a les appareils de rayons à haute fréquence que notre hôpital n'a pas. Mais quand j'ai été admise ici, il s'agissait de savoir si on avait posé le diagnostic juste dans les années précédentes. J'ai rencontré le médecin d'ici et en cinq minutes, on a confirmé que j'avais – ce que j'ai dit que j'avais.
Méd: Hodgkin?
Mal: Oui. Mais d'autres médecins ont regardé les lamelles au microscope et dit que ce n'était pas ça. La dernière fois que j'ai été admise, j'avais une éruption sur tout le corps. Pas une éruption, mais des plaies, parce que je me grattais à cause des démangeaisons. Je dois dire que j'étais couverte d'écorchures, je me sentais comme une lépreuse et on a pensé que j'avais un problème psychologique. Je leur ai dit que j'avais la maladie

de Hodgkin et ils ont pensé que c'était là mon problème psychologique, parce que j'insistais sur le fait que je l'avais. Quand ils n'ont plus senti lès nodosités qu'ils avaient repérées auparavant, ils ont pensé que j'avais eu cette affection, mais qu'ils s'en étaient rendus maîtres par les radiations. Ils ont dit que je ne l'avais plus à ce moment. J'ai dit que je l'avais encore parce que je me sentais comme avant. Il a dit: «Qu'allez-vous penser là?» J'ai dit: «Tout ça vient du Hodgkin, je crois.» Et il a dit: «Vous avez tout à fait raison.» A ce moment, il m'a rendu le respect de moi-même. J'ai su que j'avais rencontré quelqu'un ici qui collaborerait avec moi là-dessus et n'essayerait pas de me faire croire que je n'étais pas réellement malade.

Méd: Dans ce sens...? (bande magnétique inintelligible) Bon, c'était psychosomatique.

Mal: Oui, c'était très intelligent de penser que c'est là qu'était mon problème, que je croyais avoir le mal de Hodgkin. C'était parce qu'ils ne pouvaient pas sentir les nodosités dans l'abdomen, alors qu'un veinogramme les montre et qu'une plaque ordinaire ou la palpation ne les révèle pas. C'était malheureux, mais il fallait y passer, c'est tout ce que je puis dire.

Aum: Mais vous étiez soulagée.

Mal: Oh, je pense bien, je suis sûrement soulagée parce rien n'était résolu par l'idée que j'était psychiquement malade, tant que je ne pouvais pas prouver que je l'étais physiquement. Je ne pouvais plus en parler à personne ni trouver le calme, parce que je sentais bien que les gens ne me croyaient pas malade. Vous voyez ce que je veux dire, il me fallait presque cacher mes plaies et je lavais moi-même mes sous-vêtements tachés de sang, autant que possible. Je ne me sentais pas acceptée, je suis sûre qu'ils s'attendaient à ce que je résolve seule mes propres problèmes, voyez-vous.

Méd: Vous êtes infirmière de profession?

Mal: Oui.

Méd: Où avez-vous travaillé?

Mal: A l'hôpital S. T. A l'époque où tout ça a commencé, je venais d'être remplacée comme directrice du service des infirmières. J'ai eu six mois de direction et puis, ils ont décidé de me remettre à l'école pour enseigner de nouveau l'anatomie et la physiologie, alors que je leur avais dit que je ne le pouvais pas, parce qu'on y a ajouté la chimie et la physique et que les derniers cours de chimie que j'avais eus remontaient à dix ans en arrière et que la chimie est tout à fait différente actuellement. Alors ils m'ont envoyé suivre un cours de chimie organique cet été-là et j'ai raté l'examen. C'était la première fois que j'échouais au cours de ma vie. Mon père est mort cette année-là et l'affaire a été dissoute, c'est-à-dire qu'il y avait dispute entre les trois garçons pour savoir qui dirigerait l'affaire et cela a provoqué une amertume telle que je ne savais pas qu'il pouvait y en avoir une pareille dans une famille. Alors, ils ont exigé que je vende ma part. J'avais eu très peur d'hériter une part dans notre affaire familiale et tout simplement il m'a semblé que de toute manière, je ne comptais pas pour beaucoup, que je pouvais être remplacée dans mon travail, qu'il ne me restait qu'à prendre une activité d'enseignement pour laquelle je ne me sentais pas du tout prête. J'ai pu voir que j'avais de nombreux problèmes psychologiques et la situation a duré tout l'été et en décembre quand j'ai eu de la fièvre et un refroidissement et que j'ai commencé mon enseignement, j'ai trouvé que c'était si difficile et je me suis sentie si malade que j'ai vraiment dû demander à voir un médecin. Mais même après ce moment, je ne suis pas retournée chez le médecin. Je faisais de mon mieux. Je voulais être sûre que les symptômes étaient si objectifs et que le thermomètre montait si haut que je n'aie pas besoin de convaincre personne. Avant qu'ils s'occupent de moi, vous comprenez?

Méd: C'est très différent de ce que nous entendons d'habitude. D'habitude, le malade aime nier sa propre maladie. Mais vous, vous deviez prouver que vous étiez réellement malade physiquement.

Mal: Du moment que je ne pouvais être soignée autrement, il fallait que ça aille jusqu'au point où j'aurais désespérément besoin de soins, je devais avoir la liberté de me coucher quand je me sentais si misérable. J'ai triché, j'ai poussé jusqu'au bout...

Méd: Ne pouvez-vous pas recevoir de l'aide, une aide professionnelle quand vous avez un problème psychologique. Ou bien suppose-t-on que vous ne pouvez pas avoir de problèmes de sentiment?

Mal: Je crois qu'ils essayaient de me traiter symptomatique-

ment. Ils ne me refusaient pas d'aspirine, mais je sentais que je n'arriverais jamais au fond des choses jusqu'à ce que je trouve (la malade était accusée de simulation, alors qu'elle était elle-même sûre qu'une maladie physique provoquait les divers symptômes qu'elle avait. Pour s'assurer d'avoir raison, elle est allée voir un psychiâtre qui a confirmé sa conviction), et je suis allée voir un psychiatre. Il m'a dit que j'étais malade psychiquement parce que j'avais été si longtemps malade physiquement. Il m'a donné un traitement physique. Il a insisté pour qu'ils me dispensent de toute activité, pour que j'aie au moins dix heures de repos par jour. Il m'a donné de fortes doses de vitamines. Et c'était le généraliste qui voulait me traiter psychiquement! Le psychiatre m'a traitée médicalement.
Méd: C'est un monde bien embrouillé, pas vrai?
Mal: Oui. Et toute la peur que j'avais en allant voir un psychiatre! Je craignais qu'il ne me crée un nouveau problème, mais ce n'est pas arrivé. Il leur a défendu de me persécuter, vous savez, une fois qu'ils m'avaient envoyée chez lui, ils étaient presque satisfaits. Et ce fut une vraie farce, parce qu'il m'a appliqué exactement le traitement dont j'avais besoin.
Aum: Et qu'aurait dû vous donner le praticien généraliste.
Mal: Entre temps, j'avais été radiographiée. Je recevais des remèdes du médecin général, mais on en avait arrêté la dose quand ils ont cru que j'avais une colite. Le radiologue décida que les douleurs abdominales étaient une colite. Alors ils ont arrêté. Ils en ont fait assez pour me faire un peu de bien, mais ils n'en ont pas fait assez pour supprimer lentement et astucieusement les symptômes, ce que j'aurais fait. Mais ils ne pouvaient pas les voir, comprenez-vous, ils ne pouvaient sentir toutes ces nodosités. Ils ne pouvaient se diriger que d'après l'endroit où j'avais mal.
Méd: En résumé, pour y voir plus clair, ce que vous dites en réalité, c'est qu'au moment où on a diagnostiqué chez vous le mal de Hodgkin, vous aviez aussi une foule de problèmes. Votre père est mort à peu près à la même époque, l'affaire familiale était en voie de liquidation et on vous demandait de céder votre part. Là où vous travailliez, on vous confiait une activité que vous n'aimiez pas.
Mal: Oui.
Méd: Et vos démangeaisons qui sont un symptôme bien connu

du Hodgkin, n'étaient pas considérées comme faisant partie de votre mal. On les considérait comme votre problème psychologique. Le généraliste vous traitait comme un psychiatre et le psychiatre comme un généraliste.

Mal: Oui, et ils me laissaient seule. Ils ont cessé de me soigner.

Méd: Pourquoi?

Mal: Parce que je refusais d'accepter leur diagnostic et qu'ils attendaient que je retrouve mon bon-sens.

Méd: Je vois. Comment avez-vous accepté leur diagnostic sur le mal de Hodgkin? Qu'est-ce que cela signifiait pour vous?

Mal: Eh bien, tout d'abord – voyez-vous, je l'ai diagnostiqué quand je l'ai senti et je suis allé me renseigner et je l'ai dit au médecin et il m'a répondu: «Vous ne devez pas voir d'abord le pire.» Et pourtant, quand il est revenu après l'intervention chirurgicale, il m'a dit que je ne devais pas penser avoir plus d'un an à vivre. Bien que je ne me sois pas sentie très bien, j'ai en quelque sorte oublié ça et j'ai pensé: bon, je vivrai aussi longtemps que possible, voyez-vous. Mais depuis 1960, quand tous ces problèmes ont commencé, je ne me suis jamais sentie bien. Et il y a eu des heures de la journée où je me suis sentie vraiment malade. Mais tout ça est accepté maintenant et ils ne m'ont jamais laissé voir qu'ils ne me croyaient pas malade. A la maison, ils n'ont jamais rien dit. Je suis retournée chez le médecin qui avait cessé les radiations et tout et il n'a jamais dit un mot, sauf quand je refaisais des nodosités, il était en vacances à ce moment et à son retour, je lui en ai parlé. Je pensais qu'il était sincère. Il y en a d'autres qui m'ont dit sarcastiquement que je n'avais jamais eu le mal de Hodgkin, que les nodosités qui se développaient avaient probablement une origine inflammatoire. C'était de l'ironie qui signifiait: nous le savons mieux que vous. Nous avons décidé de tout là-dessus. Lui, au moins, il était sincère, je veux dire qu'il attendait quelque chose d'objectif pendant tout ce temps. Et que le médecin d'ici m'a dit de me rappeler que cet homme pouvait n'avoir eu que cinq cas de ce genre dans toute sa vie et que chacun est un peu différent des autres. C'est vraiment un problème pour moi de comprendre toutes ces choses. Au moins, lui, c'en est un qui téléphonera ici pour demander au médecin les doses et tout le reste. J'ai peur qu'il me traite longtemps, parce que je n'ai pas le sentiment qu'il est très capable. Je pense que

si j'avais continué à y aller, je ne crois pas que je serais encore en vie. Cela vient de ce que nous n'offrons pas les mêmes facilités et aussi parce qu'il ne comprend pas réellement tous ces remèdes. Il essaie sur chaque malade, tandis qu'ici, ils ont essayé sur cinquante patients avant d'essayer sur moi.
Méd: Bon, que cela signifie-t-il pour vous d'être si jeune et d'avoir une maladie qui vous fera mourir en fin de compte? Peut-être à brève échéance?
Mal: Je ne suis pas si jeune. J'ai quarante-trois ans. J'espère que vous estimez que c'est jeune.
Méd: J'espère que *vous* estimez que c'est jeune. (rires)
Aum: Pour vous ou pour nous?
Méd: Pour moi.
Mal: Si je l'ai jamais pensé, je ne crois plus que je le pense maintenant, parce que j'ai veillé – l'été dernier par exemple, où je suis restée tout l'été ici, j'ai veillé un garçon de quatorze ans qui mourait de leucémie. J'ai veillé un enfant de cinq ans qui mourait. J'ai passé tout l'été avec une jeune fille de dix-neuf ans qui souffrait beaucoup et était désespérée. Elle ne pouvait être sur la plage avec ses amis. J'ai vécu plus longtemps qu'eux tous. Je ne dis pas que j'ai le sentiment que tout est fini. Je ne désire pas mourir, j'aime la vie. Je n'y pense pas, mais j'ai eu des moments de panique quand je sentais qu'il n'y avait personne par ici ou que personne ne viendrait. Je pense parfois cela dans les moments de grande douleur. Je n'ennuie pas les infirmières en ce sens que je leur demande des choses que je puis faire moi-même, ce qui m'a souvent donné l'impression qu'elles ne se rendent pas vraiment compte de ce que j'éprouve. En effet, elles ne viennent pas me demander comment ça va. Je crois que j'aurais réellement pu avoir besoin de frictions dans le dos, mais, voyez-vous, elles ne viennent pas par routine chez moi, faire ce qu'elles font pour les autres dont elles pensent qu'ils sont vraiment malades. Je ne puis pas me frictionner moi-même le dos. Je tire ma couverture, j'abaisse moi-même mon lit. Je fais tout le reste par moi-même, même s'il faut le faire lentement et parfois avec douleur. Je crois que tout ça me fait du bien. Mais à cause de ça, elles ne croient pas, je crois qu'elles ne croient vraiment pas – je pense pendant des heures à la fin, je pense certains jours que si je me mettais à avoir une hémorragie ou une syncope, ce serait la nettoyeuse

qui me trouverait, pas le personnel soignant. Parce qu'elles entrent juste pour dire: Prenez votre pillule, et je prends deux pillules par jour à moins que je demande un calmant...
Méd: Quelles impressions tout cela vous fait-il?
Mal: Hum?
Méd: Quelle impression cela vous fait-il?
Mal: Eh bien, c'est très bien sauf dans les moments où j'avais des douleurs très fortes ou quand je n'étais pas capable de me lever, et personne n'a offert de me soigner. Je pourrais demander qu'on s'occupe de moi, mais je ne crois pas que ce soit nécessaire. Je pense qu'elles devraient savoir comment leurs patients sont. Je ne cherche pas à cacher quelque chose, mais quand vous essayez d'en faire le plus possible, vous en payez le prix et voyez-vous, il y a eu plusieurs fois où j'ai été vraiment très mal, où à cause de la moutarde à l'azote et de choses comme ça, j'avais la diarrhée, personne ne venait vider le bidet ni me demander si je ne m'étais pas levée dix fois. Je dois dire aux infirmières ce qui ne va pas. Je veux dire que je dois leur dire que j'ai eu dix selles. La nuit dernière, j'ai su que mes rayons-X du matin n'avaient pas bien marché, parce qu'elles m'ont envoyée en bas pour les faire avec trop de baryum. J'ai dû leur rappeler que j'avais besoin de six pillules pour avoir les rayons-X aujourd'hui. Je suis consciente de ces choses, mais je me soigne moi-même bien souvent. Tandis qu'à la maison, à l'infirmerie du couvent, on vient, on s'informe, on considère vraiment que je suis une malade. Ici, je ne sais pas si c'est moi qui me le suis fait, je veux dire que je n'ai pas honte de l'avoir fait. Je suis contente d'avoir fait tout ce qu'il m'était possible de faire par moi-même, mais il y a eu bien des fois où je souffrais terriblement et où le signal lumineux est resté sans réponse. Et aussi parce que je pensais qu'elles n'arriveraient pas à temps si quelque chose se passait. Et j'ai eu le sentiment que si elles me font ça, elles le font aussi à d'autres. Et une partie des tournées que je faisais parmi les patients les années passées, c'était en fait pour découvrir à quel point ils étaient malades et alors j'allais à la salle des infirmières et je disais, telle ou telle a besoin de quelque chose pour ses douleurs et j'attendais une demi-heure...
Méd: Comment les infirmières ont-elles réagi à cela?
Mal: De diverses façons. La seule infirmière qui m'en veuille

vraiment beaucoup, je crois, c'est la garde de nuit. Il y a eu une malade, voyez-vous, la nuit dernière, qui est entrée dans ma chambre et s'est enfilée dans mon lit. Je connaissais le cas et je suis infirmière, je n'ai pas peur. Alors j'ai allumé et j'ai attendu. Et bien cette nuit, cette dame était sortie de son lit en passant par-dessus la barrière. Elle aurait dû avoir une ceinture. Je n'ai rien dit à personne de tout cela. J'ai appelé l'infirmière et nous avons reconduit la malade dans son lit. Et cette autre nuit où une dame est tombée du lit, j'étais dans la chambre voisine de sorte que j'ai été là la première. Vous savez, j'ai été là bien avant l'infirmière. Et alors, une autre malade, une jeune fille était en train de mourir et elle poussait des gémissements assez forts. Je n'ai pas pu dormir ces nuits-là. Les règles de cet hôpital sont telles qu'après trois heures du matin, vous ne pouvez plus demander de somnifère. Je ne comprends pas pourquoi, mais c'est comme ça. Si je prends un léger chlorate hydraté qui ne me laisse aucune séquelle le lendemain, cela ne peut que m'aider au moment même. Pour eux, le règlement compte plus que le fait que vous ayez une heure ou deux de sommeil de plus. C'est une règle ici. Les drogues qui ne donnent pas d'accoutumance sont traitées de la même manière. Vous ne pouvez en recevoir. Si le médecin ordonne de la codéïne toutes les quatre heures, vous ne pouvez en avoir une nouvelle dose avant cinq heures. Je veux dire que l'idée est que vous ne pouvez avoir une seconde dose dans l'intervalle de quatre heures, quel que soit le remède! Que ce soit une drogue qui crée un besoin ou pas. Nous ne changerons pas notre idée. Le patient souffre, il a besoin du sédatif quand il a mal. Ce n'est pas nécessairement toutes les quatre heures, surtout si c'est un remède qui ne crée pas d'accoutumance.

Méd: Avez-vous des ressentiments parce qu'il n'y a pas plus d'attention à l'égard des individus, pas plus de soins individuels? Est-ce de là que vos sentiments viennent?

Mal: Non, ce n'est pas la question individuelle. Elles ne comprennent pas la souffrance. Si elles n'y ont pas passé...

Méd: C'est la souffrance qui vous préoccupe le plus?

Mal: Eh bien, elle me préoccupe le plus à l'égard des cancéreux avec lesquels j'ai vécu, voyez-vous. Et je suis en colère contre le fait qu'elles essaient d'empêcher ces pauvres gens de devenir toxicomanes, alors qu'ils n'ont plus à vivre assez longtemps

pour risquer de le devenir. Il y a une infirmière là-bas, dans l'autre aile, qui tient même la seringue hypodermique dans son dos pour essayer de les dissuader. Même à la dernière minute, savez-vous. Elle a peur de faire de quelqu'un un toxicomane. Mais ce malade ne vivra pas assez longtemps. Ils y ont pourtant bien droit, parce que, quand on a ces douleurs, on ne peut plus ni manger, ni dormir, on ne peut que végéter. Au moins, avec une injection, cela vous détend, vous pouvez vivre, avoir du plaisir pour les choses, parler. Vous êtes vivants. Mais autrement, vous attendez désespérément que quelqu'un vienne, qu'il ait pitié de vous et vous soulage.
Aum: Est-ce quelque chose dont vous avez fait l'expérience depuis que vous avez commencé à venir ici?
Mal: Oui, oui c'est cela. Je l'ai remarqué. J'ai pensé que c'était typique de certains étages parce que le même groupe d'infirmières s'en occupe. Il y a quelque chose en nous, qui fait que nous semblons ne plus respecter la souffrance.
Aum: Comment expliquez-vous cela?
Mal: Je crois qu'elles ont beaucoup à faire. J'espère que c'est bien cela.
Méd: Que voulez-vous dire?
Mal: Mais je me suis promenée et je les ai vu bavarder et puis je les ai vues qui allaient prendre leur tasse de thé. Cela m'a mise en colère. Quand l'infirmière va profiter de sa pause et que l'aide infirmière vient vous dire que l'infirmière est en bas et qu'elle a la clé et qu'il faut attendre. Alors que la personne malade avait droit à son médicament bien avant que l'infirmière descende manger. Je pense qu'il devrait y avoir quelqu'un qui soit responsable de l'étage et qui pourrait venir vous donner le remède contre la douleur, pour que vous n'ayez pas à transpirer une demi-heure de plus avant que vienne quelqu'un. Et parfois, il se passe plus de quarante-cinq minutes avant qu'elles remontent. Et certainement qu'elles ne vont pas s'occuper de vous en tout premier. Elles répondront au téléphone, elles regarderont les nouvelles heures, les nouvelles médications ordonnées par les médecins. Elles ne commenceront pas par voir en tout premier si quelqu'un n'a pas appelé pour avoir un calmant.
Méd: En bref, avez-vous une objection si nous changeons de sujet? Je voudrais employer notre temps à voir divers aspects.

D'accord?
Mal: Bien sûr.
Méd: Vous avez dit que vous aviez vu ou observé une chambre où des enfants de cinq et neuf ans étaient en train de mourir. Comment concevez-vous cela? Avez-vous une idée, une vision de cela?
Mal: Voulez-vous dire: Comment j'accepte ça?
Méd: Oui. Vous avez en quelque sorte déjà répondu en partie à la question. Que vous n'aimez pas, que vous ne pouvez pas rester seule? Que quand vous avez une crise, que ce soit la douleur ou une diarrhée ou autre chose, vous aimez que quelqu'un vienne. Cela veut dire que vous n'aimez pas être laissée seule. L'autre chose, c'est la souffrance. Si vous devez mourir, vous voudriez que ce soit sans agonie, sans douleur et sans être isolée.
Mal: C'est bien vrai.
Méd: Quelles autres choses vous paraissent importantes? Que devrions-nous envisager? Je ne pense pas seulement envers vous, mais à l'égard des autres malades.
Mal: Je me rappelle D. F. qui était hors de lui à cause des murs nus de sa chambre, ce qui était bien peu sympathique. Et précisément l'infirmière qui n'aime pas nous donner nos remèdes lui a apporté de magnifiques images de la Suisse. Nous les avons collées sur les parois. Au moment de sa mort, il a demandé à l'infirmière de me les donner. J'étais entrée quelquefois le voir et j'ai réalisé tout ce que cela avait signifié pour lui. Nous avons fait la même chose dans d'autres chambres, avec la mère de la jeune fille de dix-neuf ans qui restait à ses côtés jour après jour; elle m'a apporté du carton et nous avons fait des tableaux que nous avons suspendus. Nous n'avons pas demandé la permission de l'infirmière chef, mais nous utilisions le genre de bandes adhésives qui n'abîme pas les parois. Je crois qu'elle m'en a voulu. Je sais ce que de beaux paysages peuvent rappeler et doivent rappeler à d'autres gens: la vie, peut-être même Dieu. Je puis réellement voir Dieu dans la nature. C'est cela que je veux dire, que vous ne seriez pas aussi seul si vous aviez quelque chose qui vous fait participer à la vie. C'est cela que ça signifiait pour D. F. Pour S., elle était entourée de fleurs, d'appels téléphoniques et les visiteurs étaient autorisés à venir la voir, ses amies venaient et je crois

que si on les avait renvoyées à cause de la gravité de sa maladie, cela l'aurait terriblement déçue. Elle semblait pleine de vie quand une visite était près d'elle, même quand elle souffrait intensément. Et pourtant elle ne pouvait pas leur parler, voyez-vous. Mes Sœurs ne viennent qu'une fois par semaine et parfois, elles ne viennent pas du tout. Alors j'ai beaucoup reçu de la compagnie des visiteurs ou des malades que j'ai visités et cela m'a beaucoup aidée. Quand je suis en larmes ou déprimée je sais que je dois faire quelque chose pour cesser de penser à moi et, que j'aie mal ou non, je dois me traîner auprès de quelqu'un d'autre pour ne plus penser qu'à lui. Alors je peux oublier mes propres problèmes...

Méd: Que vous arrivera-t-il quand vous ne pourrez plus le faire?

Mal: Alors, je suis – j'ai besoin de quelqu'un et on ne vient pas.

Méd: Eh bien, il y a là quelque chose où nous pouvons vous aider.

Mal: Oui, mais ça n'est jamais arrivé. (Elle pleure)

Méd: Mais ça arrivera. C'est une de nos intentions.

Aum: Vous disiez qu'il n'est jamais arrivé qu'elles viennent? Quand vous aviez besoin d'elles?

Mal: Seulement quelques rares fois. Comme je disais, quand les gens sont malades on se tient à l'écart. Vous savez, on croit que vous n'avez pas envie de parler, même si vous ne pouvez pas répondre, rien que quelqu'un qui vienne s'asseoir et vous savez que vous n'êtes plus seule. Je veux dire, des visiteurs ordinaires. Si des gens pouvaient voir ça, si quelqu'un qui n'a pas la marotte de prier à haute voix, s'ils pouvaient simplement dire le Notre Père avec vous, ce que vous n'avez pas réussi à faire depuis des jours, parce que vous dites: Notre Père... et que tout le reste s'embrouille, vous savez. Cela vous rappelle quelque chose qui a de nouveau un sens, une signification. Voyez-vous, si je n'ai rien à donner aux gens, ils m'abandonnent. Si je puis leur donner quelque chose... mais il y a une masse de gens qui ne se rendent pas compte de tout ce dont j'ai besoin.

Méd: C'est vrai (conversation confuse).

Mal: Et je reçois beaucoup d'eux quand je ne suis pas trop gravement malade. Je reçois beaucoup et mes besoins ne sont plus aussi énormes.

Méd: Vos besoins sont bien plus intenses quand vous cessez de pouvoir donner.
Mal: Oui, et chaque fois que je suis vraiment malade, je me fais beaucoup de soucis au sujet de l'argent, de ce que ça va coûter, et à un autre moment, je me fais des soucis pour savoir si j'aurai du travail quand je reviendrai. Et une autre fois, je me fais des soucis pour ça, vous savez, savoir si je vais être une malade chronique, toujours dépendante. Chaque fois quelque chose d'autre surgit, de sorte que je suis toujours dans l'inquiétude.
Méd: Que se passe-t-il dans votre vie à l'extérieur? Je ne sais rien de votre cadre de vie, de la manière dont vous vivez. Que vous arrive-t-il quand vous ne pouvez plus travailler? L'Eglise vous prend-elle en charge ou l'institut où vous travaillez ou votre famille? Qui s'en occupe?
Mal: Bien sûr qu'ils s'en occupent. J'ai été hospitalisée trois fois dans notre propre hôpital. Une fois pendant une nuit, j'avais tellement mal que je ne pouvais plus respirer. Je suis descendue dans le hall et j'ai frappé à la porte d'une des infirmières et elle m'a raccompagnée, m'a fait une piqûre et ils ont décidé de me mettre à l'infirmerie. C'est l'infirmerie des Sœurs. Seules les Sœurs peuvent y aller et c'est tellement diablement isolé dans ce coin. Voyez-vous, il n'y a ni télévision, ni radio, ça ne fait pas partie de notre vie. Je n'ai besoin de ces choses que du point de vue éducatif ou si personne de vient me voir. On ne nous offre rien de tout cela et j'en ai parlé avec mon médecin dès que les douleurs m'ont quittée et que je puis le supporter et il m'a fait sortir, parce qu'il sait que psychologiquement, j'ai besoin de gens près de moi. Et si je puis aller dans ma propre chambre et m'y reposer, m'habiller quatre ou cinq fois dans la journée et aller prendre les repas, au moins, j'ai l'impression de vivre. Mais seule, je n'en ai pas l'impression. Même si je dois souvent aller à l'église, sans être capable de prier, parce que je ne me sens pas bien, au moins, je suis avec les autres. Vous voyez ce que je veux dire?
Méd: Oui. Pourquoi pensez-vous que la solitude est si terrible pour vous?
Mal: Je pense, non, je ne pense pas que je crains la solitude, parce qu'il y a des moments où j'en ai besoin. Je ne veux pas dire ça. Mais à moins de rapprocher cela de l'idée que je suis

abandonnée dans cet état, je ne puis pas m'en tirer. Ce serait très bien si je me sentais assez forte pour n'avoir besoin de personne. Mais moi, ce n'est pas seulement l'idée de mourir, c'est la torture que provoque la douleur, comme si vous vouliez vous arracher les cheveux. Vous vous moquez pas mal de ne pas vous baigner pendant plusieurs jours, parce que c'est un tel effort, comme si vous deveniez moins qu'un être humain.
Aum: Un certain sentiment de dignité qu'elle voudrait conserver aussi longtemps que possible.
Mal: Oui, et je ne puis pas le faire seule parfois.
Méd: Savez-vous, vous venez d'exprimer ce que nous avons voulu faire ici pendant toute cette année, ce que nous avons essayé de faire de bien des manières. Je crois que vous l'avez bien exprimé.
Mal: On désire rester une personne.
Méd: Un être humain.
Mal: Oui. Je puis vous dire autre chose. L'année dernière, j'ai été renvoyée d'ici. J'ai dû rentrer dans notre propre hôpital dans une chaise roulante, parce que ma jambe était cassée. C'était une fracture pathologique. Et tous les braves gens qui poussaient cette chaise roulante. Et ils me mettaient hors de moi, parce qu'ils me poussaient où ils voulaient que j'aille et pas où il fallait que j'aille. Et je ne pouvais pas toujours dire où je voulais aller. J'aurais préféré avoir des douleurs dans les bras pour me pousser aux toilettes, plutôt que de dire à tout le monde où il fallait que j'aille et de les faire attendre dehors en me laissant le temps de faire usage des toilettes. Vous voyez ce que je veux dire. Ils prétendaient que j'étais très indépendante et pourtant je ne l'étais pas. Je devais garder ma dignité parce qu'ils me l'auraient démolie. Je ne crois pas que, quand j'ai vraiment besoin d'aide, je la refuse dans le sens où j'ai dit. Mais ce genre d'aide que beaucoup de gens donnent crée pour moi un problème. Vous voyez? Malgré leur gentillesse, et je sais bien que c'est de la bonne volonté, je ne puis attendre le moment où ils s'en iront. Par exemple, nous avons une Sœur qui prend soin de nous et nous offre toutes sortes de choses et elle se sent repoussée si nous ne les acceptons pas. Alors je me sentirais coupable. Je sais qu'elle porte un corset pour maintenir son dos. On charge ces femmes de l'infirmerie quand elles ne sont plus en très bonne santé, ces bonnes Sœurs

de soixante-dix-sept ans. Alors je me lève et je lève ou je baisse mon lit moi-même avant de leur demander quelque chose. Mais si l'une d'elles m'offre de lever ou baisser mon lit et que je refuse, elle croit que je la rejette comme infirmière. Alors il faut serrer les dents et espérer qu'elle ne viendra pas le lendemain me raconter les douleurs qu'elle a eues toute la nuit dans le dos et qu'elle n'a pas pu dormir, parce que j'aurai l'impression que c'est ma faute.
Aum: Hem ... elle vous le fait payer.
Mal: Oui.
Aum: Puis-je changer de sujet?
Méd: Vous nous direz quand vous serez fatiguée, n'est-ce pas?
Mal: Oui, oui, allez-y. J'ai toute la journée pour me reposer.
Aum: Au point de vue de votre propre foi, qu'est-ce que la maladie a fait à l'égard de votre foi? L'a-t-elle renforcée, a-t-elle affaibli votre foi en Dieu?
Mal: Je ne puis pas dire que ma maladie ait joué un rôle, parce que je n'ai jamais pensé à ça de cette manière. Je voulais me consacrer à Dieu comme nonne. Je voulais devenir médecin et aller en mission. Bon, je n'ai rien fait de tout ça. Voyez-vous, je n'ai jamais quitté le pays. J'ai été malade pendant des années. Je sais maintenant que c'était – j'avais moi-même décidé ce que je voudrais faire pour Dieu. J'étais attirée par ces choses et je pensais que c'était sa volonté. Mais de toute évidence, ce n'était pas le cas. Alors je me suis résignée en pensant que si jamais j'allais bien, je désirerais les mêmes choses. Je voudrais encore pouvoir étudier la médecine. Je pense bien que d'être médecin missionnaire, c'est une chose terrible, bien plus qu'infirmière, parce que les gouvernements imposent de telles limites aux infirmières.
Mais ma foi a reçu ici, je crois, ses plus violents ébranlements. Non à cause de la maladie, mais à cause d'un homme, un malade rencontré dans le hall. Un Juif qui était très aimable. Nous nous sommes rencontrés aux rayons-X, dans cette petite cabine. Nous attendions tous deux notre tour. Tout à coup, j'ai entendu cette voix et il m'a dit: «De quoi êtes-vous si diablement heureuse?» Je l'ai regardé et j'ai dit: «Je ne suis pas particulièrement heureuse, mais je n'ai pas peur de ce qui peut arriver, si c'est ça que vous entendez.» Il y a eu une sorte de regard cynique sur son visage. C'est comme ça que nous

nous sommes rencontrés et nous avons découvert que nous étions de temps en temps dans le hall. Il est juif, mais ne pratique aucune tradition et il méprise la plupart des rabbins qu'il a rencontrés. Il m'a dit qu'il n'y avait en réalité pas de Dieu. Nous le fabriquions parce que nous en avions besoin. Je n'y avais jamais pensé. Il le croyait vraiment. Je pense qu'il a cette idée, parce qu'il ne croit pas à un au-delà. Et puis, il a une infirmière qui est agnostique et qui dit qu'il y a peut-être eu un Dieu qui a crée le monde. Ils m'ont parlé de ça. Je crois que c'est de ça qu'on a envie de parler. Ils ont commencé. Elle m'a dit: «Il ne s'occupe sûrement plus du monde depuis lors.» Eh bien, je n'avais jamais rencontré des gens comme ça avant de venir ici. Voyez-vous, c'était la première fois que j'avais à examiner ma foi. Je veux dire que chaque fois que je dis «Il y a sûrement un Dieu. Regardez la nature et tout ça», c'est quelque chose que quelqu'un m'a enseigné.

Aum: Ils vous jetaient un défi.

Mal: Oui. Et aussi, je pense, les gens qui m'avaient instruite. Est-ce qu'ils avaient davantage raison que ceux qui estimaient que tout ça était du bourrage de crâne? En y réfléchissant, je me suis aperçu que je n'avais pas de religion. J'avais la religion de quelqu'un d'autre. C'est ça que M. m'a donné. M., c'est cet homme, vous savez. Il avait toujours quelque chose de sarcastique à dire ou son infirmière disait: «Je ne sais pas pourquoi je m'occupe de l'Eglise catholique romaine, puisque je la déteste tellement.» Elle disait cela quand elle me donnait une pillule. Elle le disait pour se payer ma tête gentiment. Mais M. essayait réellement d'être respectueux à cause de moi. Il disait: «De quoi voulez-vous parler?» Il disait: «Je vais vous parler de Barabbas.» Je disais: «Eh bien, M., parlez de Barabbas, plutôt que du Christ». Et lui: «Bon, où est la différence, ma Sœur, mais ne soyez pas fâchée». Il essayait d'être respectueux, mais il me mettait sans cesse au défi. Comme si c'était une bonne blague, vous savez?

Méd: Vous l'aimez bien?

Mal: Oui, je l'aime bien.

Méd: C'est arrivé ces temps? C'est quelqu'un qui est encore ici?

Mal: Non, c'est arrivé la seconde fois que j'ai été hospitalisée ici. Mais nous sommes toujours restés bons amis.

Méd: Le voyez-vous encore quelquefois?

Mal: Il était ici l'autre jour. Il m'a envoyé un superbe bouquet de fleurs. Mais c'est par lui que j'ai réellement reçu ma foi. C'est vraiment ma propre foi, maintenant. Et c'est la foi, ce n'est pas une théorie de quelqu'un d'autre, cela veut dire que je ne comprends pas les voies de Dieu et beaucoup de choses qui se passent, mais je crois que Dieu est plus grand que moi et quand je vois mourir des jeunes, et leurs parents et tout le monde disent que c'est une grande perte, je puis voir. Je dis: Dieu est amour et je le pense maintenant. Ce ne sont pas des mots, je le crois réellement. Lui, s'il est amour, il sait que cet instant de la vie de quelqu'un est son meilleur moment et que s'il devait vivre plus longtemps ou moins longtemps, Dieu ne pourrait pas lui donner autant d'éternité ou bien il aurait dans l'éternité un châtiment qui serait pire que ce qu'il a maintenant. Je crois à son amour et c'est pour ça que je puis accepter la mort des jeunes et des innocents et tout le reste.
Méd: Cela vous ennuie-t-il si je vous pose quelques questions très personnelles?
Aum: Juste une, un fait. Si je comprends bien, vous dites que vous êtes plus forte maintenant dans votre foi et votre capacité d'accepter votre maladie que vous ne l'étiez au commencement. C'est ce qui ressort de vos paroles.
Mal: Eh bien non. Je veux simplement parler de ma foi en dehors de ma maladie. Ce n'est pas ma maladie, c'est M. qui mettait ma foi en question, sans même le vouloir.
Méd: C'est sa propre foi maintenant et plus quelque chose que quelqu'un d'autre lui a apprise.
Aum: C'est venu de ces relations.
Mal: C'est arrivé ici, exactement ici dans cet hôpital. Alors j'ai réfléchi pendant ces années et j'ai grandi dans cette foi. Alors maintenant, je comprends vraiment ce qu'est la foi, la confiance. Tandis qu'avant, je tâtonnais toujours pour la comprendre plus clairement. Et même si j'en sais davantage, cela ne change rien au fait que je vois et que j'aime beaucoup plus de choses qu'avant. Je dis à M.: «S'il n'y a pas de Dieu, je n'ai rien à perdre, mais s'il existe, je l'adore comme il le mérite, au moins autant que je puis le faire maintenant.» Tandis qu'avant, c'était celui de quelqu'un d'autre, un automate, le résultat de mon éducation. Je n'adorais pas Dieu. Je crois que je l'adorais, mais comprenez-moi, si quelqu'un avait dit que je

ne croyais pas en Dieu je me serais sentie insultée. Je vois maintenant le différence.
Aum: Avez-vous d'autres questions?
Méd: Oui, mais je crois que nous devons terminer dans cinq minutes environ. Nous pourrons peut-être continuer une autre fois.
Mal: Je dois vous dire une chose qu'une malade m'a dite une fois. «Ne venez pas me dire que c'est la volonté de Dieu pour moi.» Je n'avais jamais entendu auparavant quelqu'un se fâcher de cette remarque. C'était une mère de trente-sept ans qui laissait derrière elle trois enfants. «Je déteste quand quelqu'un d'autre me dit ça. Je sais bien ça, mais vous vivez dans cette souffrance. Personne ne peut vous en vouloir de nous blesser.» Il vaut beaucoup mieux dans ces moments dire quelque chose comme «vous me blessez», sentir que quelqu'un comprend par quoi vous passez que de l'ignorer et d'ajouter quelque chose. Quand vous allez mieux, tout est bien. Autre chose que je puis dire, les gens ne peuvent employer le mot cancer. C'est comme si ce mot créait déjà le mal.
Méd: Il y a d'autres mots semblables aussi.
Mal: Il y en a bien assez, bien plus que pour moi. Je crois que pour moi, à bien des égards, ç'a été une maladie douce, j'y ai beaucoup gagné. J'ai rencontré beaucoup d'amis, beaucoup de gens. Je ne sais si les maladies de cœur ou le diabète sont plus faciles à accepter. Je regarde dans le hall et je suis contente de ce que j'ai plutôt que de ce que je n'ai pas eu. Je n'envie pas les autres. Mais quand quelqu'un est vraiment malade, il ne pense pas à tout cela. Il ne fait qu'attendre pour voir si les autres l'aideront ou lui feront de la peine.
Méd: Qui étiez-vous comme fillette? Quand vous étiez petite, qu'est-ce qui vous a fait choisir d'être au couvent? Un projet de la famille ou autre chose?
Mal: J'étais la seule dans la famille. Nous étions dix enfants, cinq garçons et cinq filles. Je ne me rappelle pas avoir jamais pensé à autre chose qu'à être nonne. Mais quelquefois, voyez-vous, depuis que j'ai étudié un peu plus la pyschologie, je me demande si cela ne devait pas me mener quelque part où je persévérerais. J'était si différente de mes autres sœurs qui étaient si agréables à la famille. Elles étaient bonnes ménagères et tout et moi, j'aimais les livres et les choses comme ça beau-

coup plus. Mais je dois dire qu'avec les années, je ne crois plus que ce soit vrai. Quelquefois, quand je voudrais ne plus être nonne, aujourd'hui, parce que c'est diablement difficile, je me rappelle que si Dieu a voulu que je le sois, je puis l'accepter comme sa volonté. Il m'aurait montré sans ça, d'une manière ou d'une autre, un autre chemin à suivre, ces années passées. Et puis il y a aussi ça, j'en suis venue à penser – j'ai pensé ça toute ma vie, mais il m'arrive aussi de penser maintenant que j'aurais pu être une bonne mère et une bonne épouse. Tandis qu'avant, je pensais que c'était la seule chose que je pourrais faire. Je veux dire que ce n'a pas été une contrainte, parce que personne ne m'y a poussée, je l'ai fait librement, mais je ne comprenais pas. J'avais treize ans quand je suis entrée au couvent et je n'ai pas prononcé mes vœux avant vingt ans, j'ai eu tout le temps et encore six années de plus pour me décider et prononcer les vœux définitifs. Et je dis que c'est comme le mariage, c'est entièrement notre affaire. Ou on accepte, ou on refuse. On peut en faire quelque chose de très complet.

Méd: Avez-vous encore votre mère?

Mal: Oui.

Méd: Quel genre de femme est-ce?

Mal: Mon père et ma mère sont tous deux arrivés comme émigrants. Ma mère a appris la langue toute seule. C'est une personne très ardente. Je crois qu'elle ne comprenait pas très bien mon père. Il était artiste en même temps qu'un bon vendeur, elle était une personne très réservée, très en retrait... Je me rends compte maintenant qu'elle devait avoir un sentiment d'insécurité. Elle attribuait une grande importance au fait d'être réservé et alors, aimer sortir était considéré avec mépris dans la famille. Et j'avais un peu cette tendance. Parce que j'avais envie de sortir et de faire des tas de choses, tandis que mes sœurs aimaient rester à la maison faire de la broderie et ma mère était très contente d'elles. Moi, je faisais partie de différents clubs et des choses comme ça. Et on me dit maintenant que je suis une introvertie! J'ai trouvé toute ma vie très difficile...

Méd: Je ne crois pas que vous soyez introvertie.

Mal: Eh bien, on me l'a justement dit il y a quinze jours. Je ne trouve pas souvent quelqu'un qui peut parler avec moi d'autre choses que de propos de la vie courante. Et il y a telle-

ment de choses qui m'intéressent. Je n'ai jamais eu personne avec qui partager tout ça. Alors, quand on trouve ça, souvent dans un groupe, vous êtes assise à table avec un comptable ou quelqu'un comme ça, alors beaucoup de nos Sœurs n'ont pas eu l'occasion d'avoir l'instruction que j'ai reçue et je crois qu'elles en éprouvent un certain ressentiment. Je veux dire qu'elles croient qu'on se sent supérieur à elles. Alors voilà, si vous rencontrez une personne comme ça, vous vous taisez, c'est-à-dire que vous n'allez pas leur donner des prétextes de penser de cette manière. L'instruction vous rend humble, non orgueilleux. Et je ne vais pas me mettre à changer de langage. C'est-à-dire que si je puis employer le mot qui convient, je n'irai pas en chercher un plus banal. Et si elles pensent que c'est de la fanfaronnade, cela ne l'est pas. Je puis parler aussi simplement à un enfant que quelqu'un d'autre, mais je ne vais pas changer ma manière de parler pour plaire à chacun. Il y a bien eu une époque où j'aurais voulu le pouvoir. J'aurais voulu devenir ce que chacun souhaitait que je sois. Mais maintenant, c'est fini. On doit apprendre à m'accepter, moi aussi. Je l'exige en quelque sorte d'eux ou bien j'attends paisiblement qu'ils le fassent, cela ne me fera rien. Les gens m'en veulent, mais c'est eux qui sont en colère, ce n'est pas nécessairement moi qui suis irritée.
Méd: Mais vous êtes aussi irritée contre les gens.
Mal: Oui, mais ce qui m'énerve chez cette personne qui prétend que je suis introvertie, c'est qu'elle n'est pas fichue de discuter quelque chose qui sorte du commun. Elle n'est intéressée ni par les nouvelles, ni par ce qui arrive ce jour-là. Je veux dire que vous ne pourriez jamais discuter avec elle de droits civiques ou de choses de ce genre...
Méd: De qui parlez-vous en ce moment?
Mal: Des Sœurs de mon couvent.
Méd: Je vois. Bien, vous aimeriez continuer, mais je crois que nous devons terminer. Savez-vous combien de temps nous nous sommes entretenus?
Mal: Non. J'imagine une heure.
Méd: Bien plus d'une heure.
Mal: A bon, c'est possible. Je sais bien que le temps passe vite quand on est absorbé dans une conversation.
Aum: J'aurais pourtant aimé – je me demande si vous n'auriez pas voulu nous poser quelques questions.

Mal: Est-ce que je vous ai choqué?
Méd: Non.
Mal: A cause de ma spontanéité, je pourrais avoir démoli l'image de...
Méd: L'image qu'une nonne est supposée donner d'elle-même?
Mal: Oui, hem...
Aum: Vous m'avez fait de l'impression, je dois dire.
Mal: Mais je m'en voudrais beaucoup d'avoir peiné quelqu'un à cause de mon image...
Méd: Non, non, vous n'avez peiné personne.
Mal: Je veux dire que je ne voudrais pas que vous pensiez moins des nonnes, des médecins ou des infirmières...
Méd: Je ne crois pas ce ce soit le cas, d'accord? Nous aimons vous voir être vous-même.
Mal: Je me demande parfois si je ne suis pas trop dure pour elles...
Méd: Certainement, j'en suis sûre, vous l'êtes parfois.
Mal: Je veux dire qu'étant infirmière et nonne, je me demande si c'est difficile pour elles d'avoir à faire à moi...
Méd: Je suis enchantée de voir que vous ne portez pas le masque d'une Sœur, que vous restez vous-même.
Mal: Il y a autre chose que je vous dis, un autre problème. A la maison, je n'aurais jamais quitté ma chambre sans mon costume de religieuse. Ici, je le considérerais comme une barrière et pourtant – il y a des situations où je pourrais quitter ma chambre en simple robe, ce qui a beaucoup choqué quelques Sœurs au couvent. Elles ont essayé de me faire sortir de l'hôpital. Elles pensaient que je ne savais plus me conduire convenablement et que je permettrais à des gens de venir dans la chambre quand ils voudraient. C'était une sorte de scandale pour elles. Elles n'ont pas pensé à me donner la même chose dont j'avais besoin – venir me voir plus souvent. Me rendre plus souvent visite quand je suis ici que quand je suis à l'infirmerie. Là-bas, je suis restée couchée pendant deux mois et très peu de Sœurs sont venues me voir. Mais je les comprends, parce qu'elles travaillent à l'hôpital et que pendant leurs congés, elles le quittent. Mais de toute manière, je dois faire comprendre aux autres que je n'ai pas besoin d'elles. Et voyez-vous, même si je leur demande de revenir, elles font semblant

de ne pas le croire. Elles croient que j'ai de la force, que je m'en tire par moi-même, qu'elles n'ont pas d'importance. Et pourtant, je ne peux pas les supplier de venir.
Aum: Cela détruirait la signification de leur visite.
Mal: Ce n'est pas vrai. Je ne puis pas supplier quelqu'un pour quelque chose dont j'ai besoin.
Aum: Je le pense – vous nous l'avez très bien dit, de manière très significative. L'importance de notre dignité comme malades. Ne pas avoir à supplier, ne pas être accablé, ne pas être manipulé.
Méd: Mais je crois que je vais finir par une sorte de conseil. Je n'aime pas beaucoup le mot. Mais je pense que parfois, quand nous souffrons et luttons et que nous avons l'air aussi bien que vous, il est probablement très difficile à une infirmière de savoir quand vous avez besoin d'elle et quand vous n'en avez pas besoin. Et je pense que demander aurait parfois plus d'effet, et demander, ce n'est pas la même chose que supplier. Vous voyez? C'est peut-être plus difficile à faire.
Mal: J'ai très mal au dos en ce moment. Je vais passer devant le bureau et demander un comprimé pour la douleur. Je ne sais quand j'en aurai besoin, mais le fait que je le demande devrait suffire, n'est-ce pas? Que j'aie mal, quelle que soit ma mine, bonne ou mauvaise, n'empêche que j'ai vraiment mal. Les médecins ont dit que je devais essayer d'avoir le plus de bien-être possible, des journées sans douleur, parce que quand je rentrerai, je devrai peiner pendant des heures d'enseignement, que j'aie mal ou non. Ce qui est très bien, j'ai beaucoup apprécié leur compréhension: on a besoin de temps en temps d'être libéré de la douleur, simplement pour se détendre.
Cet entretien montre clairement le besoin qu'avait cette malade. Elle était irritée et pleine de ressentiment, d'un ressentiment qui semble avoir ses origines dans sa petite enfance. Elle était l'une de dix enfants et se sentait une étrangère dans sa famille. Tandis que les autres aimaient rester à la maison à broder pour plaire à leur mère, elle semble tenir plus de son père, désirer entreprendre, se déplacer. Ce qui équivalait à déplaire à la mère. Il semble qu'elle a lutté contre son besoin d'être différente des autres, d'avoir sa propre identité, en devenant la bonne fille que Maman désire qu'elle soit, en se faisant nonne.

Ce n'est que la trentaine bien écoulée, quand elle est tombée malade et est devenue plus exigeante, qu'il devint de plus en plus difficile d'être une «bonne fille». Une partie de son ressentiment à l'égard des nonnes était la répétition du ressentiment qu'elle avait contre sa mère et ses sœurs, qui n'avaient pas su l'accepter, une répétition de ses sentiments antérieurs de rejet. Au lieu de comprendre l'origine de sa colère et de ses répulsions, les gens de son entourage ont réagi de façon très personnelle et ont commencé à la rejeter davantage en réalité. Elle ne pouvait compenser cette solitude croissante qu'en visitant d'autres malades et en présentant des exigences en leur faveur, satisfaisant ainsi leurs besoins (qui étaient en réalité les siens) et exprimant par la même occasion son déplaisir et ses critiques contre l'absence de soins dont elle était l'objet. C'est cette exigence hostile qui a aliéné la sympathie du personnel soignant, ce qui était bien compréhensible, et ce qui lui donnait à elle un moyen plus rationnel de légitimer sa propre hostilité.

Plusieurs besoins ont été satisfaits au cours de cet entretien. Elle a eu la possibilité d'être elle-même hostile et exigeante sans être jugée et sans susciter des antipathies personnelles. Elle a été comprise et non jugée. Elle a pu également exprimer au grand jour quelques-unes de ses colères. Une fois débarrassée de ce fardeau elle est parvenue à voir un autre aspect d'elle-même, celui d'une femme généreuse, capable d'aimer, capable de perspicacité et d'affection. Elle a manifestement aimé ce Juif et lui a fait confiance quand il s'est agi de découvrir le vrai sens de sa propre religion. Il a ouvert une porte permettant de nombreuses heures d'introspection et finalement l'a aidée à découvrir une foi intrinsèque en Dieu au lieu d'une croyance tout extérieure.

A la fin de l'entretien, elle a demandé d'avoir plus d'occasions de parler de ces choses. Elle a paraphrasé ce vœu sous une forme de nouveau agressive, demander un comprimé contre la douleur. Nous avons continué à lui rendre visite et nous avons été surpris d'apprendre qu'elle avait cessé de visiter d'autres malades mourants et qu'elle était beaucoup plus docile envers les infirmières. Comme elle était moins agressive, elles vinrent plus souvent la voir et demandèrent finalement une rencontre «pour mieux nous comprendre». Quelle différence cela fit-il!

Lors d'une de mes dernières visites, elle me regarda une fois encore et finit par me demander ce qu'on ne m'avait encore jamais demandé, de lui lire un chapitre de la Bible. Elle était extrêmement faible, me montrant de la tête quelle page lire et quelle page sauter.

Je n'ai pas apprécié cette demande que je trouvais vraiment un peu curieuse, en dehors de l'usage et des choses qu'on pouvait me demander. J'aurais trouvé plus agréable qu'elle me demande de lui faire un massage, de vider son vase de nuit ou des choses de ce genre. Mais je me suis rappelée que je lui avais dit que nous nous efforcions de satisfaire tous les besoins et il me semblait vraiment que j'aurais fait bon marché de nos déclarations si j'avais appelé l'aumônier de l'hôpital alors que ce vœu paraissait pour elle très important à ce moment. Je me rappelle l'idée paralysante qui m'est venue, qu'un de mes confrères pourrait entrer à ce moment et rire de mon nouveau rôle et je fus très soulagée de voir que personne n'était entré pendant cette «séance».

J'ai lu ces chapitres sans savoir vraiment ce que je lisais. Elle avait fermé les yeux et je ne pus surprendre aucune de ses réactions. A la fin, je lui ai demandé si c'était une petit comédie ou si cela cachait quelque chose que je n'avais pas compris. Ce fut la seule fois où j'ai entendu qu'elle riait de bon cœur et qu'elle goûtait le situation avec humour. Elle me dit qu'il y avait des deux, mais que l'intention principale était réellement bonne. Ce n'était pas seulement la dernière fois qu'elle me mettait à l'épreuve, mais c'était aussi le dernier message qu'elle me transmettait, elle espérait que je m'en souviendrais longtemps après qu'elle serait partie...

Quelques jours après, elle me rendit visite dans mon bureau, tout habillée, pour me dire adieu. Elle paraissait gaie, presque heureuse. Elle n'était plus la nonne en colère qui se mettait tout le monde à dos. mais une femme qui avait trouvé une certaine paix, sinon l'acceptation et qui s'en retournait chez elle où elle mourut peu après.

Beaucoup d'entre nous se la rappellent encore, non pour les difficultés qu'elle avait causées, mais pour les leçons qu'elle nous a données. Et c'est ainsi que dans les derniers mois de sa vie, elle est devenue ce qu'elle avait si mal désiré être, différente des autres, et pourtant aimée et acceptée.

V. Troisième étape: Le marchandage

La hache du bûcheron demanda à l'arbre du bois pour son manche. L'arbre le lui donna...

R. Tagore, Stray Birds LXXI

La troisième étape, l'étape du marchandage est bien moins connue, mais tout aussi utile pour le malade, bien que ce soit seulement pour de courtes périodes. Si nous avons été incapables de faire front aux tristes nouvelles de la première période, si nous avons été en colère contre les gens et contre Dieu dans une seconde phase, nous parviendrons peut-être à nous installer dans une sorte d'accord qui pourra renvoyer à plus tard l'événement inévitable: «Si Dieu a décidé de nous ôter de cette terre et s'il n'a pas réagi à mes supplications irritées, peur-être me sera-t-il plus favorable si je le lui demande gentiment.» Nous sommes tous au courant de cette réaction lorsque nous observons nos enfants qui commencent par exiger, puis finissent par mendier une faveur. Il se peut qu'ils n'acceptent pas le «non» que nous avons prononcé quand ils ont demandé à passer la nuit chez un ami. Ils ont été furieux et ont tapé du pied. Ils se sont enfermés à double tour dans leur chambre et ils expriment momentanément leur colère en nous rejetant. Et puis, ils ne tardent pas à faire certaines réflexions de deuxième cuvée. Ils imaginent une autre manière d'aborder le problème. Ils ne tardent pas à sortir de leur refuge, à offrir leurs services pour tel ou tel travail dans la maison qu'en temps normal on ne parvient pas à leur faire faire et puis, ils finissent par nous dire: «Si je suis sage pendant toute la semaine, si je fais la vaisselle tous les soirs, vous me laisserez y aller?» Il y a une légère chance que nous acceptions le marchandage et le gosse aura obtenu ce que nous lui avions d'abord refusé.

Le malade à fin de vie se sert du même stratagème. Il sait, en vertu d'expériences antérieures, qu'il y a une légère chance pour qu'il reçoive une récompense pour son bon comportement et qu'il voie un vœu exaucé pour services spéciaux. Presque toujours, son vœu est une prolongation de la vie suivi du vœu de jouir de quelques jours sans douleur ni maux physiques. Une malade, cantatrice d'opéra, souffrait d'une tumeur qui lui déformait la mâchoire et la défigurait et ne pouvait plus se présenter sur scène; elle demanda «de monter sur scène une seule fois encore». Lorsqu'elle s'aperçut que c'était impossible, elle présenta le spectacle probablement le plus émouvant de toute sa carrière. Elle demanda à venir au séminaire et à parler devant tout l'auditoire sans être cachée par la paroi miroir... Elle exposa tout le récit de sa vie, ses succès et sa tragédie devant les auditeurs, jusqu'à ce qu'un coup de téléphone lui ordonne de retourner à sa chambre où le médecin et le dentiste étaient prêts à lui arracher toutes les dents pour pouvoir appliquer un traitement radiologique. Elle avait demandé à chanter une fois encore – pour nous – avant de cacher pour toujours son visage.

Une autre malade souffrait abominablement et ne pouvait retourner chez elle, parce qu'elle dépendait entièrement de piqûres destinées à atténuer la douleur. Elle avait un fils qui continuait à préparer son mariage, comme la malade l'avait souhaité. Elle était très attristée de penser qu'elle ne pourrait pas assister à ce grand jour, d'autant qu'il était l'aîné et son favori. En combinant nos efforts nous parvînmes à lui enseigner l'auto-hypnose qui lui permettait de se sentir parfaitement bien pendant plusieurs heures. Elle avait prononcé toutes sortes de vœux si elle pouvait vivre jusqu'à cette journée et assister au mariage. La veille des noces, elle quitta l'hôpital en dame élégante. Personne n'aurait imaginé son véritable état. Elle était «la personne la plus heureuse du monde entier» et était radieuse. Je me demandais quelle serait sa réaction lorsque serait passé le temps sur lequel elle avait misé un tel capital d'énergie.

Je n'oublierai jamais l'instant de son retour à l'hôpital. Elle avait l'air fatigué, presque épuisé et – avant que j'aie eu le temps de lui dire bonjour – elle me lança: «N'oubliez pas que j'ai un autre fils!»

Le marchandage est en réalité une tentative de retarder les événements; il doit inclure une prime offerte pour «bonne conduite», il impose aussi une limite irrévocable (par exemple: monter encore une fois sur scène – assister au mariage du fils) et comporte la promesse implicite que le malade ne demandera rien de plus si le délai requis est accordé. Aucun de nos malades n'a «tenu sa promesse». Autrement dit, ce sont des enfants qui disent: «Je ne battrai plus ma petite sœur si tu me laisses aller». Inutile de dire que le petit garçon battra de nouveau sa petite sœur exactement comme la cantatrice voudra monter une fois encore sur scène. Elle ne pouvait vivre sans se produire une fois de plus et quitta l'hôpital avant qu'on lui eût arraché les dents. La malade dont nous venons de parler refusait de nous revoir tant que nous n'aurions pas admis le fait qu'elle avait un autre fils à marier et qu'elle devait assister aussi à ce mariage.

Beaucoup de marchandages font intervenir Dieu et sont généralement tenus secrets, s'ils ne sont pas mentionnés en filigrane ou confessés dans le bureau personnel de l'aumônier. Dans nos entretiens individuels en dehors de l'auditoire, nous avons été impressionnés par le nombre de malades qui promettent «une vie consacrée à Dieu» ou «une vie au service de l'Eglise» en échange de quelque temps supplémentaire. Beaucoup de malades ont aussi promis de faire don d'un organe ou de leur corps tout entier «à la science» (si les médecins se servent de leurs connaissances scientifiques pour prolonger leur vie).

Psychologiquement, les promesses peuvent s'associer à un sentiment muet de culpabilité et il serait fort utile que ces remarques ne soient pas écartées et négligées par le personnel médical. Si un aumônier ou un médecin attentif perçoit de telles déclarations, il devra souhaiter découvrir si le malade se sent vraiment coupable de ne pas aller plus régulièrement à l'église ou s'il n'y a pas là des désirs plus profonds, plus hostiles et inconscients qui ont condensé ce sentiment de culpabilité. C'est pour cette raison que nous estimons si utile d'avoir la possibilité pluridisciplinaire d'aborder les soins à donner à nos malades, car c'est souvent l'aumônier qui a été le premier à entendre parler de ces préoccupations. Nous avons pu les suivre de plus près jusqu'à ce que le patient soit soulagé de ses craintes irrationnelles ou de ses souhaits de châtiment à cause d'un sentiment excessif de faute qui n'était renforcé que par des marchandages ultérieurs et des promesses non tenues, une fois dépassée la limite irrévocable qu'on s'était fixée.

VI. Quatrième étape: La dépression

Le monde, en se ruant sur les cordes du cœur languissant, en tire les accords de la tristesse.

R. Tagore, Stray Birds XLIV

Lorsque le malade arrive près du terme de sa maladie et qu'il ne peut plus prétendre qu'elle n'existe pas, quand il doit subir davantage d'interventions chirurgicales et prolonger son hospitalisation, quand il s'affaiblit, maigrit, quand les symptômes se multiplient, il ne peut plus prendre la chose à la légère. Sa torpeur ou son stoïcisme, sa colère et son irritation ne tardent pas à faire place à un sentiment de totale désorientation. Il a perdu quelque chose d'essentiel; cette perte peut être ressentie de bien des façons: une femme atteinte d'un cancer du sein ressent la perte de son galbe; une autre, qui a un cancer de l'utérus a le sentiment de ne plus être femme. Notre cantatrice d'opéra a réagi à l'intervention chirurgicale qui s'imposait sur son visage et à l'élimination de ses dents par une crise, une prostration et une dépression profonde. Mais ce n'est qu'une des nombreuses pertes qu'un tel malade aura à subir.

Par la prolongation des traitements et de l'hospitalisation, les charges financières s'accumulent; on ne peut plus s'offrir d'abord de petits extras, ensuite des choses même nécessaires. Les sommes énormes que traitements et hospitalisation atteignent ces dernières années ont contraint de nombreux malades à vendre tout ce qu'ils possédaient; ils n'ont pu conserver la maison qu'ils avaient fait construire pour leurs vieux jours, ils n'ont pas pu payer à un de leurs enfants ses études, et une grande foule de leurs rêves n'ont pas pu se réaliser.

On peut y ajouter la perte d'une situation professionnelle à la suite de trop longues absences ou parce qu'on ne pouvait plus assumer ces charges, des femmes, des mères ont dû devenir les soutiens de famille et gagner le pain du foyer, privant ainsi leurs enfants des soins qu'ils recevaient antiérieurement. Lorsque ce sont des mères qui tombent malades, il faut mettre les enfants en bas âge en pension, ce qui ajoute à la tristesse de la malade et à son sentiment de culpabilité.

Toutes ces raisons de dépression sont bien connues de ceux qui s'occupent de malades. Mais ce que nous avons souvent tendance à oublier, c'est le chagrin préparatoire que le malade en fin de vie doit affronter pour se préparer lui-même à se séparer définitivement de ce monde. Si je devais essayer de distinguer ces deux sortes de dépression, je dirais de la première qu'elle est une dépression de réaction, de la seconde qu'elle est une dépression de préparation. La première est différente dans sa nature et il faut s'en occuper d'une façon très différente de l'autre.

Une personne compréhensive n'aura pas de difficulté à découvrir la cause de la dépression et à écarter certains sentiments souvent peu réalistes de culpabilité ou de honte qui accompagnent parfois la dépression. Une femme qui est tourmentée par l'idée qu'elle a cessé d'être femme peut être félicitée pour tel ou tel trait particulièrement féminin de sa personne; on peut lui donner l'assurance qu'elle est tout aussi femme qu'elle l'était avant l'intervention. Des prothèses mammaires ont rendu à mainte malade opérée d'un sein son estime propre. L'assistant social, le médecin ou le chapelain peuvent parler des soucis d'une malade avec le mari pour obtenir son appui et son aide pour rendre à la malade sa propre estime. Les assistantes sociales et les aumôniers peuvent être très utiles pendant ce temps pour contribuer à réorganiser le ménage, en particulier quand des petits enfants ou des personnes âgées isolées entrent en considération et qu'il faut éventuellement leur trouver un foyer de remplacement. Nous avons toujours été impressionnés de la rapidité avec laquelle la dépression d'une malade disparaissait lorsque ces préoccupations vitales étaient assumées. L'entretien avec Mme C. au chapitre X est un bon exemple d'une femme prodondément déprimée, incapable d'affronter sa propre maladie et sa mort prochaine parce qu'il y avait trop de gens dont elle devait s'occuper et qu'il semblait qu'aucune solution n'apparaissait à l'horizon. Elle ne pouvait plus assumer son rôle habituel et personne n'était là pour la remplacer.

Le second type de dépression n'est pas le résultat de ce qui est perdu par rapport au passé, mais tient compte de ce qui est sur le point d'être perdu. Notre première réaction devant des personnes tristes est d'essayer de leur donner du courage et de leur dire de ne pas prendre les choses si sombrement et si désespérément. Nous les encourageons à regarder le côté lumineux de la vie, tout ce qui est coloré et positif dans leur entourage. C'est souvent l'expression de nos propres besoins, de notre incapacité de supporter une figure longue pendant un temps prolongé. Cela peut être une manière utile d'aborder les malades graves lorsqu'on a affaire à la première forme de dépression. Cela peut aider une mère de savoir que les enfants jouent très joyeusement dans le jardin du voisin où ils sont accueillis pendant les heures de travail du père. Cela peut aider une mère de savoir qu'ils rient et qu'ils crient, qu'ils s'amusent et qu'ils sont invités chez des amis et qu'ils rapportent de bons carnets de l'école – tout cela prouvant que tout marche bien malgré l'absence de maman.

Mais lorsque la dépression est un instrument de préparation à perdre tous les objets aimés, un instrument pour faciliter le passage à l'acceptation, les encouragements et les assurances qu'on donne n'ont pas la même portée. Il ne faut pas pousser le malade à contempler le côté ensoleillé des choses, puisque cela signifierait qu'il ne doit pas envisager sa mort prochaine. Il serait contre-indiqué de lui dire de ne pas être triste, puisque nous tous, nous sommes terriblement tristes de perdre quelqu'un qu'on aime. Le malade est sur le point de perdre tout ce qu'il aime et tous ceux qu'il aime. Si on lui donne l'occasion d'exprimer sa tristesse, il trouvera beaucoup plus facilement l'acceptation finale et il sera reconnaissant à ceux qui ont su rester à son chevet pendant cette étape de la dépression sans lui dire continuellement qu'il ne devrait pas être triste. Ce second type de dépression est en général silencieux, contrairement au premier pendant lequel le malade a beaucoup de choses à communiquer et a besoin d'échanges verbaux et souvent d'interventions actives et concrètes dans maints domaines, de la part de ceux qui l'assistent. Dans le stade du chagrin préparatoire, il n'y a pas besoin de mots ni de beaucoup de paroles. C'est beaucoup plus un sentiment qui peut être exprimé ensemble et qui est beaucoup mieux traduit par deux mains qui se touchent, par une caresse dans les cheveux, par une simple visite où on observe le silence. C'est le moment où le malade pourra simplement demander qu'on prie, parce qu'il commence à s'occuper davantage de ce qui va suivre que de ce qui a précédé. C'est le moment où l'intervention trop fréquente de visiteurs qui cherchent à apporter des encouragements retardera plus qu'elle ne favorisera la préparation en profondeur du malade.

L'exemple de M. H. illustrera le stade de dépression qui ira en empirant à cause du manque de perspicacité et de compréhension des besoins du malade de la part de son entourage, tout particulièrement sa famille la plus proche. Il illustre les deux types de dépression, car le malade a exprimé beaucoup de regrets pour ses «échecs» lorsqu'il était bien, pour les occasions manquées lorsqu'il était encore temps de vivre en famille et sa tristesse de ne plus être capable d'entretenir celle-ci. Sa dépression alla de pair avec sa faiblesse croissante et son incapacité de plus en plus grande de jouer son rôle d'homme et de chef de famille pourvoyant à ses besoins. L'éventualité d'un traitement supplémentaire qui pouvait avoir de bons résultats ne parvint pas à lui redonner courage. Notre entretien a révélé qu'il était prêt à se séparer de cette vie. Il était triste d'avoir été forcé de se battre pour vivre alors qu'il était prêt à mourir. C'est ce désaccord entre les désirs et la préparation du malade d'une part et les vœux de son entourage d'autre part, qui provoque les pires souffrances et les troubles les plus profonds chez nos patients.

Si les personnes qui exercent des professions destinées à aider les malades pouvaient être plus conscientes des divergences et des conflits existant entre les malades et leur entourage, elles pourraient faire part de leur perspicacité aux familles des malades et leur apporter une aide appréciable aux uns et aux autres. Elles pourraient savoir que ce genre de dépression est nécessaire et bénéfique si le patient doit mourir dans un état d'acceptation et de paix. Seuls les malades qui ont été capables de surmonter leur angoisse et leurs anxiétés peuvent parvenir

à ce stade. Si cette assurance pouvait être partagée avec la famille, beaucoup d'angoisses pourraient leur être épargnées.
Notre premier entretien avec M. H. est le suivant:

Mal: Dois-je parler fort?
Méd: Non, ça va très bien. Si nous ne pouvons pas vous entendre, nous vous le dirons. Parlez à votre aise. M. H. m'a dit que si je pouvais le garder psychologiquement en forme, il aurait une bonne conversation, parce qu'il a étudié la communication.
Mal: La raison de cela, c'est que je suis très fatiqué et que la tête me tourne.
Méd: Que voulez-vous dire par «garder psychologiquement en forme»?
Mal: Eh bien, il est possible d'avoir l'air physiquement à la hauteur, même si on ne l'est pas. Pourvu que vous ayez une sorte de stimulant psychologique. En un sens, vous vous sentez extrêmement bien, voyez-vous, comme si vous aviez de bonnes nouvelles ou quelque chose de ce genre, c'est ça que j'ai voulu dire.
Méd: Ce que vous voulez dire en fait, c'est qu'il faut parler de bonnes choses et non de mauvaises.
Mal: Vous dites que nous allons...
Méd: C'est bien ça que vous disiez?
Mal: Mais non, pas du tout...
Aum: Je crois qu'il voulait simplement dire qu'il avait besoin d'un peut de soutien moral.
Méd: Oui, bien, naturellement.
Mal: Ce que j'entends, c'est que si je reste assis ici plus de cinq minutes, je suis capable de m'évanouir parce que je suis si fatigué et que je me suis si peu levé.
Méd: Bon, alors pourquoi ne pas aborder tout de suite le sujet dont nous avons envie de parler?
Mal: Bien.
Méd: Nous ne savons pratiquement rien de vous. Ce que nous essayons d'apprendre des malades est de savoir comment nous pouvons leur parler comme à des êtres humains sans reprendre tout le dossier et tout ça d'abord. Alors peut-être pourriez-vous nous donner un bref résumé de votre âge, de votre profession, de la durée de votre séjour à l'hôpital.

Mal: Suis ici depuis deux semaines en gros, suis ingénieur chimiste de métier. J'ai un diplôme d'ingénieur chimiste et en outre, je suis des cours à l'université sur les communications.
Méd: (phrase pas claire)
Mal: Bien non, pas réellement, parce qu'à l'époque où je faisais cela, ils avaient un cours sur les communications et que quand j'ai fini, ils l'ont supprimé.
Méd: Je vois.
Aum: Qu'est-ce qui vous a poussé à vous intéresser à la communication? Comme ingénieur chimiste, était-ce une branche de votre travail ou votre intérêt personnel?
Mal: Mon intérêt personnel.
Méd: Qu'est-ce qui vous a conduit à l'hôpital cette fois? Est-ce la première fois que vous êtes entré à l'hôpital?
Mal: Première fois que j'ai été dans cet hôpital.
Méd: Qu'est-ce qui vous y a amené?
Mal: Bien, le fait qu'il fallait en faire davantage pour mon cancer. On m'avait opéré au mois d'avril.
Méd: Avril de cette année?
Mal: Dans un autre hôpital.
Méd: Cette année? On a posé le diagnostic du cancer?
Mal: Et alors, sans autre diagnostic, j'ai demandé l'admission dans cet hôpital et on m'a admis.
Méd: Je vois. Comment avez-vous pris cette nouvelle? On vous a dit en avril que vous aviez un cancer?
Mal: Oui.
Méd: Comment avez-vous pris la chose, comment vous l'a-t-on dite?
Mal: Bien, naturellement, ça a été un choc.
Méd: Hum. Mais les gens réagissent très différemment aux chocs.
Mal: Eh bien, ça a été pire qu'un choc ordinaire, parce qu'ils ne m'ont laissé aucun espoir.
Méd: Pas le moindre?
Mal: Pas le moindre. Le médecin m'a lui-même dit que son père avait eu la même opération dans le même hôpital, avec le même chirurgien et qu'il ne s'en est jamais remis et est mort en un an, un an et demi, au même âge que moi. Et que tout ce que j'avais à faire était d'attendre cette fin amère.

Méd: C'est plutôt cruel. Voyez-vous, on peut se demander si ce médecin vous a parlé comme cela parce que c'est arrivé dans sa propre famille.
Mal: Oui, le résultat final était cruel, mais la raison était qu'il avait fait réellement cette expérience.
Méd: Cela l'excuse, pensez-vous? Cela le rend compréhensible.
Mal: Oui.
Aum: Quelle a été votre réaction quand il vous a dit ça?
Mal: Eh bien, naturellement, j'étais complètement à plat, je suis resté chez moi comme il l'exigeait à me reposer plutôt qu'à trop en faire. Mais j'en avais déjà trop fait et j'ai fait des tas de choses à droite et à gauche, des visites, ceci et cela et autre chose encore. Mais après, je suis venu ici et j'ai découvert qu'il y avait une chance dans mon état, que ma situation n'était pas absolument désespérée, et j'ai découvert que j'avais fait une chose fausse, que j'avais pris trop d'exercice et que si je l'avais su à temps je serais en pleine forme maintenant.
Méd: Ce qui veut dire que vous vous reprochez maintenant d'en avoir presque trop fait.
Mal: Non, je ne dis pas ça, je ne savais pas. Il n'y a rien à reprocher ni dans un sens ni dans l'autre. Je ne reproche rien au médecin à cause de sa propre expérience, je ne me reproche rien à moi-même parce que je ne savais rien à ce sujet.
Méd: Bien. Avant de venir dans cet hôpital, n'avez-vous eu aucun soupçon? quel genre de symptômes aviez-vous? Souffriez-vous ou aviez-vous le sentiment qu'il y avait quelque chose de grave?
Mal: Eh bien, j'étais de plus en plus bas, mais un jour j'ai eu mes intestins en très mauvais état et on m'a fait une côlotomie. C'était la seule opération que j'aie eue.
Méd: Oui. Ce que je demande réellement, c'est quelle préparation vous avez eue pour ce coup. Aviez-vous plus ou moins des soupçons?
Mal: Non, absolument pas.
Méd: Absolument pas. Vous vous sentiez bien, vous étiez en bonne santé jusqu'à quand?
Mal: Jusqu'à mon entrée à l'hôpital.
Méd: Alors pourquoi êtes-vous entré à l'hôpital?

Mal: Bien, simplement pour que le médecin voie ce que j'avais, parce que j'avais alternativement de la constipation et de la diarrhée.
Méd: Hum, hum. Ce que vous voulez dire, c'est que vous n'étiez absolument pas préparé.
Mal: Absolument pas. Bien plus, on m'a envoyé à l'hôpital quelques heures après que j'avais été à son cabinet de consultations et qu'il m'a opéré à peine une semaine après.
Méd: Au fond, une impression d'urgence. Ils ont pratiqué une côlotomie ou quoi?
Mal: Oui.
Méd: Et c'est difficile à accepter, n'est-ce pas?
Mal: Hm?
Méd: Difficile à accepter.
Mal: Oh, non, la côlotomie est facile.
Méd: Facile à accepter?
Mal: C'était l'idée qui jouait un rôle; autrement dit, la côlotomie était censée révéler toutes sortes d'autres choses, mais les choses qu'elle révélait étaient apparemment fausses.
Méd: Comme tout devient relatif! Hm, je croyais que la côlotomie provoquait des douleurs, mais quand c'est une question de vie ou de mort, la côlotomie est le moindre des maux.
Mal: C'est certain, ce ne serait rien si la personne peut vivre.
Méd: Oui. Après que vous avez appris cette nouvelle, vous devez vous être demandé comment ce sera quand vous mourrez. Combien de temps allez-vous encore vivre. Comment un homme comme vous se tire-t-il d'affaire en face de ces questions?
Mal: Eh! en réalité, j'avais eu tellement de chagrins personnels entre temps au cours de ma vie que cela ne m'a pas paru trop énorme. Voilà pour la question.
Méd: Réellement?
Aum: Des chagrins personnels?
Mal: Toute une série pendant un certain temps.
Aum: Désirez-vous en parler?
Mal: Oui, d'accord.
Méd: Cela signifie-t-il que vous aviez eu une série de pertes, d'échecs personnels?
Mal: Oui, mon père et ma mère sont morts, un frère est mort, ma fille est morte à vingt-deux ans en laissant deux petits enfants dont nous avons pris soin pendant trois ans, jusqu'à

décembre dernier. Et c'était le coup le plus dur, parce que cela nous rappelait continuellement la mort de notre fille.

Aum: Les enfants à la maison. De quoi est-elle morte?

Mal: De la dureté du climat en Iran.

Aum: Parce qu'elle était à l'étranger?

Mal: Presque 50 ° à l'ombre la plupart de l'année.

Aum: Elle était donc partie de la maison.

Mal: Ce n'était pas le genre qui peut supporter une vie rigoureuse.

Méd: Avez-vous d'autres enfants? Etait-ce votre seul enfant?

Mal: Oh non, nous avons trois autres enfants.

Méd: Trois autres. Comment vont-ils?

Mal: Très bien.

Méd: Tous très bien? Savez-vous ce que je ne comprends pas? Vous êtes un homme d'âge moyen – je ne sais pas quel est votre âge, mais vous êtes un homme d'âge mûr et à cet âge, on a souvent perdu son père et sa mère. Bien sûr, votre fille, c'est bien plus douloureux, un enfant, c'est toujours plus douloureux. Pourquoi dites-vous qu'à cause de ces nombreux deuils, votre propre vie vous paraissait insignifiante?

Mal: Je ne peux pas répondre à cette question.

Méd: C'est paradoxal, non? Parce que si votre vie n'avait pas de signification, ce serait bien plus facile de la perdre, n'est-ce pas? Voyez-vous ce que je ne parviens pas à comprendre?

Aum: Je me demandais si c'était cela qu'il essayait de dire. Est-ce cela que vous essayez de communiquer? Je n'en étais pas sûr, je vous ai entendu dire que la nouvelle que vous aviez un cancer a été un choc différent à cause des pertes que vous aviez eues.

Mal: Pas du tout, ce n'est pas ce que j'ai voulu dire. Je veux dire qu'en plus du cancer j'avais eu ces autres secousses. Mais enfin, je veux dire... ah... j'étais juste en train de penser à une petite idée que j'ai eue et qui était importante. Vous avez posé la question, pourquoi j'avais plus d'intérêt pour la mort que pour la vie puisque j'avais trois autres enfants.

Méd: J'en ai plutôt parlé pour montrer aussi le côté souriant.

Mal: Oui, bon, heu, je ne sais pas si vous vous rendez compte, mais heu, quand ces coups nous frappent, ils n'atteignent pas seulement le père, mais toute la famille. Voyez?

Méd: Oui, c'est vrai.

Aum: Alors votre femme a passé par un très mauvais moment?

Mal: Ma femme et tous les enfants, tous les enfants. Alors, voyez-vous, j'étais comme si je vivais dans une morgue, pourrait-on dire.

Méd: Pendant un certain temps (bruits de conversations mêlées).

Mal: Cela a duré et je considère cela comme un chagrin sans solution.

Méd: Oui, ce que M. H. veut dire, c'est qu'il y avait tellement tristesse qu'il était très difficile de ressentir davantage de chagrin.

Mal: C'est ça.

Méd: Comment pouvons-nous vous aider? Qui peut vous aider? Y a-t-il quelqu'un qui pourrait vous aider à ce propos?

Mal: Je pense.

Méd: Quelqu'un vous a-t-il aidé?

Mal: Je n'ai jamais rien demandé à personne excepté à vous.

Méd: Quelqu'un a-t-il parlé avec vous comme nous sommes en train de le faire à présent?

Mal: Non.

Aum: Qu'en est-il des autres pertes? Quand votre fille est morte, y avait-il quelqu'un avec qui vous avez pu parler? Ou avec qui votre femme a pu parler? Ou bien était-ce quelque chose que vous alliez devoir tous les deux garder au fond de vous-mêmes? En avez-vous parlé ensemble?

Mal: Pas beaucoup.

Aum: Vous avez gardé ça en vous?

Méd: Votre femme est-elle encore aussi affligée qu'elle l'était alors? Ou a-t-elle repris le dessus?

Mal: On ne peut vraiment pas le dire.

Méd: Est-ce une personne peu communicative?

Mal: Elle ne communique rien sur ce sujet. Mais elle, elle a un bon contact, elle est institutrice.

Méd: Quel genre de femme est-ce?

Mal: C'est une femme solide, pleine d'entrain, le genre de personne qui est acclamée et applaudie au début de chaque trimestre et qui reçoit un beau cadeau à la fin des cours.

Méd: Eh bien, c'est quelque chose d'appréciable, vous savez!

Aum: Ce n'est pas facile à trouver.

Mal: C'est vrai. C'est aussi une personne qui fait tout pour moi et la famille.
Méd: Il me semble qu'elle est quelqu'un avec qui on pourrait parler de ces choses et qui vous apporterait une aide supplémentaire.
Mal: Oui, vous pensez ça, n'est-ce pas?
Méd: Est-ce vous qui avez peur d'en parler ou elle qui n'ose pas?
Mal: Pardon, voulez-vous répéter?
Méd: Lequel de vous deux évite cette conversation?
Mal: En fait, nous avons eu des conversations. Et sa réponse a été qu'il fallait aller là-bas pour élever les enfants. Alors elle y est allée deux années de suite en été, y compris l'été dernier. Et bien sûr, notre gendre a payé le voyage. Nos petits-enfants ont été avec nous jusqu'en décembre et puis, ils sont repartis. Et puis Mme H. est allée là-bas en décembre pendant les vacances et y est retournée en été pendant un mois. Elle était partie pour deux mois, mais à cause de moi, elle n'est restée qu'un mois, parce que c'était l'époque de ma convalescence.
Aum: Je me demandais combien de temps vous voudriez consacrer à parler de votre état et combien à la question du caractère de votre femme et à son sens de la responsabilité envers vos petits-enfants. Est-ce que cela a eu un effet sur votre capacité de participation ou avez-vous eu le sentiment que vous ne deviez pas trop en dire pour ne pas la surcharger. Est-ce que vous avez senti quelque chose de ce genre?
Mal: Eh bien, il y a d'autres problèmes entre elle et moi. Bien qu'elle soit, comme je l'ai dit, une personne très expansive, en ce qui me concerne, elle a le sentiment que je n'ai pas assez fait pour ma part.
Méd: A quel sujet?
Mal: Eh bien, je n'ai pas gagné assez d'argent. Et naturellement, avec quatre enfants, elle devait avoir ce sentiment. Elle pense que j'aurais dû être mon gendre, vous voyez. Elle pense aussi que je suis responsable de n'avoir pas suffisamment bien élevé mon dernier fils. A cause du fait qu'il a un trait héréditaire connu. Et malgré cela, c'est moi qu'elle blâme.
Méd: Que fait-il?
Mal: Il était dans la marine, mais on l'a renvoyé.
Méd: Que fait-il maintenant?

Mal: Bien, il est censé chercher du travail dans son ancien métier, magasinier.
Aum: Et vos deux autres enfants?
Mal: Bien, le second, elle me blâme aussi à cause de lui. Parce qu'il est un peu en retard à l'école. Elle a l'impression que si quelqu'un l'avait un peu bousculé, vous savez, elle est une vraie bombe d'énergie, il aurait été à la tête du lot. Bien sûr, je crois que tôt ou tard, elle constatera que ce n'est pas possible. C'est simplement une affaire d'hérédité. Le fils aîné marche bien, parce qu'elle le pousse tout le temps et il est juste en train de finir son doctorat en électronique.
Aum: Parce qu'elle le pousse?
Mal: Non, non, il est vraiment brillant, c'est le seul doué, on peut dire, à part la fille.
Aum: Vous avez aussi mentionné l'hérédité. De quel côté pensez-vous qu'est venue une faiblesse? Vous m'avez donné l'impression que cela venait de votre côté. Ou bien est-ce votre femme qui suggère que c'est de votre côté?
Mal: Eh bien, je ne sais pas ce qu'elle suggère en la matière. Je ne crois pas qu'elle pense que c'est l'hérédité. Je crois qu'elle pense que je n'en fais pas assez. Pendant mes loisirs, je devrais m'en occuper. Je ne devrais pas seulement gagner plus d'argent, ce qui a été le thème de nos vies. Elle veut m'aider dans une certaine mesure, mais elle me blâmera toujours de ne pas faire ma part. Je devrais gagner au minimum quinze mille dollars par an.
Méd: J'ai le sentiment que ce que vous nous dites, c'est que votre femme est tellement pleine de fougue et d'énergie qu'elle voudrait que vous et les enfants vous en ayez autant.
Mal: Exactement.
Méd: Elle ne peut admettre que vous ne soyez pas comme elle...
Mal: C'est vrai.
Méd: C'est à dire plein d'allant et d'énergie. Alors elle dit: Regarde mon gendre, il gagne un tas d'argent et il est probablement plein d'allant et d'énergie.
Mal: Pas seulement le gendre, mais tous les autres qu'elle connaît.
Méd: Ce qui conviendrait, je pense, à M. H., le malade, parce que, quand il est malade et s'affaiblit...
Mal: Je vous demande pardon...

Méd: Quand vous êtes malade et que vous vous affaiblissez, vous avez moins d'allant et moins d'énergie et vous gagnez moins d'argent.
Mal: En fait, c'est ce que je lui ai dit une fois. Quand j'ai eu, quand j'ai atteint quarante ans environ, vous savez, j'ai un peu ralenti et je me suis dit: Mon vieux, si les choses vont ce train maintenant, imagine ce que ce sera, parce qu'elle a de plus en plus d'allant.
Méd: Ce sera terrible, hé?
Mal: Parce qu'elle est de plus en plus agitée et entreprenante.
Méd: Cela signifie pour vous que les choses vont empirer. Est-elle en quelque sorte incapable de supporter les gens qui seraient assis dans des chaises roulantes?
Mal: Elle est très intransigeante à l'égard des gens qui ne sont pas assez brillants.
Méd: Eh bien, même si vous êtes faible physiquement, vous pouvez être brillant, vous savez...
Mal: Oui.
Méd: Mais ne supporte-t-elle pas les personnes qui sont physiquement incapables de faire les choses?
Mal: Oui.
Méd: Parce que vous êtes toujours capable d'être brillant.
Mal: Quand nous disons brillant, il faut comprendre brillant dans ce qu'on fait comme action. C'est ça qu'elle veut.
Aum: Vous voulez dire: avoir du succès.
Mal: Voilà.
Méd: Hum, hum.
Aum: Ils ne doivent pas seulement avoir la capacité, mais en avoir fait quelque chose. Mais alors, si je comprends bien, cela élimine tout droit et toute occasion que vous auriez à parler réellement de vous-même et de vos maux.
Mal: C'est vrai et pour les enfants aussi. Les enfants sont définitivement écrasés, j'ai l'impression, par les exigences perpétuelles de leur mère. Elle est, par exemple, brillante couturière en plus de ses talents d'enseignement. Elle peut faire un complet d'homme en un week-end, en partant d'un morceau d'étoffe. Et il aura plus d'allure que tout ce que vous aurez vu, il aura l'air d'un complet à deux cent-cinquante dollars.
Méd: Comment tout cela vous va-t-il, quels sentiments avez-vous?

Mal: Eh bien voilà comment je sens les choses: ça ne fait aucune différence pour moi, qu'elle soit aussi grande de caractère, parce que je l'admire de toute façon – je ne sais comment vous diriez ça – je l'admire comme une idole, voyez-vous. Cela ne ferait aucune différence si elle n'insistait pas sur le fait que je reste le même.
Méd: Oui. Comment pouvez-vous prendre votre maladie, dans ce cas?
Mal: C'est là le problème, vraiment.
Méd: C'est ce que nous essayons vraiment de trouver, comment vous aider...
Mal: C'est vraiment la chose principale – parce que, voyez-vous, si vous avez une maladie et que vous avez vraiment mal et si vous avez un chagrin qui n'a pas de remède, et si vous avez une personne avec laquelle vous vivez et qui a réponse à tout en matière de chagrin, vous savez, et vous dites: bien, je ne sais pas comment je vais continuer à vivre avec toute cette affaire, notre fille qui meurt et tout cela, alors la réponse vient instantanément: «Tiens bon, tête haute, pense positivement». Au fond, elle est une passionnée de la pensée positive.
Aum: Vous tenez le coup assez bien et vous n'avez pas envie de vous arrêter pour penser à ça.
Mal: Exactement.
Méd: Mais vous êtes prêt à réfléchir et à parler de cela. Vous devriez en parler, avoir quelqu'un avec qui en parler.
Mal: Votre femme vous coupe la parole au milieu d'une phrase. Impossible de lui parler de ces choses.
Aum: Je conclus que vous avez pas mal de foi au fond de vous-même.
Mal: J'ai beaucoup pensé à tout ça et à résoudre mes problèmes. Parce qu'en réalité, je suis plutôt un gros travailleur comme elle voudrait que je sois. Je l'ai toujours été, j'ai toujours été un étudiant brillant. Pendant toutes les études universitaires, j'ai toujours glané les meilleures notes.
Aum: Mais je vous entends dire que vous en êtes capable, mais que vous savez bien que le travail acharné ne résoudra pas le genre de conflits que la vie crée sur ce sujet. Vous avez fait une distinction entre penser à la vie et penser à la mort, souvenez-vous en.
Méd: Pensez-vous jamais à la mort?

Mal: Oui. Que vouliez-vous dire à ce sujet?
Aum: Je me demandais quelles idées vous aviez sur la vie en relation avec la mort et vice versa.
Mal: Eh bien, hum, il nous faut l'admettre, je n'ai jamais pensé à la mort comme une chose, en soi, mais j'ai pensé que la vie n'avait aucune valeur dans certaines circonstances.
Aum: Aucune valeur?
Mal: C'est que, si je meurs demain, ma femme continuera de la façon la plus normale.
Méd: Comme si rien ne s'était passé?
Mal: C'est ce que je sens. Il ne lui manquerait absolument rien.
Aum: Exactement comme elle l'a fait pour les autres morts? Ou quelque chose d'un peu différent?
Mal: Après la mort de ma fille, quoi, elle s'est occupée des enfants. Mais si je ne laissais pas d'enfants derrière moi, sa vie ne changerait absolument pas.
Aum: Qu'est ce qui vous a donné la force de dire qu'une des choses les plus encourageantes pour vous en venant ici, était qu'on vous avait donné un sentiment d'espoir? Ils ont dit qu'il y a des choses qu'ils peuvent faire pour vous et ils les font. Qu'est-ce qui vous a poussé au-dedans de vous-même, dans votre désir de vivre? En dépit du peu de valeur de vos sentiments, il y a eu quelque chose en vous qui a trouvé satisfaction et qui a désiré continuer. Est-ce la foi?
Mal: Eh bien, c'est une sorte d'espoir aveugle plus qu'autre chose, je dirais, et puis, ma paroisse m'a beaucoup soutenu. J'ai été membre actif de l'Eglise presbytérienne pendant des années. Le fait que je pouvais faire quelque chose, que ma femme n'approuvait d'ailleurs pas, il est vrai, comme chanter dans un chœur et faire l'école du dimanche et des choses comme cela. Le fait de pouvoir faire des petites choses comme celles-là que je sentais utiles à la communauté, tout ce travail m'a aidé. Mais chaque miette de travail que je faisais dans ce sens était considérée comme sans valeur parce que ça ne rapportait pas un sou.
Méd: Mais c'est son point de vue. Le vôtre, c'est encore tout de même que c'était valable?
Mal: Je pense que c'était valable, très utile.
Méd: Vous voyez, je pense que c'est ça qui est important. Vous avez encore le sens de la valeur. C'est pourquoi je pense que

l'espoir a un sens profond pour vous. Vous désirez encore vivre. Vous n'avez aucune envie de mourir, n'est-ce pas? C'est pour cela que vous êtes entré dans cet hôpital.
Mal: C'est exact.
Méd: Qu'est-ce que la mort signifie pour vous? C'est une question difficile, mais peut-être pouvez-vous y répondre?
Mal: Ce que la mort signifie pour moi? La mort, ça signifie la fin de toute activité appréciable. En disant appréciable, dans mon cas, je ne pense pas comme ma femme. Je ne veux pas dire des activités qui rapportent de l'argent.
Aum: Vous voulez parler de chanter dans un chœur et d'enseigner les enfants des écoles du dimanche. Etre avec des gens, ce genre d'activités.
Mal: Oui, j'ai toujours travaillé activement dans la communauté. Toutes sortes d'activités différentes. La chose qui rendait la vie sans valeur, ces derniers temps, c'est que je regardais mon cas du point de vue de l'autre médecin, je pensais que je ne pourrais plus jamais retourner à ces activités.
Méd: Et que faites-vous maintenant ici?
Mal: Quoi?
Méd: Que faites-vous ici en ce moment?
Mal: Ce que je fais en ce moment, c'est échanger des idées qui peuvent aider.
Méd: Ce qui est une activité qui a sa valeur. Cela peut vous être utile, c'est certainement utile pour nous.
Aum: Une activité de valeur dans votre sens, pas dans celui de votre femme.
Méd: Oui, c'est ce que je voulais tirer au clair. Ce que vous voulez dire réellement, c'est que la vie vaut la peine d'être vécue aussi longtemps que vous avec quelque valeur et pouvez faire quelque chose d'utile.
Mal: Mais vous savez, c'est aussi quelque chose de beau d'avoir quelqu'un d'autre qui l'apprécie. Si vous l'aimez!
Méd: Croyez-vous vraiment que personne d'autre ne vous apprécie?
Mal: Je ne pense pas que ma femme le fasse.
Méd: Et vos enfants?
Mal: Je crois qu'ils m'aiment. Mais la femme, c'est le principal, vous savez, la femme d'un homme. Surtout s'il l'admire énormément, vous savez. Et elle est comme ça, je dirais, adorable.

Parce qu'elle est si débordante d'énergie, si étincelante et tout le reste.

Aum: Est-ce que ça a existé dès votre mariage? Ou est-ce que ça a été plus visible après la période des grands chagrins? Après les pertes?

Mal: Non, pas de différence. En réalité, ç'a été mieux après les deuils. Et maintenant, par exemple, elle a été très gentille avec moi depuis quelques temps. Depuis que je suis entré à l'hôpital. Mais voilà, c'est toujours la même chose. Quand j'étais malade ou quelque chose comme ça, elle réagissait en étant très gentille pour moi pendant quelques temps. Et puis, elle ne pouvait pas s'empêcher de dire qu'il y avait là un flemmard qui ne gagnait plus d'argent.

Aum: Eh bien, comment considérez-vous les choses qui sont arrivées dans votre vie? Vous avez parlé de l'Eglise et de vos activités. Comment considérez-vous ce qui s'est passé dans votre vie? En fonction de votre attitude en face de la vie, ce que certains pourraient appeler votre foi dans la vie. Dieu y joue-t-il un rôle?

Mal: Oui. Bien sûr, à la première place, comme chrétien, le Christ agit comme intermédiaire. C'est très simple. Quand je garde cette vision présente à l'esprit, les choses s'arrangent très bien. Et je suis soulagé par ma – je trouve des solutions aux problèmes qui concernent les gens.

Aum: La chose dont vous parlez, c'est au fond de trouver un médiateur entre vous et votre femme et vous avez mentionné le Christ comme médiateur pour vos autres problèmes. Y avez-vous pensé par rapport à votre femme et à vos relations?

Mal: J'y ai pensé, mais malheureusement ou pas, ma femme est une personne si dynamique...

Aum: Ce que je comprends, c'est que votre femme est si dynamique et si active qu'il n'y a pas de place dans sa vie pour un Dieu qui agit. Il n'y aurait pas de place pour un médiateur.

Mal: C'est bien là qu'on en est dans son cas.

Méd: Croyez-vous qu'elle accepterait de parler à l'un d'entre nous?

Mal: Je voudrais bien, certainement.

Méd: Si vous le lui demandiez? Pourriez-vous le faire?

Mal: Ma femme ne penserait jamais à voir un psychiatre, surtout avec moi.

Méd: Oh, oh. Qu'est-ce qu'il y a de si effrayant chez le psychiatre?
Mal: Toutes les choses dont nous avons parlé. Je crois qu'en quelque sorte, elle dissimulerait devant eux.
Méd: Eh bien, on verra comment tourne l'entretien. Il pourra être utile. Et si vous êtes d'accord, on fera un saut chez vous plus tard. D'accord?
Mal: Vous dites que vous ferez un saut?
Méd: Pour vous rendre visite.
Mal: A mon chevet?
Méd et aum: Bien sûr.
Mal: Je pars samedi.
Méd: Je vois, nous avons peu de temps.
Aum: Si vous revenez une fois ou l'autre en clinique, vous pourrez rendre visite au docteur?
Mal: J'en doute, c'est un très long voyage.
Aum: Ah, ah, je vois.
Méd: Si c'est notre dernière entrevue, peut-être auriez-vous des questions à poser?
Mal: Eh bien, je pense qu'un des plus grands avantages de ces entretiens, c'est de soulever un tas de questions auxquelles je n'aurais jamais songé.
Méd: Cela nous a aidés nous aussi.
Mal: Je crois que le Dr R. a fait quelques très bonnes propositions et vous aussi. Mais je sais une chose, si je ne fais pas des progrès fondamentaux, eh bien, je ne serai pas guéri physiquement.
Méd: Est-ce effrayant?
Mal: Effrayant?
Méd: Je ne sens aucune peur en vous.
Mal: Non, ça ne m'effraie pas, pour deux raisons. D'une part, j'ai une religion solidement fondée et fondée dans le fait que j'ai pu la transmettre à d'autres.
Méd: Alors vous pouvez dire que vous êtes un homme qui n'a pas peur de la mort et qui l'accepte quand elle vient, naturellement.
Mal: Non, je n'ai pas peur de la mort, mais je redoute plus ou moins de reprendre mes anciennes activités. Parce que, voyez-vous, je n'ai pas aimé vraiment mon métier d'ingénieur autant que de travailler avec d'autres personnes.

Aum: C'est de là que venait votre goût pour la communication?
Mal: Oui, en partie.
Aum: Ce qui me frappe, ce n'est pas l'absence de crainte, c'est le souci, le sentiment de regret concernant vos relations avec votre femme.
Mal: J'ai regretté toute ma vie de ne pouvoir communiquer avec elle. Et en réalité, si vous voulez aller au fond du pot, dans mon étude de la communication, je ne sais pas, mais les neuf dixièmes venaient d'un espoir de pouvoir communiquer avec elle.
Méd: Essayer de communiquer avec elle, n'est-ce pas? Vous n'avez jamais eu une aide professionnelle pour ça? Voyez-vous, j'ai l'impression qu'on aurait pu vous aider, on peut encore vous aider.
Aum: C'est pour cela que la rencontre de demain est si importante.
Méd: Oui, oui... Aussi je ne sens pas cela comme sans espoir, ce n'est pas irréparable, vous savez. Vous avez encore le temps d'y arriver.
Mal: Eh bien, je dirais qu'aussi longtemps que je serai vraiment vivant, il y aura de l'espoir de vivre.
Méd: C'est exact.
Mal: Mais vivre n'est pas tout dans le monde. La qualité de la vie, pourquoi vous vivez...
Aum: J'apprécie le chance d'avoir eu cet entretien avec vous. Je voudrais faire un saut chez vous ce soir avant de rentrer chez moi.
Mal: Cela me ferait plaisir... oh... (le malade n'a manifestement pas envie de partir)... vous alliez me poser des questions que vous n'avez pas posées.
Méd: Moi?
Mal: Hm, hm.
Méd: Qu'ai-je oublié?
Mal: J'ai compris à ce que vous disiez que vous n'aviez pas seulement la responsabilité de ce séminaire, mais... Dites-moi un peu de quoi vous avez la responsabilité. Quelqu'un s'intéressait aux rapports entre la religion et la psychiatrie.
Méd: Oui, je commence à comprendre. Vous savez, des tas de gens ont des idées différentes sur ce que nous sommes en train

de faire ici. Ce qui m'intéresse le plus, c'est de parler avec des personnes très malades ou mourantes. D'essayer de les comprendre un peu mieux. D'enseigner au personnel hospitalier la manière de mieux les aider, et la seule manière de le lui enseigner, c'est de demander aux malades d'être nos professeurs.
Aum: Vous aviez des questions sur les rapports entre la religion...
Mal: Oui. Par exemple l'une d'elles était que le malade moyen ne fait appel qu'à un aumônier, il ne fait pas appel au psychiâtre, s'il lui arrive de se sentir mal en point.
Méd: C'est juste.
Mal: Tout à fait juste. La question a été posée auparavant, par vous ou par quelqu'un d'autre, euh, ce que je ressens à propos de l'intervention d'un aumônier. Je dois dire que j'ai été consterné de découvrir, en demandant un aumônier au milieu de la nuit, qu'il n'y avait pas d'aumônier de nuit. Je dois dire que cela me paraît incroyable, simplement incroyable. Quand un homme a-t-il vraiment besoin d'un aumônier? De nuit, croyez-moi! C'est le moment où vous montez sur le ring avec vos gants de boxe et vous devez en découdre avec vous-même. C'est alors que vous avez besoin d'un aumônier. Je dirais surtout entre minuit et...
Méd: les premières heures du jour.
Mal: Et si on dressait une carte, vous auriez probablement un pic vers trois heures du matin. Et cela devrait être comme ça. Vous prenez le téléphone, l'infirmière arrive. «Je voudrais l'aumônier» et cinq minutes après, l'aumônier se pointe et vous voilà remis sur les rails, euh...
Méd: Pour une vraie communication.
Mal: Oui.
Méd: C'est là la question que vous auriez voulu me voir poser, «êtes-vous satisfait des services de l'aumônier?» Je vous ai peut-être posé cette question indirectement, quand je vous ai demandé qui vous aidait, s'il y avait quelqu'un qui vous portait secours. Vous n'avez pas mentionné l'aumônier à ce moment-là.
Mal: C'est la difficulté avec l'Eglise elle-même. Quand quelqu'un a-t-il besoin d'un ecclésiastique?
Méd: Oui.
Mal: En général, il en a besoin vers trois heures du matin.

Méd: Eh bien, l'aumônier, M. C. peut vous répondre, parce qu'il a passé sa nuit d'hier à rendre visite à des malades.
Aum: Je ne me sens pas aussi coupable que je le voudrais, je n'ai dormi que deux heures la nuit dernière. Mais je puis apprécier, et je crois qu'il a été dit davantage que ce qui est ressenti.
Mal: Je ne crois pas que quoi que ce soit puisse avoir plus d'importance que cela.
Aum: L'authentique souci de quelqu'un qui cherche du secours.
Mal: Certainement. Le pasteur presbytérien qui a marié mon père et ma mère était de ce genre d'hommes. Cela ne lui a pas du tout nui. Je l'ai rencontré à quatre-vingt-quinze ans, son ouïe était aussi bonne qu'avant, sa vue aussi bonne qu'avant, sa poignée de main, celle d'un homme de vingt-cinq ans.
Aum: Voilà encore un symbole des déceptions que vous avez eues.
Méd: Cela fait partie du séminaire, de mettre à jour des choses de ce genre, de manière à avoir plus d'efficacité.
Mal: Exact. Et dans le cas des ecclésiastiques, je pense que vous auriez moins de chances de consultations quand vous en auriez besoin, que dans le cas des psychïâtres, – c'est un cas particulier – parce que l'ecclésiastique est censé être un monsieur qui ne cherche pas à gagner de l'argent, tandis que le psychiatre est censé ne travailler que pour un minimum d'argent. Vous avez donc là un monsieur qui gagne de l'argent, il peut le faire de jour, de nuit ou quand ça lui chante, et vous pouvez toujours vous arranger avec un généraliste pour vous rendre visite de nuit, mais essayez de sortir un ecclésiastique de son lit au milieu de la nuit...!
Aum: On dirait que vous avez fait quelques expériences avec des membres du clergé!
Mal: Mon propre pasteur actuel est un très bon homme, mais l'ennui, c'est qu'il a tout un troupeau de gamins. Au moins quatre. Comment sortirait-il? On m'a parlé de jeunes qui sont au séminaire et des choses comme ça... Il n'y en a pas beaucoup, puisque nous avons tant de peine à en trouver pour l'enseignement religieux des écoles du dimanche. Mais je pense que si il y avait une Eglise vivante, on n'aurait aucune peine à trouver des jeunes.
Aum: Je crois que nous avons là des tas de choses à dire qui

n'entrent pas dans le programme du séminaire. Nous nous retrouverons pour réformer l'Eglise. Je suis d'accord avec une bonne part de ce que vous dites.

Méd: Oui, mais je suis content que vous en ayez parlé ici. C'est une chose importante. Et le service infirmier?

Mal: Ici?

Méd: Oui.

Mal: Eh bien, pratiquement, chaque fois que j'aurais eu besoin d'un aumônier la nuit, c'était parce que j'avais affaire à un genre désagréable d'infirmière au cours de la journée. Il y a certaines infirmières ici qui sont très capables, mais elles prennent le malade à rebrousse-poil. En fait, me disait mon compagnon de chambre, vous allez deux fois plus vite si vous n'avez pas cette infirmière. Elle conteste à chaque minute, vous voyez ce que je veux dire. Vous entrez et vous dites, voudriez-vous m'aider un petit peu pour commencer à manger, parce que j'ai un ulcère et une maladie de foie et ceci et cela et autre chose. Elle dit, quoi, on a par-dessus la tête de travail, à vous de vous débrouiller. Si vous voulez manger, mangez, si vous ne voulez pas, ne mangez pas. Et puis, il y a une autre infirmière qui est vraiment épatante dans sa manière de nous aider, mais elle ne sourit jamais. Alors, pour un type comme moi qui d'ordinaire sourit et veut prendre la vie par le bon côté, ça vous fiche le cafard de la regarder. Elle entre chaque soir et pas trace de sourire!

Méd: Comment est votre compagnon de chambre?

Mal: Je n'ai pas pu lui parler depuis qu'il a commencé ces traitements respiratoires, mais autrement, j'imagine qu'il irait pas mal, parce qu'il n'a pas toutes ces différentes maladies que j'ai.

Méd: Savez-vous qu'au début, vous prévoyiez cinq ou dix minutes d'entretien et que vous avez dit que cela vous épuiserait. Etes-vous confortablement installé?

Mal: Bien, voilà, il se trouve que je suis en bonne forme.

Méd: Savez-vous depuis combien de temps nous parlons? Une heure.

Mal: Je n'aurais jamais cru que je tiendrais une heure!

Aum: Nous en sommes très conscients et ne désirons pas vous fatiguer davantage.

Méd: Je crois bien, en effet, que nous allons nous arrêter là.

Mal: Je pense que nous avons parlé de la plupart des sujets.
Aum: Je ferai un saut vers l'heure du repas du soir avant de rentrer, je vous reverrai.
Mal: Ah, ah, à six heures?
Aum: Cinq heures et demie, six heures environ.
Mal: Très bien. Vous m'aiderez à manger, parce que j'ai une mauvaise infirmière.
Aum: Entendu.
Méd: Merci d'être venu, j'en suis très satisfaite.

L'entretien avec M. H. est un bon exemple de ce que nous appelons «l'entretien qui ouvre des portes».
Il était considéré comme un homme farouche, qui ne communiquait pas, et le personnel soignant était persuadé qu'il n'accepterait pas de parler avec nous. Au début de la séance, il nous a avertis qu'il risquait de s'évanouir s'il restait plus de cinq minutes – et après une heure de conversation, il a eu de la peine à s'en aller et s'est senti parfaitement bien physiquement et psychiquement. Il était préoccupé par de nombreux échecs personnels, par des pertes dont la plus grave était celle de sa fille, très loin à l'étranger. Ce qui le chagrinait le plus, cependant, c'était la perte de l'espoir. Il en a fait mention en tout premier, comme déclaration du médecin à propos de sa maladie: «...ils ne m'ont laissé aucun espoir. Le docteur lui-même m'a dit que son père avait eu une opération identique dans le même hôpital, avec le même chirurgien et qu'il ne s'en est pas remis et est mort dans les dix-huit mois au même âge. Et tout ce que je pouvais faire, c'était d'attendre cette fin amère...»
M. H. n'a pas lâché et s'est fait admettre dans un autre hôpital qui lui offrait de l'espoir.
Plus tard dans l'entretien, il a fait part d'un autre sentiment de désespoir, son incapacité de partager avec sa femme la plus grande partie de ses intérêts et des valeurs qu'il voyait à la vie. Elle lui donnait souvent le sentiment d'être un raté, elle lui reprochait les échecs de ses enfants, de ne pas apporter assez d'argent à la maison et il était parfaitement conscient du fait que c'était trop tard pour satisfaire ses exigences et répondre à ce qu'elle attendait. Plus il se sentait faible et incapable de travailler, plus il était conscient, en regardant sa vie passée, de

l'écart entre sa manière à elle d'estimer les valeurs et la sienne à lui. Le fossé semblait si large que toute communication paraissait presque impossible. Tout cela est arrivé à cet homme pendant la période du deuil de sa fille et cela a réveillé la tristesse qu'il avait éprouvée à la mort de ses parents. Telle qu'il la décrivait, nous avions le sentiment qu'il ne pouvait ajouter davantage de chagrin à celui qu'il avait déjà – laissant ainsi de côté sans l'exprimer, le dialogue le plus vital qui aurait pu, nous l'espérions, lui apporter un sentiment de paix. Dans toute cette dépression, il y avait un sentiment de fierté, un sentiment de sa valeur en dépit de l'attitude familiale qui le dépréciait. Nous n'avons donc pas pu faire davantage que d'être les instruments d'une communication finale entre le malade et sa femme.

Nous avons finalement compris pourquoi le personnel hospitalier était incapable de nous dire à quel point M. H. était conscient de sa maladie. Il pensait bien moins à son cancer qu'à passer en revue le sens de sa vie et à trouver un moyen pour partager cette préoccupation avec la personne qui avait le plus d'importance à ses yeux, sa propre femme. Il était profondément déprimé, non pas par sa maladie incurable, mais parce qu'il n'avait jamais achevé de porter le deuil de ses parents et de sa fille. Quand il y a déjà tant de chagrin, on ne ressent plus une peine supplémentaire au même titre que ne la ressent un corps en bonne santé et préservé de toute douleur. Et nous avons estimé que cette douleur pourrait être éliminée si nous trouvions le moyen de communiquer tout cela à Mme H.

Le lendemain matin, nous rencontrions cette dame, une femme solide, puissante, éclatante de santé, énergique comme il l'avait décrite. Elle confirma, presque mot à mot ce qu'il avait dit la veille: «La vie continuera comme avant quand il ne sera plus là.» Il était faible, il ne pouvait même pas tondre la pelouse sans risquer de s'évanouir. Les gens de la ferme étaient bien différents, ils avaient des muscles et étaient costauds. Ils travaillaient de l'aube à la nuit tombante et d'ailleurs lui, il n'était pas tellement préoccupé par l'idée de gagner de l'argent... Oui, elle savait qu'il n'en avait plus pour longtemps à vivre, mais elle ne pouvait pas le prendre à la maison. Elle avait fait le projet de le mettre dans une clinique privée où elle irait lui rendre visite... Mme H. disait tout cela sur le ton d'une femme très active qui avait à s'occuper d'une quantité d'autres choses et ne pouvait pas être importunée plus longtemps. Peut-être ai-je été exaspérée à ce moment-là ou bien ai-je perçu le désespoir de M. H., quoi qu'il en soit, je répétai dans mon propre vocabulaire l'essence de ce qu'elle avait communiqué. J'en donnai un bref résumé: M. H. n'avait pas répondu à ce qu'elle attendait de lui, il n'était pas réellement à la hauteur dans beaucoup de domaines et ne serait pas regretté lorsqu'il disparaîtrait. En regardant en arrière sa vie, on pouvait se demander s'il y avait eu quelque chose qui soit digne de mémoire...

Mme H. me regarda soudain et, la voix pleine de passion, me hurla presque au visage: «Qu'est-ce que vous allez imaginer, c'est l'homme le plus honnête et le plus fidèle du monde...»

Nous restâmes quelques minutes encore assises à passer en revue les choses que nous avions entendues pendant l'entretien. Mme H. admit qu'elle n'avait jamais pensé à lui dans ces termes et elle était toute prête à reconnaître ce qu'il avait dit. Nous retournâmes dans la chambre du malade et Mme H. répéta d'elle-même tout ce que nous avions dit dans mon bureau. Je n'oublierai jamais le pâle visage du malade enfoncé dans ses oreillers, le regard plein d'attente de ce qui allait se dire, la surprise de son expression quand ils furent capables d'échanger une communication. Ses yeux se mirent à briller quand il entendit sa propre femme dire: «Je lui ai dit que tu étais l'homme le plus honnête et le plus fidèle du monde et que c'est bien difficile d'en trouver aujourd'hui. Et en rentrant à la maison, nous passerons par l'église et nous y prendrons quelques-unes de tes affaires qui ont tant d'importance pour toi. Je te ferai travailler ces prochains jours...»

Il y avait dans sa voix une chaleur authentique quand elle lui parlait et le préparait à quitter l'hôpital. «Je ne vous oublierai jamais, tant que je vivrai», me dit-il comme je quittais la chambre – et nous savions tous deux que ce ne serait pas très long, mais désormais, cela avait si peu d'importance...

VII. Cinquième étape: L'acceptation

J'ai mon congé. Souhaitez-moi bon voyage, mes frères! Je vous tire ma révérence.
Voici, je mets mes clefs sur la porte; je résigne tous droits sur ma maison. Accordez-moi seulement au départ quelques bonnes paroles.
Durant longtemps, nous aurons été voisins, et j'ai reçu de vous plus que je ne pouvais vous donner. A présent le jour point; la lampe est consumée qui a éclairé mon coin sombre. Un appel est venu et je suis prêt pour le voyage.

Rabindranath Tagore, L'Offrande lyrique XCIII
(Traduction André Gide – N.R.F. 1921, p. 122)

Si un malade dispose d'un temps suffisant (c'est-à-dire s'il ne meurt pas d'une mort soudaine et inattendue) et s'il a été aidé à traverser les étapes précédemment décrites, il entrera dans une période pendant laquelle il n'est ni déprimé ni irrité de son «destin». Il aura pu exprimer les sentiments qui précèdent, son envie de ceux qui vivent et sont en bonne santé, sa colère contre ceux qui n'ont pas à affronter si tôt la mort. Il aura pu s'affliger sur la perte prochaine de tant de proches et de tant de lieux qui ont compté pour lui et il pourra regarder sa fin imminente d'un œil relativement apaisé. Il sera très fatigué et bien souvent très affaibli. Il aura fréquemment besoin d'un petit somme pendant de brefs instants, ce qui est très différent du besoin de dormir des périodes de dépression. Ce n'est plus un sommeil de fuite ou une période de repos pour être soulagé des douleurs, de l'incommodité ou des démangeaisons. C'est un besoin de plus en plus fréquent d'accumuler les heures de sommeil, tout semblable au besoin du nouveau-né, mais en sens inverse. Ce n'est pas une «démission» résignée et sans espoir, un sentiment d'«à quoi bon», de «j'en ai assez, je ne puis plus lutter», bien que nous entendions parfois ces réflexions (elles peuvent indiquer le commencement de la fin de la lutte, mais cela ne signifie pas qu'on accepte).

Il ne faut pas croire que l'acceptation puisse être confondue avec une étape heureuse. Elle est presque vide de sentiments.

C'est comme si la douleur avait fui, la lutte est derrière nous et un temps commence, celui «du repos final avant le long voyage» comme le définissait un malade. C'est aussi le moment pendant lequel la famille a généralement le plus besoin d'appui, de compréhension et de soutien, souvent plus que le malade lui-même. Tandis que le malade a trouvé une certaine paix, une acceptation, son cercle d'intérêts se rétrécit. Il désire être laissé seul ou tout au moins n'être pas dérangé par des nouvelles ou des problèmes du monde extérieur. Souvent les visites ne sont pas désirées et s'il en vient, le malade ne reste pas longtemps en mesure de parler. Il demande qu'on limite le nombre des gens qui viennent et préfère les visites brèves. C'est le moment où la télévision reste silencieuse. Notre communication cesse de plus en plus d'être verbale, le patient fera juste un petit geste de la main pour nous inviter à nous asseoir un instant. Il nous prendra la main en nous demandant de rester silencieux. Ces moments de silence peuvent être le moyen de communication le plus chargé de sens pour ceux qui ne se sentent pas mal à l'aise devant un mourant. Ensemble, nous pouvons percevoir le chant d'un oiseau dans le voisinage. Notre présence peut simplement confirmer que nous serons là, tout près, jusqu'à la fin. Nous pouvons faire savoir que c'est très bien de ne rien dire puisque les choses importantes, on s'en occupe et que ce n'est plus qu'une question de temps avant que se ferment les yeux pour toujours. Cela peut rassurer le mourant, lui faire sentir qu'il n'est pas abandonné à lui-même lorsqu'il ne parle plus et qu'une pression de main, un regard, une manière d'arranger un oreiller en dit bien davantage que des paroles «bruyantes».
Une visite le soir peut se révéler plus opportune pour ce genre de rencontre, parce que c'est la fin de la journée tant pour le visiteur que pour le malade. C'est le moment où le système programmé de l'hôpital ne vient plus interrompre le cours des choses, où l'infirmière ne vient pas prendre la température, où la femme de ménage ne récure pas le sol – ce petit moment privé qui achève si bien la journée, lorsque la tournée médicale a pris fin, lorsqu'il n'y a plus personne qui intervienne. Cela ne dure guère, mais c'est un grand réconfort pour le malade de savoir qu'il n'est pas oublié quand il n'y a plus rien à faire pour lui. Et cela est aussi bienfaisant pour le visi-

teur, parce que cela montre que l'agonie n'est pas une chose si terrifiante, si horrible, que tant de gens veulent l'éviter à tout prix. Il y a un petit nombre de malades qui combattent jusqu'à la fin, qui luttent et gardent l'espoir au point de ne jamais pouvoir parvenir à ce stade de l'acceptation. Il y a ceux qui diront un jour «je n'en peux plus» et s'arrêtent de lutter. Autrement dit, plus on lutte pour éviter la mort inévitable, plus on essaie de la nier, plus il est difficile d'atteindre la dernière étape, l'acceptation dans la paix et la dignité. La famille et le personnel soignant peuvent considérer ces malades comme résistants et forts, encourager ce combat pour la vie jusqu'au dernier moment et admettre implicitement que la fin de ceux qui acceptent est un lâche abandon, une duperie ou pire, une manière de rejeter la famille.

D'ailleurs quand savons-nous si un patient abandonne «trop tôt», si nous avons le sentiment qu'une petite lutte de sa part, appuyée par le médecin, pourrait lui donner une chance de vivre plus longtemps.? Comment pourrons-nous distinguer cela de l'étape de l'acceptation, puisque souvent, notre désir de prolonger sa vie s'oppose au sien, qui est le repos et la mort paisible. Si nous ne sommes pas capables de distinguer ces deux états, nous faisons plus de mal que de bien à nos malades, nous serons découragés dans nos efforts et ferons de la mort de notre malade une dernière expérience douloureuse. Le cas suivant, celui de Mme W. est un bref résumé de ce genre d'évènement où la distinction n'a pas été faite.

Mme W., mariée, cinquante-huit ans, a été hospitalisée pour une tumeur abdominale dont elle souffrait beaucoup. Elle avait fait front à sa grave maladie avec courage et dignité. Elle ne se plaignait que rarement et s'efforçait de faire le plus de choses possible seule. Elle rejetait toute proposition d'aide tant qu'elle pouvait faire les choses elle-même et elle impressionna beaucoup les infirmières et sa famille par son amabilité et sa manière d'aller au devant d'une mort prochaine avec calme et sérénité.

Mais soudain, peu après sa dernière admission à l'hôpital, elle fit une dépression. Les infirmières s'étonnèrent de ce changement et demandèrent une consultation psychiâtrique. Elle n'était pas dans sa chambre lorsque nous avons voulu lui rendre visite et quelques heures plus tard, en repassant, nous ne l'avons pas trouvée. Finalement, nous l'avons découverte dans le hall, à l'extérieur de la salle de rayons-X où elle était inconfortablement étendue sur un brancard, souffrant manifestement. Un bref entretien nous apprit qu'elle avait subi deux examens radiologiques fort longs et qu'elle devait attendre encore pour que des radiographies soient prises. Elle était très mal dans sa peau à cause d'une escarre qu'elle avait dans le dos, elle n'avait ni bu ni mangé depuis plusieurs heures et, le pire, elle devait absolument aller le plus tôt possible aux toilettes. Elle avoua tout cela d'une voix à peine murmurante, déclarant être «complètement brisée de douleur». Je lui offris de la conduire aux toilettes voisines. Elle me regarda, avec, pour la première fois, un pâle sourire, et dit: Non, je suis pieds-nus, je ferais mieux d'attendre d'être rentrée dans ma chambre. Je puis y aller seule.

Cette brève remarque nous a montré un des besoins de notre malade, prendre soin d'elle-même aussi longtemps que possible, garder sa dignité et son indépendance jusqu'au dernier instant. Elle était ulcérée de voir son endurance mise à l'épreuve à tel point qu'elle puisse crier de douleur en public, qu'elle puisse céder aux mouvements de ses intestins dans un hall, et qu'elle soit au bord des larmes devant des étrangers «qui ne faisaient que leur devoir».

Lorsque nous avons eu un entretien avec elle quelques jours plus tard, dans des circonstances plus favorables, il était évident qu'elle était de plus en plus fatiguée et prête à mourir. Elle parla brièvement de ses enfants, de son mari qui saurait se tirer d'affaire sans elle. Elle avait le sentiment profond que sa vie, en particulier son mariage, avait été une chose bonne et significative et qu'il ne restait plus grand-chose à faire de plus pour elle. Elle demanda qu'on lui permette de mourir en paix et désira qu'on la laisse seule – et même demanda que son mari se dérange moins souvent pour elle. Elle déclara que la seule raison qui la maintenait en vie était l'incapacité de son mari d'accepter le fait qu'elle allait mourir. Elle lui en voulait de ne pas faire front à l'évidence et de s'accrocher si désespérément à des choses qu'elle était si disposée à quitter. Je traduisis cela en lui disant qu'elle désirait se détacher du monde et elle fit un signe d'assentiment reconnaissant lorsque je la laissai seule.

A ce moment, à l'insu de la malade et à mon insu, l'équipe médico-chirurgicale avait un entretien auquel le mari participait. Comme les chirurgiens estimaient qu'une autre opération chirurgicale pourrait éventuellement prolonger sa vie, le mari les supplia de faire tout ce qui était en leur pouvoir pour renverser le cours des choses. Il lui était intolérable de perdre sa femme. Il ne pouvait pas comprendre qu'elle n'éprouvât plus le besoin de demeurer plus longtemps avec lui. Le besoin qu'elle avait de se détacher, de se faciliter le passage, était considéré par lui comme une manière de le rejeter, ce qui dépassait sa compréhension. Personne n'a su lui expliquer que c'était un fait naturel, une progression, certes, et peut-être le signe qu'une mourante avait trouvé la paix et se préparait à affronter seule la mort.

L'équipe décida donc d'opérer la malade la semaine suivante. A peine en fut-elle informée qu'elle se mit à décliner rapidement. Presque d'une nuit à l'autre, elle demandait de doubler la dose des calmants. Elle demandait souvent des cachets au moment où on lui faisait une injection. Elle devint agitée et anxieuse, appelant sans cesse à l'aide. Elle n'était plus du tout la malade qu'elle était encore quelques jours plus tôt, la dame pleine de dignité qui ne pouvait aller aux toilettes parce qu'elle n'avait pas de pantoufles.

Ces changements d'attitude doivent nous alerter. Ce sont des messages que nos malades tentent de nous transmettre. Il n'est pas toujours possible à une malade de refuser ouvertement une opération qui peut prolonger une vie, sous le regard d'un mari désespéré et suppliant et d'enfants qui espèrent avoir de nouveau leur maman à la maison. Et puis en dernier ressort, il ne faut pas sous-estimer la lueur d'espoir qui peut briller pour un malade, un remède en face d'une mort imminente! Comme on l'a noté antérieurement, il n'est pas possible à la nature humaine d'admettre le caractère définitif et irrévocable de la mort sans laisser la porte entrouverte à un petit espoir. Il ne suffit donc pas de n'écouter que les paroles clairement formulées par nos malades.

Mme W. avait nettement déclaré qu'elle désirait qu'on la laisse en paix. Elle se sentait beaucoup plus mal depuis qu'on lui avait annoncé l'intervention chirurgicale projetée. Son anxiété alla croissant à mesure qu'approchait le jour de l'opération. Il ne nous appartenait pas d'en demander le renvoi. Nous nous bornâmes à faire part de nos extrêmes réserves et nous déclarâmes que nous étions certains que la malade ne supporterait pas l'opération.

Mme W. n'eut pas la force de refuser l'opération et elle ne mourut ni avant, ni pendant la préparation. Elle eut une crise violente dans la salle d'opération, exprimant des idées de persécution, elle se mit à hurler et continua jusqu'à ce qu'on l'ait ramenée dans sa chambre quelques minutes avant que commence l'opération projetée. Elle était nettement dans un état hallucinatoire et avait des visions et des idées paranoïaques. Elle avait l'air terrorisée et désarçonnée et les paroles qu'elle adressait au personnel soignant n'avaient aucun sens. Mais dans tout ce comportement psychotique, il y avait un degré de conscience logique qui restait impressionnant. Retournée dans sa chambre, elle me fit demander. Quand j'entrai chez elle le lendemain, elle regarda son mari complètement ahuri et me dit: «Parlez un peu à cet homme et faites-lui comprendre». Puis elle nous tourna le dos pour nous faire clairement comprendre qu'elle voulait rester seule. J'eus mon premier entretien avec le mari qui était à court de paroles. Il ne parvenait absolument plus à comprendre l'attitude «folle» de sa femme qui avait toujours été une femme si comme il faut. Il lui était difficile de faire face à cette maladie qui l'avait si rapidement détruite physiquement, mais il ne comprenait pas du tout ce que pouvait signifier notre «dialogue de fous».

Le mari déclara, les larmes aux yeux, qu'il était totalement dérouté par ce changement inattendu. Il décrivit leur mariage comme extrêmement heureux et la maladie sans issue de sa femme était pour lui inacceptable. Il avait l'espoir que l'opération leur permettrait une fois encore «d'être aussi proches qu'ils l'avaient été» pendant tant d'années de bonheur conjugal. Il était troublé par le détachement de sa femme et davantage encore par son comportement psychique.

Quand je lui demandai quels étaient les besoins de sa femme plutôt que ses besoins propres, il garda le silence. Il commença peu à peu à découvrir qu'il n'avait jamais pris garde à ses besoins à elle, mais qu'il était parti de l'idée qu'ils avaient tous deux les mêmes besoins. Il ne parvenait pas à comprendre qu'un malade passe par un point où la mort apparaît comme un grand soulagement et qu'il meurt plus facilement si on lui permet de se détacher et qu'on l'aide à quitter lentement toutes les affections les plus essentielles de son existence.

Nous avons eu un long entretien. Tandis que nous parlions, peu à peu, les choses s'éclairaient et se précisaient. Il avait toute une série de petits faits anecdotiques qui confirmaient qu'elle avait essayé de lui faire comprendre ce dont elle avait besoin, mais qu'il n'avait pas entendu parce que cela s'opposait à ce qu'il voulait lui. M. W. se sentait nettement soulagé en s'en allant et repoussa l'offre que je lui faisais de retourner avec lui dans la chambre de la malade. Il se sentait plus capable de parler franchement à sa femme de l'issue de sa maladie et était presque content que l'opération ait dû être repoussée à cause de sa «résistance», comme il disait. Sa réaction à sa psychose fut: «Mon Dieu, peut-être est-elle plus forte que nous tous. Elle nous a évidemment mystifiés. Elle a bien fait voir qu'elle ne voulait pas d'opération. Peut-être sa crise était-elle la seule issue pour ne pas mourir avant d'être prête.»

Mme W. confirma quelques jours après qu'elle ne pouvait pas mourir avant de savoir que son mari était disposé à la laisser partir. Elle désirait qu'il partage certains de ses sentiments au lieu de toujours «prétendre que j'allais guérir complètement». Son mari essaya de la laisser parler de ce point du vue, bien que ce fût pénible et qu'il eût plusieurs fois «régressé». Tantôt il s'accrochait à l'idée de radiations tantôt il essayait de faire pression sur elle pour qu'elle rentre à la maison, lui promettant d'engager une infirmière pour s'occuper d'elle.

Pendant les deux semaines suivantes, il vint souvent parler de sa femme et de ses espoirs, mais aussi de sa mort prochaine. Pour finir il accepta le fait qu'elle s'affaiblissait et qu'elle n'était plus en mesure de partager avec lui tant de choses qui avaient joué un si grand rôle dans leur vie.

Elle se rétablit de son accès de névropathie aussitôt que l'opération eût été définitivement écartée et son mari reconnut que la mort approchait et en parla avec elle. Elle souffrit moins et retrouva son attitude de dame pleine de dignité qui continuait à faire autant de chose que le permettait sont état physique. Le personnel médical devint de plus en plus sensible aux subtilités qu'elle exprimait et réagit avec tact, se rappelant toujours que ce dont elle avait principalement besoin était d'arriver à sa fin avec dignité.

Mme W. est une représentante typique de la plupart de nos malades mourants, bien qu'elle ait été la seule que j'aie vue recourir à un épisode aussi nettement névrotique. Je suis certaine que ce fut une défense, une tentative désespérée d'empêcher une intervention prolongeant la vie, mais qui venait trop tard. Comme nous l'avons dit plus tôt, nous avons constaté que ce sont les patients qui ont été encouragés à exprimer leur rage, à crier dans la phase du chagrin préparatoire et à avouer leurs craintes et leurs fantasmes devant quelqu'un qui les écoute tranquillement, qui évoluent le mieux. Nous devrions être conscients de la tâche monumentale qui est exigée de ces malades pour parvenir au bout de cette étape de l'acceptation qui conduit à une séparation graduelle (decathexis), où il n'y a plus communication dans les deux sens.

Nous avons trouvé deux manières d'atteindre ce but plus aisément. Une sorte de malade y parviendra sans aide ou avec peu d'aide de l'entourage – sinon une compréhension silencieuse qui s'abstient d'intervenir. C'est le malade plutôt âgé qui se sent à fin de vie, qui a travaillé et souffert, élevé des enfants et achevé sa tâche. Il aura découvert le sens de sa vie, il éprouve un certain contentement en regardant en arrière ses années d'activité.

D'autres, moins favorisés, peuvent parvenir à un état corporel et mental analogue s'ils ont assez de temps pour se préparer à la mort. Ils auront besoin de plus d'aide et de compréhension de leur entourage dans leur lutte pour franchir tous les stades précédemment décrits. Nous avons vu la majorité de nos malades mourir au stade de l'acceptation, quitter l'existence sans crainte ni désespoir. On comparera opportunément avec ce que dit Bettelheim de la prime enfance: «C'est certainement un âge où l'on ne demandait encore rien de nous et où tout ce qu'on pouvait désirer nous était donné. La psychanalyse voit la prime enfance comme un temps de passivité, une époque de narcissisme primaire où nous faisons l'expérience que notre moi est tout.»

De même à la fin de notre vie, après avoir travaillé et donné, après les joies et les souffrances, nous retournons au point de départ et la boucle de notre vie se ferme.

Les deux entretiens suivants sont des exemples d'époux s'efforçant de parvenir au stade de l'acceptation.

Le Dr G., dentiste et père d'un jeune homme de vingt-quatre ans, était un homme profondément religieux. Nous avons parlé de son cas au chapitre IV comme exemple de colère, lorsque la question se pose: Pourquoi moi? Il évoquait le vieux Georges et disait: Pourquoi la vie de cet homme n'est-elle pas prise plutôt que la mienne? Malgré l'image d'acceptation qu'il donnait pendant cet entretien, il laissait aussi entrevoir l'aspect de l'espoir. Intellectuellement, il était parfaitement conscient de la gravité de sa maladie et au plan professionnel, il réalisait parfaitement le peu de chances qu'il avait de jamais reprendre son activité. Et pourtant, il n'avait pas voulu ou pas pu envisager la fermeture de son cabinet jusqu'à quelques jours de notre entretien. Il conservait une dame de réception qui prenait des rendez-vous et répondait à ses appels en entretenant l'espoir que le Seigneur pourrait renouveler le miracle qui lui était arrivé pendant les années de guerre où il avait essuyé un coup de feu à petite distance et avait été manqué, «canardé à vingt pas et l'autre nous rate, alors vous savez qu'il y a une autre puissance que le fait que vous êtes un fin malin ou quelque chose de semblable».

Méd: Pouvez-vous nous dire depuis combien de temps vous êtes à l'hôpital et les raisons qui vous y ont amené?

Mal: Oui, je suis dentiste comme vous le savez probablement et il y a longtemps que je pratique. A la fin juin, j'ai ressenti soudain une douleur que j'ai estimée inhabituelle et j'ai passé immédiatement aux rayons-X et le 7 juillet de cette année, j'ai été opéré pour la première fois. J'ai constaté qu'il y avait quatre-vingt-dix chances sur cent que ce soit cancéreux, mais il y avait une légère hésitation de ma part, parce que c'était ma première affaire et la première fois que je sentais une douleur de quelque genre que ce soit. J'ai passé par l'opération en très bonne forme, je me suis remarquablement rétabli, mais j'ai eu ensuite une obstruction intestinale et j'ai dû repasser sur la table d'opération le 14 septembre. Et depuis le 27 octobre, je n'ai plus eu de chance dans mes progrès. Ma femme a fait la connaissance d'un médecin d'ici et nous sommes venus. J'ai été continuellement en traitement depuis le 27 octobre. Voilà le résumé de mon hospitalisation.

Méd: A quel moment de votre maladie avez-vous vraiment su ce que vous aviez?
Mal: J'ai réellement su que j'avais très probablement un cancer immédiatement après avoir vu les radiographies, parce qu'une grosseur dans cette région est dans quatre-vingt-dix pour cent des cas cancéreuse. Mais comme je l'ai dit, je n'ai pas un instant pensé que c'était grave, parce que je me sentais tellement bien. Les médecins ne m'ont rien dit, mais ils ont averti la famille de la gravité de mon état aussitôt qu'ils sont sortis de la salle d'opération. Quelques temps après, je conduisais dans une ville des environs avec mon fils. Nous avons toujours été une famille très unie et nous avons parlé de mon état général et il m'a demandé: «Maman t'a-t-elle dit ce que tu as réellement?» J'ai répondu que non. J'ai su que cela l'avait profondément déchiré, mais il m'a dit qu'à la première intervention, ce n'était pas seulement concéreux, il y avait déjà des métastases et que tous les organes du corps étaient atteints à l'exception du foie et de la rate, ce qui était une chance. Cela ne pouvait plus être opéré, je commençais à m'en douter. Mon fils avait connu le Seigneur dès l'âge de dix ans et au cours des années, il avait désiré partager certaines de ses expériences religieuses, il avait mûri, surtout lorsqu'il était au loin, au lycée. Cette expérience l'a considérablement mûri.
Méd: Quel âge a-t-il maintenant?
Mal: Il aura vingt-quatre ans dimanche. Je me rends compte de sa maturité après notre conversation.
Méd: Comment avez-vous réagi à ce que vous disait votre fils?
Mal: Pour être franc, je le soupçonnais plus ou moins à cause de certaines choses que j'avais remarquées, je ne suis pas complètement ignorant; j'ai été pendant vingt ans attaché à un hôpital et j'ai fait partie de son personnel pendant tout ce temps et je comprends ces choses. Mon fils m'a aussi dit que l'assistant du chirurgien avait dit à ma femme que j'avais entre quatre et quatorze mois à vivre. Je n'avais rien senti. J'ai été en parfaite paix avec moi-même depuis que je sais ça. Je n'ai pas eu de période de dépression. Je suppose que la plupart des gens dans ma situation penseraient à quelqu'un en disant: Alors pourquoi pas lui plutôt? Cela m'a effleuré plusieurs fois. Mais ce n'est qu'une idée fugitive. Je me rappelle un jour où nous passions au cabinet prendre le courrier: un vieil homme

descendait la rue, je le connaissais depuis mon enfance. Il a quatre-vingt-deux ans et il n'a aucune utilité sur terre autant que nous mortels nous puissions le dire. Il a des rhumatismes, il est tout tordu, il est sale, le genre de bonhomme que vous ne voudriez pas être. L'idée est vraiment violente quand elle s'impose: pourquoi pas le vieux Georges au lieu de moi. Mais ce n'est pas une réflexion envahissante. C'est peut-être la seule chose à laquelle j'ai pensé. Je regarde en avant, la rencontre du Seigneur, mais en même temps, je voudrais rester sur terre le plus longtemps possible. Ce que je ressens le plus durement, c'est la séparation d'avec la famille.
Méd: Combien d'enfants avez-vous?
Mal: Mon fils, seulement. Et comme je l'ai dit, nous avons été une famille très unie.
Méd: Etant si unis, et vous, dentiste, sachant très certainement que c'était un cancer après avoir vu les radiographies, comment n'avez-vous jamais parlé avec votre femme ou votre fils de cela?
Mal: Eh bien, je n'en sais rien. Je sais maintenant que ma femme et mon fils s'attendaient à ce qu'il y ait une importante intervention chirurgicale et qu'après une brève période de souffrances nous entrerions dans une convalescence menant à la guérison. Je n'ai pas voulu les bouleverser davantage. Je devine que ma femme s'est effondrée quand elle a su la vérité. Mon fils – et c'est là que sa maturité s'est révélée – a été un rempart de solidité à cette époque. Mais depuis lors, ma femme et moi avons parlé très franchement et nous cherchons un traitement, parce que je crois que le Seigneur peut guérir. Il le peut, et par n'importe quelle méthode que j'accepterai. Nous ne savons pas ce que la médecine fera, nous ne savons d'où viennent les découvertes médicales. Comment un homme peut-il déterrer une racine et dire: je crois que cette racine sera utile pour traiter tel ou tel mal, et voilà que c'est ce qui arrive. Et dans nos laboratoires hospitaliers, vous trouverez des tas de petites choses qui croissent à profusion, parce qu'on sent maintenant que tout cela est en rapport direct avec la recherche sur le cancer. Comment arrivez-vous à cette conclusion? C'est un mystère, c'est miraculeux à mon avis et je pense que tout ça vient du Seigneur.
Aum: Votre foi a été quelque chose d'essentiel pour vous,

j'en conclus, non seulement pendant votre maladie, mais avant.
Mal: Oui, c'est vrai. J'ai compris l'action salutaire de Jésus-Christ, il y a à peu près dix ans et j'en suis venu là grâce à une étude de l'Ecriture que je n'ai jamais achevée. Ce qui a fini par en sortir, quant à moi, c'est la constatation que j'étais un pécheur. Je ne l'avais jamais compris parce que je suis un brave type, j'ai toujours été un brave type.
Méd: Qu'avez-vous commencé, il y a une dizaine d'années?
Mal: Cela remonte plus haut. Au-delà des mers, j'ai été en contact avec un aumônier qui m'a beaucoup parlé de ces choses. Et je crois que personne ne peut être visé et manqué une fois, sans se rendre compte qu'il y a quelque chose au-delà de vous qui vous tenez là, surtout quand l'ennemi qui vous tire dessus est à moins de vingt pas. Comme je l'ai dit, j'a toujours été un bon type, je ne jurais pas, je n'employais pas des mots orduriers, je ne buvais pas, je ne fumais pas, je ne m'occupais pas particulièrement de tout ça. Je ne courais pas après les femmes, enfin, pas souvent, et j'ai toujours été un bon type. Alors, je n'avais pas du tout réalisé que j'étais pécheur jusqu'à ce jour où il tenait ce meeting. Il y avait bien là trois mille personnes. Et à la fin de la séance, je ne me rappelle plus ce qu'il avait prêché, il a demandé aux gens de venir se consacrer au Seigneur. Je ne sais pas pourquoi j'y suis allé, mais j'y ai été poussé. Après ça, j'ai mis en doute ma décision, j'étais en quelque sorte redevenu comme un gosse de six ans. Quand j'avais six ans, je pensais que ce monde allait devenir florissant, que tout serait beau, que tout changerait. Et ce matin-là, maman est descendue. Je me tenais devant un miroir très grand que nous avions au salon et elle m'a dit: «Bonne fête, Bobby». Elle m'a dit: «Que fais-tu?» J'ai dit que je me regardais dans la glace. «Et qu'est-ce que tu vois?» dit-elle. «Eh bien, j'ai six ans, mais je suis le même qu'avant, je me sens comme avant et je n'ai pas changé.» Mais quand mon expérience s'est approfondie, j'ai su que je n'étais plus le même, que je n'acceptais plus ce que j'acceptais avant.
Méd: Quoi, par exemple?
Mal: Eh bien, vous savez, quand vous fréquentez quelqu'un que vous avez rencontré, c'est quelque chose que les hommes d'affaire font régulièrement, vous réalisez brusquement que les contacts se prennent presque tous dans des bars. Avant une

séance professionnelle, les gens vont au bar du motel ou de l'hôtel, et y boivent en toute camaraderie. Cela ne me gênait pas particulièrement. Je ne buvais pas, mais ça ne me gênait pas, mais ça a commencé à me gêner plus tard, parce que je ne croyais pas à ça. Et je ne pouvais plus l'accepter. Des choses que je faisais auparavant, je n'ai plus pu les faire quand j'ai compris que j'étais différent.

Méd: Tout cela vous a t-il aidé depuis que vous avez affaire à votre propre maladie et avec votre mort?

Mal: Oui, beaucoup. Comme je vous l'ai dit, j'ai été parfaitement en paix avec moi-même depuis que je suis revenu de l'anesthésie après l'opération. J'étais aussi paisible que possible.

Méd: Vous n'avez peur de rien?

Mal: Honnêtement, je ne puis pas dire que j'aie eu peur.

Méd: Vous êtes un homme inhabituel, Dr G., vous savez. Nous voyons très rarement des gens qui affrontent leur propre mort sans peur.

Mal: En bien, c'est parce que je serai auprès du Seigneur quand je mourrai.

Méd: D'autre part, vous avez encore de l'espoir, soit d'une guérison, soit d'une découverte médicale, n'est-ce pas?

Mal: Oui.

Méd: Je crois que c'est ce que vous disiez tout à l'heure?

Mal: L'Ecriture promet la guérison, si nous nous adressons au Seigneur. Je me suis adressé à lui et j'ai demandé qu'il accomplisse sa promesse. Mais d'autre part, je veux que sa volonté soit faite. Et cela plus que tout le reste et que mes désirs personnels.

Méd: Qu'avez-vous changé dans votre vie quotidienne depuis que vous avez su que vous aviez un cancer? Quelque chose a-t-il changé?

Mal: Vous voulez dire mes activités? Je vais sortir de l'hôpital dans quelques semaines et je ne sais pas ce qui adviendra. A l'hôpital, j'ai simplement vécu au jour le jour. La routine hospitalière, vous savez ce que c'est.

Aum: Si je vous ai bien compris dans ce que vous avez dit à l'instant, cela m'a frappé comme une chose connue. Vous avez dit ce que Jésus a dit avant d'affronter la croix: «Non ma volonté, mais la tienne.»

Mal: Je n'y avais pas pensé.
Aum: C'est le sens de ce que vous avez dit. Vous avez désiré espérer si possible que ce ne soit pas la fin, mais vous avez surmonté ce désir par un désir plus profond, Que ta volonté soit faite!
Mal: Je sais que j'ai très peu de temps à vivre, peut-être quelques années avec le traitement que je suis, peut-être quelques mois. Evidemment, personne de nous n'a la certitude de rentrer chez lui ce soir.
Méd: Vous faites-vous une image précise de ce qui va se passer?
Mal: Non. Je sais qu'il y sera pourvu, l'Ecriture nous le dit et je l'espère selon ce qu'elle dit.
Aum: Je ne crois pas que nous allons poursuivre, le Dʳ G. ne s'est pas levé jusqu'à ces tout derniers jours pendant plus de quelques minutes.
Mal: Eh bien, je me sens très bien.
Aum: Réellement? J'ai dit au docteur qu'on ne vous garderait pas longtemps.
Méd: Nous vous laissons le soin de nous dire quand vous sentirez un peu la fatigue. Cette franche conversation sur un sujet si redouté, dans quel état vous met-elle, Dʳ G.?
Mal: Eh bien, je ne trouve pas du tout que ce soit un sujet redoutable. Après que le pasteur I. et le pasteur N. ont quitté ma chambre de matin, j'ai eu un bon moment pour réfléchir et cela ne m'a pas particulièrement affecté, sauf que j'espère pouvoir être utile à quelqu'un d'autre qui se trouvera en face du même problème, s'il n'a pas la foi que j'ai.
Méd: Que pensez-vous que nous puissions apprendre de nos entretiens avec des malades qui vont mourir et des personnes très gravement malades, qui puisse nous aider à avoir plus d'efficacité quand nous voulons les aider à affronter la mort, en particulier ceux qui n'ont pas votre chance, si je puis dire? Parce que vous avez cette foi et on voit bien qu'elle est d'une grande aide pour vous.
Mal: C'est une chose que j'ai beaucoup examinée depuis que je suis malade. Par tempérament, je veux connaître le pronostic complet, tandis qu'il y a des gens qui, quand ils découvrent qu'ils ont une maladie mortelle, sont complètement démolis. Mais c'est une chose que seule l'expérience peut dire, me semble-t-il, la façon d'aborder un malade.

Méd: C'est l'une des raisons pour lesquelles nous interrogeons les malades devant les infirmières et le personnel soignant capable de s'y intéresser. Voir patient après patient, deviner ceux qui peuvent réellement désirer en parler et ceux qui préfèrent n'en rien dire.
Mal: Je pense que vos premières visites devraient être de caractère neutre, jusqu'à ce que vous sentiez à quelle profondeur le malade se situe dans son expérience, sa religion et sa foi.
Aum: Je crois que la doctoresse R. a parlé du Dr G. comme de quelqu'un qui a eu de la chance, mais je crois que vous dites des choses qui viennent de votre expérience, ainsi les relations avec votre fils, qui sont à un autre niveau et votre avis sur sa maturité en découle.
Mal: Oui, je crois que nous avons eu de la chance. Mais je voulais en dire quelque chose, parce que je ne crois pas que dans ce domaine particulier ce soit une affaire de chance. Connaître le Seigneur qui nous sauve, ce n'est pas une affaire de chance; c'est une affaire d'expérience, merveilleuse et profonde et je crois que cela prépare aux vicissitudes de la vie et aux épreuves que nous devons affronter. Nous devons tous faire face à des épreuves ou à des maladies. Cela nous aide à les accepter, parce que, comme je l'ai dit il y a quelques minutes, si on vous tire dessus à quelques pas et qu'on vous rate, vous savez qu'il y a une puissance autre que le fait que vous êtes un bon bougre ou autre chose. On nous a dit qu'il n'y a pas d'athées dans les trous d'hommes, ce qui est vrai. Vous voyez des hommes se rapprocher du Seigneur dans leurs trous ou quand leur vie est en danger, pas seulement les trous d'homme, mais dans un accident grave, quand ils réalisent tout à coup qu'ils y sont entraînés et automatiquement, ils prononcent le nom du Seigneur. Ce n'est pas une affaire de chance. C'est l'occasion de chercher et de trouver ce que le Seigneur a de particulier pour nous.
Méd: Je n'ai pas voulu dire chance dans le sens de hasard, mais c'est un avantage, un événement heureux.
Mal: Je comprends, oui, c'est une expérience heureuse. C'est surprenant, ce que vous pouvez sentir cette expérience pendant une période de maladie comme celle-ci, quand d'autres prient pour vous et que vous vous rendez compte qu'ils prient pour vous. C'est une aide énorme pour moi, ce l'a été.

Aum: C'est intéressant, j'ai dit à la doctoresse, juste avant de venir ici au séminaire, que non seulement vous aviez fait l'expérience de gens qui se souviennent de vous, mais votre femme a aussi pu transmettre du courage à des personnes qui ont des parents en train de mourir, en leur proposant de prier pour eux.
Mal: C'est une autre chose que j'allais mentionner. Ma femme a beaucoup changé ces temps. Elle est devenue plus forte. Elle était très dépendante de moi. Je suis, vous l'avez probablement déjà remarqué, un individu très indépendant et je crois que j'assume mes responsabilités quand elles se présentent. Alors, elle n'a pas eu l'occasion, pour ainsi dire, de faire beaucoup de choses que d'autres femmes font, prendre soin des affaires de la famille et des choses de ce genre, ce qui l'a rendue très dépendante. Mais elle a beaucoup changé. Elle s'est approfondie et est plus forte.
Méd: Croyez-vous utile que nous ayons un entretien avec elle ou serait-ce trop pour elle?
Mal: Oh, je ne crois pas que cela aurait d'inconvénient. Elle est chrétienne et sait que le Seigneur est son Sauveur, elle le sait depuis son enfance. En fait, elle a été guérie comme enfant à un œil. Les spécialistes étaient disposés à l'envoyer à l'hôpital St Louis pour lui enlever l'œil à cause d'un ulcère. Elle a été guérie miraculeusement et dans cette guérison, elle a amené d'autres personnes, dont un médecin, à la foi au Seigneur. C'est une fervente méthodiste de toute façon, mais cette affaire a été l'élément de renforcement. Elle avait à peu près dix ans et l'expérience qu'elle a faite avec ce médecin a été l'élément de consolidation de toute sa vie.
Méd: Avant votre maladie, dans vos jeunes années, avez-vous eu un choc très dur ou une grande tristesse? De manière à pouvoir comparer entre ce temps-là et l'épreuve de maintenant?
Mal: Non, je me suis souvent demandé comment j'avais pu le faire. Je sais que c'est uniquement parce que le Seigneur m'a soutenu. Je n'ai jamais eu de grave épreuve. Certes, j'ai été combattant pendant la deuxième guerre mondiale. C'a été mon premier choc et la première fois de ma vie que j'ai réellement affronté, réellement compris que j'affrontais la mort en faisant ceci ou cela.
Méd: Je crois que nous allons finir, nous pourrons peut-être faire un saut chez vous.

Mal: J'en serais enchanté.
Méd: Merci d'être venu.
Mal: J'en ai eu beaucoup de plaisir.
Mme G., sa femme est venue en visite comme nous transportions son mari à travers le hall pour l'entretien. L'aumônier qui la connaissait pour l'avoir précédemment vue, lui expliqua brièvement ce que nous allions faire. Elle s'y intéressa et nous l'invitâmes à nous rejoindre un peu plus tard. Pendant l'entretien avec son mari, elle attendit dans la salle voisine et nous la fîmes entrer lorsqu'il regagna sa chambre. De sorte qu'elle eut peu de temps pour la réflexion et pour des pensées élaborées. (Nous essayons d'habitude de laisser un certain temps entre la demande d'entetien et l'entretien effectif pour donner aux personnes interrogées le temps de choisir en toute liberté).
Méd: Nous vous prenons un peu par surprise; vous venez rendre visite à votre mari et nous vous demandons un entretien de ce genre. Avez-vous parlé avec l'aumônier de ce que cela signifie?
Mme G: Oui, en quelque sorte.
Méd: Comment avez-vous pris la découverte de la maladie grave et tout à fait inattendue de votre mari?
Mme G: Je dois avouer que j'ai été renversée au premier moment.
Méd: Il était en bonne santé jusqu'à cet été?
Mme G: Oui, c'est exact.
Méd: Jamais malade, jamais de plaintes, rien?
Mme G: Si, se plaignant parfois de petites douleurs.
Méd: Et alors?
Mme G: Nous l'avons soigné et quelqu'un a suggéré une radio. Et puis il y a eu l'intervention chirurgicale. Et ce n'est vraiment qu'à ce moment-là que j'ai pris conscience que c'était grave.
Méd: Qui vous l'a dit et comment vous l'a-t-on dit?
Mme G: Notre médecin est un ami intime. Alors, avant d'entrer dans la salle d'opération, il m'a fait appeler et m'a dit que c'était possible que ce soit un cancer. J'ai dit: «Oh, non!» Il a dit: «Oui, je vous avertis». J'étais donc un peu préparée, mais à ce point seulement que quand on m'a dit que c'était grave, cela ne m'est pas entré dans la tête que c'était de mauvaises nouvelles. «Nous n'avons pas pu tout avoir» a dit le médecin. C'est la première chose que je me rappelle. J'ai été

bouleversée, parce que je pensais que ce ne serait plus très long. Un des médecins a parlé de trois ou quatre mois et comment pouvez-vous comprendre ça tout de suite? Alors la première chose que j'ai faite, j'ai prié. Pendant qu'il était sur la table d'opération, je priais, d'une manière très égoïste, que ce ne soit pas un cancer. Bien sûr, la voie de l'homme est telle. On voudrait que ce soit notre voie. Je n'ai eu la paix que quand j'ai remis tout ça entre les mains de Dieu. Bien sûr, le jour de l'opération a été un mauvais jour et cette longue nuit a été terrible. C'est au cours de cette nuit que j'ai vraiment trouvé la paix et que cela m'a donné du courage. J'ai trouvé plusieurs passages de la Bible qui m'ont donné des forces. Nous avons chez nous un autel de famille. Je dois dire que juste avant ces événements, nous apprenions un texte biblique et le répétions souvent. C'est dans Esaïe 33: 3 qui dit: «Viens à moi et je te montrerai de grandes choses que tu ne connais pas» et nous avons tous appris ça par cœur.
Méd: Avant que vous soyez au courant de cette maladie?
Mme G: Deux semaines avant, à peu près. Et cela m'a frappée et je n'ai cessé de le répéter. Et puis il y a eu des masses de passages de l'évangile de Jean qui se présentaient à moi. *Quoi que* vous demandiez en mon nom, je le ferai. Je voulais que ce soit la volonté de Dieu, mais ce n'est qu'à travers cela que je me suis trouvée moi-même. Je pouvais aller de l'avant, parce que nous avons été très attachés l'un à l'autre et nous avons eu ce fils unique. Il est parti pour le lycée. Les lycéens sont occupés de tant de choses, mais il a compris, il a avancé avec moi et nous avons littéralement cherché ensemble de l'aide dans les Ecritures. Il a prononcé de si belles prières avec moi et puis les gens de notre église ont été très très gentils. Ils venaient et nous proposaient divers textes biblique à lire ensemble. Je les ai relus très souvent, mais ils n'avaient jamais signifié ce qu'ils signifient pour moi maintenant.
Aum: Dans cette situation, ils semblaient résumer et exprimer vos sentiments.
Mme G: Chaque fois que j'ouvrais la Bible, il y avait là quelque chose, juste quelque chose qui me sautait aux yeux et qui me parlait. J'en suis arrivée au point de penser que maintenant, il y aurait peut-être quelque chose de bon qui en sortirait. C'est de cette manière que je voudrais prendre les choses et

je trouve jour après jour la force de faire face. Mon mari avait une grande foi et quand on lui a dit ce qu'il avait, il m'a dit: «Que ferais-tu si on te disait ça à toi, qu'il te reste de quatre à quatorze mois de vie?» Moi, je remettrais tout ça entre les mains de Dieu et j'aurais confiance en lui. Evidemment, au plan médical, je voulais que tout le possible soit fait pour lui. Et nos médecins nous ont dit qu'il n'y avait rien d'autre à faire, j'ai proposé le cobalt ou un autre genre de rayon-X ou de radiations, vous savez. Eux ne l'ont pas proposé, ils ont dit que c'était un cas mortel. Et mon mari n'est pas un type à lâcher prise. Alors, quand je lui en ai parlé, je lui ai dit: «Tu sais, Dieu, la seule manière qu'il a d'agir, c'est à travers des hommes et il inspire les médecins. Et je lui ai dit: nous avons vu ce petit article qu'un voisin nous a apporté et nous l'avons lu. Mais nous n'avons même pas consulté mon mari. J'en ai juste parlé aux médecins de l'hôpital.
Méd: Il y avait un article?
Mme G: Oui, dans un magazine, je crois qu'ils ont beaucoup de succès. Je sais que ce n'est pas un traitement, mais ils réussissent. J'ai pris contact. J'ai écrit une lettre et l'ai envoyée par exprès et il l'a reçue au bureau le samedi matin. Le secrétaire était absent, alors c'est lui qui m'a téléphoné. Il a dit: «J'ai été intéressé par votre lettre qui était très explicative, mais j'ai besoin d'un rapport microscopique. Vous pouvez l'obtenir de votre médecin et me l'envoyer comme vous m'avez envoyé votre lettre. Vous l'avez expédiée hier et je l'ai reçue ce matin.» C'est ce que j'ai fait. Il m'a appelé au téléphone et m'a dit: «Dès que je disposerai d'un lit – ils sont en train de réorganiser cette division – je vous ferai signe.» Et puis il dit maintenant: «Je ne puis pas vous faire trop de promesses, mais je ne crois pas à cette manière fataliste d'aborder le problème.» Evidemment, cela m'a paru merveilleux. On pouvait faire quelque chose d'autre que d'attendre la fin comme nos médecins le disaient.
Et puis tout a semblé aller très vite. Nous sommes arrivés en ambulance et je puis dire que le soir où ils l'ont examiné, ils ne nous ont pas laissé beaucoup d'espoir. Ils étaient même tentés de se défiler et de rentrer chez eux. De nouveau, j'ai prié pour cela. J'ai quitté l'hôpital ce soir-là pour aller loger chez des parents. Je ne savais pas ce que je retrouverais le

lendemain matin. Ils nous laissèrent réfléchir pour savoir s'il fallait entreprendre ce nouveau traitement. J'ai de nouveau prié et j'ai pensé qu'il fallait faire tout ce qui était possible. Je crois que c'est la décision de mon mari plus que la mienne. Le matin, quand je suis arrivée à l'hôpital, il avait repris le dessus: «Je continue». Ils ont dit qu'il perdrait un certain nombre de kilos et il en avait déjà tellement perdus à la suite de ses deux opérations. Je ne savais vraiment pas que faire. Mais je n'étais pas trop surprise, parce que je sentais que c'était la voie à suivre. Le traitement commencé, mon mari fut très très malade. Mais comme je l'ai dit, ils ne nous avaient fait aucune promesse, nous n'avions que ce petit rayon d'espoir que le traitement ferait diminuer la tumeur et que les intestins seraient libérés. Il y avait une obstruction intestinale seulement partielle et c'était une chance. Pendant tout ce temps, j'ai eu mes moments de découragement, mais j'ai parlé à divers malades de l'hôpital qui avaient été très gravement touchés. Et je crois que cela les encourage et leur fait voir combien les choses paraissent noires, vues de notre point de vue. Mais j'ai toujours cherché à tenir le coup, et je continue à avoir cette attitude. Je sais que la recherche continue dans ce domaine et je sais que l'Ecriture dit que rien n'est impossible à Dieu.
Méd: Bien que vous acceptiez l'issue, vous avez encore l'espoir que quelque chose surviendra.
Mme G: C'est ça.
Méd: Vous parlez en disant *nous,* nous avons été opérés, nous avons décidé de poursuivre... C'est que vous êtes réellement d'accord de tout faire ensemble.
Mme G: Je crois vraiment que s'il ne doit pas aller mieux, si c'est son heure, je crois que ce sera la volonté de Dieu.
Méd: Quel âge a votre mari?
Mme G: Il a eu cinquante ans, le jour de son entrée ici.
Aum: Diriez-vous que cette expérience vous a rapprochés?
Mme G: Certainement. Sans parler du reste, cela nous a fait dépendre entièrement de Dieu. Nous sommes terriblement vite prêts à ne compter que sur nous-mêmes, mais dans des moments comme ceux-là, vous découvrez que vous êtes vraiment peu de chose. J'ai appris à vivre au jour le jour et à renoncer aux projets. Nous avons aujourd'hui, mais ne possédons pas le lendemain. Et si c'est fatal pour mon mari, je sens que c'est

l'affaire de Dieu et, peut-être, par notre expérience, quelqu'un pourra avoir une foi plus grande et trouver plus de force en Dieu.

Aum: Avez-vous eu de bons rapports avec le personnel soignant? Je sais que vous avez de bons rapports avec d'autres malades, parce que nous avons parlé ensemble en essayant d'apporter un peu d'espoir aux parents de ces malades. J'ai assisté à certaines conversations. Cela m'a rappelé ce que vous disiez, il y a peu. Vous vous surprenez à parler aux autres avec optimisme. A quoi est-ce que cela ressemble ici, pour quelqu'un qui vient d'ailleurs? Quel genre de soutien avez-vous reçu de la part du personnel? Que comporte l'expérience d'un membre de la famille par rapport à quelqu'un qui est aussi proche de la mort que votre mari?

Mme G: Eh bien, puisque je suis infirmière, j'ai passablement parlé avec les infirmières. Je trouve qu'il y en a qui sont des vraies chrétiennes, très consacrées, qui pensent et disent que la foi en Dieu joue un rôle considérable, mais que la lutte, le fait de ne pas se laisser aller en a aussi un. Dans l'ensemble, je crois que j'ai pu parler avec elles. Elles ont été franches et accueillantes et j'aime ça. Je crois que les membres d'une famille sont moins désorientés si on leur explique et si on leur dit les faits, même si l'espoir est mince. Je crois que les gens l'acceptent. Je pense beaucoup de bien de l'hôpital, je pense qu'ils font une belle équipe.

Aum: Diriez-vous que c'est vrai non seulement pour vous, mais pour d'autres familles qui ont été ici?

Mme G: Oui.

Aum: Ils désirent savoir?

Mme G: Oui. Beaucoup de familles diront: Oh, ils sont très bien ici et s'ils ne savent pas, personne ne sait. C'est l'attitude que je rencontre, des gens qui sortent sous l'auvent et qui parlent à divers visiteurs. Ils disent que c'est un endroit magnifique.

Méd: Y a-t-il autre chose que nous pourrions améliorer?

Mme G: Je suppose que nous pourrions tous faire mieux. Je me rends compte qu'il y a insuffisance de soins d'infirmières. Je crois que parfois personne ne répond aux coups de sonnette quand il le faudrait réellement, mais dans l'ensemble je crois que c'est très général partout. On est à court, par rapport à

il y a trente ans, quand j'étais infirmière, ça a beaucoup changé. Mais je pense que les malades très graves sont l'objet d'attentions constantes sans qu'il y ait des infirmières spéciales.
Méd: Avez-vous quelque question? Mme G., qui a dit à votre mari la gravité de son mal?
Mme G: C'est moi qui lui en ai parlé la première.
Méd: Comment et quand le lui avez-vous dit?
Mme G: Trois jours après la première opération à l'hôpital, je le lui ai dit. En allant à l'hôpital, il m'avait dit: «Ecoute, si c'est un cancer, ne me cache rien.» J'ai répondu: «Je ne le ferai pas, mais ce n'en sera pas un.» Mais le troisième jour, notre ami médecin partait en vacances. C'était en juillet et je le lui ai dit. Alors il m'a regardé d'une certaine façon et j'ai dit: «Je pense que tu veux savoir ce qu'ils t'ont fait.» «Oh! m'a-t-il dit, personne ne me l'a dit.» J'ai dit: «Ils t'ont enlevé trente centimètres de côlon». Il a dit: «Trente centimètres?! Bon, alors ils ont dû le greffer sur du tissu sain.» Je n'ai rien ajouté jusqu'à notre retour à la maison. Et alors, je pense que c'était trois semaines après notre retour de l'opération, nous étions assis dans notre salon, rien que les deux et je lui ai dit. Il a répondu: «Bon, faisons pour le mieux de ce qui nous reste.» C'est son attitude. Après cela, pendant deux mois, il est retourné au cabinet de consultation pour travailler. Nous avons pris des vacances. Mon fils avait un congé de son lycée et nous nous somme rendus à Estes Park. Nous y avons passé une période agréable, il a même joué au golf.
Méd: Dans le Colorado?
Mme G: Oui. Mon fils y est né. C'est là que nous étions stationnés pendant le service militaire de mon mari. Nous aimons beaucoup ce lieu et y passons nos vacances presque chaque année. Et j'ai été si reconnaissante d'avoir encore cette fois ces semaines passées ensemble parce que nous en avons beaucoup joui. Une semaine après qu'il était retourné à son cabinet dentaire, il a commencé son occlusion intestinale. Et la tumeur qu'ils avaient opérée avait repris.
Méd: A-t-il complètement fermé son cabinet de consultation?
Mme G: Il ne l'a fermé que pour cinq semaines. Il y est retourné après sa première opération. Il l'a rouvert après nos vacances et puis il a tenu une semaine, en tout seize jours depuis son opération du 7 juillet.

Méd: Qu'en est-il actuellement de son cabinet de consultation?
Mme G: On vient de le fermer. La dame de réception prend les appels téléphoniques. Tout le monde demande quand il reprendra. Nous aussi, mais nous voudrions vendre et j'ai mis une annonce. C'est un mauvais moment de l'année pour le faire. Quelqu'un doit venir voir l'affaire ce mois. Et mon mari a été si malade, on l'a mis sur la liste des cas désespérés. Je ne veux pas le quitter, mais j'ai encore tant de choses à faire avant de rentrer à la maison. Mon fils revient de temps en temps.
Méd: Qu'étudie-t-il?
Mme G: Il a fini. Il avait commencé le propédeutique dentaire et a interrompu et en ce moment il s'occupe des choses de la maison. Comme j'ai dit, il a été régulier à l'école et après que son père est entré dans une phase critique, le conseil de faculté lui a donné quelques mois de délai. Il a donc à prendre une grave décision.
Méd: Je crois qu'il nous faut en rester là. Avez-vous des questions, Mme G.?
Mme G: Vous faites tout cela pour savoir si vous pouvez améliorer les choses?
Méd: Il y a beaucoup de raisons. La principale est de comprendre, grâce à ce que nous disent les malades graves, l'épreuve par laquelle ils passent. Quelles sortes de peurs, d'idées fantasques et de solitude ils connaissent, et comment les comprendre et les aider. Chaque malade que nous interrogeons ici a des problèmes de genre différent et des conflits dissemblables. De temps à autre, nous tenons à voir aussi la famille pour savoir comment elle aborde la situation et comment le personnel peut aider.
Mme G: Des personnes m'ont dit: «Je ne sais comment vous pouvez tenir le coup.» Comment, je n'en sais rien, je sais seulement que dans la vie de chacun, il y a la présence de Dieu et je l'ai toujours senti. J'ai fait mes études d'infirmière et j'ai toujours eu la chance de rencontrer de bons chrétiens. J'ai entendu et lu des choses différentes, même au sujet de vedettes cinématographiques. Si elles ont une foi et croient en Dieu, il semble qu'elles ont quelque chose qui les soutient. C'est ce que je crois et je pense qu'un mariage heureux est fondé là-dessus.

La femme du Dr G. donne une bonne description de la réaction d'un membre proche de la famille en apprenant la nouvelle inattendue d'un cancer mortel. Sa première réaction a été la stupeur, suivie d'une brève étape où elle niait l'évidence: «Non, ce ne peut pas être vrai!» Ensuite, elle cherche à découvrir une signification à ce bouleversement et trouve une consolation dans les Ecritures qui ont déjà été une source d'inspiration pour sa famille. Malgré son apparente acceptation, elle conserve elle aussi l'espoir (la recherche continue) et prie pour un miracle. Tandis que ce changement dans sa famille a approfondi son expérience religieuse, il lui a aussi permis d'acquérir plus d'indépendance et de compter davantage sur elle-même.

Le trait le plus frappant de ce double entretien est peut-être dans ces deux récits différents que nous avons entendus sur la manière dont le malade a été mis au courant. C'est quelque chose de typique et il faut le comprendre si nous ne voulons pas en rester aux apparences.

Le Dr G. explique comment son fils a beaucoup mûri et a fini par assumer ses responsabilités en lui faisant part de la mauvaise nouvelle. Il est manifestement fier de son fils, le voit sous les traits d'un homme adulte et mûri qui peut prendre des responsabilités quand le père devra quitter sa femme relativement dépendante. Mme G., de son côté, insiste sur le fait que c'est elle qui a eu le courage et la force de parler à son mari du résultat de l'opération, sans accorder à son fils le mérite d'avoir rempli cette tâche difficile. Elle s'est contredite à plusieurs reprises par la suite, de sorte qu'il semble peu probable que sa version soit la vraie. Toutefois, son désir d'avoir parlé à son mari dit aussi quelque chose sur ses besoins profonds. Elle veut être forte, avoir la capacité d'affronter l'épreuve et d'en parler. Elle veut être celle qui partage le meilleur et le pire avec son époux et qui cherche sa consolation et sa force dans l'Ecriture pour accepter ce qui doit survenir.

Une famille semblable sera secourue pour le mieux par un médecin rassurant qui peut dire que tout le possible sera fait et par un pasteur disponible qui visitera le malade et la famille aussi souvent que possible en faisant usage des ressources dont la famille s'est servie dans le passé.

VIII. Espoir

En une attente désespérée je vais cherchant après elle dans tous les coins de ma demeure; je ne la trouve pas.
Ma maison est petite, et ce qui une fois en est sorti jamais plus ne peut être ressaisi.
Mais immense est ton palais, mon Seigneur, et tandis que je cherchais après elle je suis parvenu devant ta porte.
Je m'arrête sous le céleste dais d'or de ton soir, et vers ton visage je lève mes yeux pleins de désir.
Je suis parvenu sur le bord de l'éternité d'où jamais rien ne se dissipe – nul espoir, nul bonheur, nul souvenir de visage entrevu à travers les larmes.
Oh! trempe dans cet océan ma vie creuse, plonge-la dans le sein de cette plénitude, et que cette caresse perdue, je la ressente enfin dans la totalité de l'univers.

Rabindranath Tagore, L'Offrande lyrique LXXXVII, p. 114–115

Jusqu'ici, nous avons abordé les différentes étapes que traversent ceux qui sont confrontés à des nouvelles tragiques – mécanismes de défense, en termes de psychiatrie, mécanismes de lutte pour faire face à des situations extrêmement difficiles. Ces moyens persisteront plus ou moins durablement, ils se substitueront les uns aux autres ou ils existeront pendant un certain temps côte à côte. La seule chose qui persiste d'habitude à travers toutes ces étapes, c'est l'espoir. Comme les enfants des barraques L 318 et L 417 du camp de concentration de Terezin ont conservé l'espoir, il y a bien des années, quoique sur 15 000 d'entre eux qui avaient moins de quinze ans, il n'y en ait guère eu plus d'une centaine qui devaient survivre.

Le soleil a jeté un voile d'or
si exquis que mon corps en a mal,
Là-haut, les cieux sont d'un bleu éclatant,
Et, convaincu, j'ai souri par mégarde.
Le monde est en fleurs et semble sourire.
Je voudrais voler, mais où, à quelle hauteur?
Si, dans les barbelés, des choses fleurissent,
Pourquoi ne le pourrais-je pas? Je ne mourrai pas!

1944, anonyme «On a Sunny Evening»

En écoutant nos malades parvenus à l'extrémité, nous avons toujours été impressionnés de voir que ceux qui étaient les plus consentants, les plus réalistes, laissaient la porte ouverte à la possibilité de guérir, à la découverte d'un nouveau remède, au «succès de dernière minute d'une recherche», comme le dit M. J. (dont les propos suivent dans ce chapitre). C'est cette vision fugitive de l'espoir qui les soutient pendant des jours, des semaines et des mois de souffrances. C'est ce sentiment que tout cela doit avoir un sens, que tout finira bien par être payant, s'ils peuvent tenir le coup un moment encore! L'espoir s'insinue par intervalle: Tout cela n'est au fond qu'un cauchemar, irréel; ils vont se réveiller un beau matin en entendant les médecins dire qu'ils vont essayer un nouveau remède plein de promesses, qu'ils vont le lui administrer, qu'il a été choisi, lui, ce malade spécial, comme le premier cas de transplantation du cœur doit avoir eu le sentiment de jouer un rôle privilégié dans la vie. Cela donne au malade grave l'impression qu'il a une mission spéciale à remplir, ce qui l'aide à reprendre courage, lui donne la force de supporter d'autres examens, à l'heure où tout est déjà si accablant – en un sens, c'est une raison légitimant leurs souffrances; pour d'autres, cela reste une forme de démenti temporaire, mais indispensable.

Quel que soit le nom qu'on lui donne, nous avons constaté que tous nos patients conservaient un peu de cet espoir et qu'ils s'en nourrissaient dans les moments particulièrement difficiles. Ils montraient la plus grande confiance dans les médecins qui leur permettaient d'espérer – à tort ou à raison – ils en jouissaient, lorsqu'au lieu de mauvaises nouvelles, c'était cet espoir qu'on leur proposait. Ce qui ne veut pas dire que les médecins doivent leur mentir; cela signifie simplement que nous partageons avec eux l'espoir que quelque chose d'imprévu peut arriver, qu'ils peuvent éprouver une détente, qu'ils vivront plus longtemps que prévu. Si un malade cesse d'exprimer son espoir, c'est généralement le signe d'une mort imminente. Ils peuvent dire: «Docteur, je crois que ça donne le tour» ou: «J'espère que c'est gagné» ou ils peuvent faire comme celui qui croyait toujours à un miracle et qui nous a reçus un jour en nous disant: «Je crois que c'est là le miracle – je suis prêt maintenant et je n'ai plus du tout peur.» Tous ces malades sont morts dans les vingt-quatre heures. Si nous les avons soutenus dans leur espoir, nous n'avons pas insisté sur l'espoir lorsqu'ils finissaient par l'abandonner, non par désespoir, mais parce qu'ils étaient parvenus à un stade d'acceptation finale.

Les conflits que nous avons rencontrés à propos de l'espoir provenaient de deux causes principales. L'une, la plus douloureuse, était la contagion du désespoir, venant soit du personnel, soit de la famille, au moment où le malade avait encore besoin d'espoir. La seconde source d'angoisse provenait de l'incapacité de la famille à admettre que le patient était à sa dernière étape; la parenté s'accrochait éperdument à l'espoir alors que le malade lui-même était prêt à mourir et percevait l'incapacité de sa famille à admettre ce fait (les cas de Mme W. et de M. H. l'illustrent).

Qu'en est-il du malade à «syndrome pseudo-terminal» qui a été abandonné par son médecin et qui – après avoir reçu le traitement approprié – reprend vie? Implicitement ou explicitement, ces patients ont été «rayés». On a pu leur dire: «Nous ne pouvons plus rien pour vous» ou on les a renvoyés à la maison, parce qu'on s'attendait tacitement à leur mort imminente. Lorsque ces malades sont traités selon la thérapeutique la plus idoine, ils sont capables de considérer leur retour à la vie comme «un miracle», «un nouveau bail avec la vie» ou «un répit que je n'avais pas demandé», selon la manière dont on les avait traités et les communications qu'on avait eu avec eux antérieurement.

Le message pertinent que communique le Dr Bell* est de donner à chaque malade la chance du traitement le plus efficace possible en ne considérant pas le patient gravement atteint comme perdu en l'abandonnant à lui-même. J'ajoute que nous ne devons pas «abandonner» un malade, qu'il soit ou ne soit pas inguérissable. C'est celui qui est déjà au-delà de tout secours médical qui a besoin d'autant, sinon de plus de soins que celui qui peut espérer un autre dénouement. Si nous renonçons à lutter pour tel ou tel patient, il peut s'abandonner lui-même et tout secours médical ultérieur arrivera trop tard, parce qu'il ne sera plus prêt, il n'aura plus l'esprit dispos pour un «recommencement». Il est bien plus important de dire: «A mon

---

* Dr. Bertrand Bell, «Pseudo-Terminal Patients Make Comeback.» *Medical World News* (12 août 1966), p. 108–109.

avis, j'ai fait tout mon possible pour vous aider. Mais je continuerai à vous épargner le plus possible la souffrance». Ce malade-là continuera à garder l'espoir et à considérer son médecin comme un ami qui tiendra le coup avec lui jusqu'au bout. Il ne se sentira pas abandonné et solitaire lorsque le médecin estimera qu'aucune guérison n'est plus possible pour lui.

La majorité de nos patients ont vécu un retour à la vie, d'une manière ou de l'autre. Beaucoup d'entre eux avaient abandonné tout espoir de pouvoir seulement communiquer leurs soucis à quelqu'un. Beaucoup d'entre eux se sentaient seuls et abandonnés, la plupart avaient le sentiment d'être frustrés, parce qu'on les privait de l'occasion de faire entendre leur avis dans les décisions capitales. A peu près la moitié de nos malades étaient renvoyés chez eux ou dans une clinique, pour être de nouveau admis peu après. Ils ont tous dit combien ils avaient apprécié la possibilité de nous faire part de leurs inquiétudes sur la gravité de leur mal, ainsi que de leurs espoirs. Ils n'ont pas estimé que la discussion sur la mort et l'agonie était prématurée ou contredisait leur «retour à la vie». Avant de nous quitter, de nombreux malades nous ont dit leur plaisir et leur réconfort de rentrer chez eux après avoir vu plus clair dans leurs anxiétés. Plusieurs ont même demandé un rendez-vous avec leur famille en notre présence avant de rentrer à la maison, pour laisser tomber la façade et jouir tous ensemble des quelques dernières semaines qui restaient.

Il serait bien utile que beaucoup plus de personnes sachent parler de la mort et de l'agonie comme d'une partie inhérente de la vie, exactement comme elles n'hésitent pas à parler d'une femme qui attend un enfant. S'il en était ainsi plus souvent, nous n'aurions pas à nous demander s'il convient d'aborder ce sujet avec un malade ou s'il faut attendre l'heure de la confession. Comme nous ne sommes pas infaillibles et ne savons jamais si c'est cette heure-là qui sonne, ce n'est guère qu'en nous réfugiant derrière de fausses excuses que nous nous permettons d'éviter ce thème.

Nous avons vu plusieurs malades déprimés, dotés d'une incapacité morbide à communiquer, jusqu'à ce que nous ayons parlé ensemble du stade final de leur maladie. Leur esprit était éclairé, ils recommençaient à manger, et certains d'entre eux ont pu rentrer chez eux à la grande surprise de leur famille et du personnel soignant. Je suis convaincue que nous faisons plus de mal en esquivant le sujet qu'en prenant du temps, en choisissant le moment, en nous asseyant, en écoutant, en participant.

Je parle de choisir le moment, car les malades ne diffèrent pas des autres êtres; nous avons tous nos moments où nous avons envie de parler de ce qui nous tourmente et d'autres instants où nous avons envie de penser à des choses plus agréables, qu'elles soient réelles ou imaginaires. Tant que le patient sait que nous prendrons le temps nécessaire quand *il* aura envie de parler, quand nous saurons percevoir qu'il le suggère, nous pouvons affirmer que la majorité des malades souhaitent partager leurs soucis avec un autre être humain et qu'ils réagiront à ces dialogues par un apaisement et un regain d'espoir.

Si ce livre n'a d'autre effet que de sensibiliser les membres de la famille de malades qui sont au terme de leur vie et le personnel hospitalier aux communications implicites des mourants, il aura largement rempli sa mission. Si nous, membres de professions vouées à aider autrui, nous pouvons aider le malade et sa famille à harmoniser leurs soucis respectifs en parvenant ensemble à accepter une réalité inévitable, nous pouvons contribuer à éviter une agonie et une souffrance bien inutiles chez le mourant et même dans la famille qu'il laisse derrière lui.

L'entretien qui suit, avec M. J., constitue un exemple de période d'angoisse et montre – parfois de manière déguisée – le phénomène de l'espoir perpétuellement présent.

M. J. était un Noir de cinquante-trois ans qui avait été hospitalisé pour une mycose fongoïde, une affection maligne de la peau qu'il décrit en détail dans l'entretien. Cette maladie l'obligea à avoir recours à l'assurance maladie et elle a pour caractère de passer par des états de rechute et de rémission.

Lorsque je lui rendis visite, la veille d'une séance de séminaire, le malade se sentait seul et était d'humeur loquace. Il rendit compte avec verve et de manière très colorée des divers aspects de cette affection désagréable. Il me fut difficile de le quitter et il me rappela à plusieurs reprises. Mais à l'encontre de cette entrevue imprévue, il témoigna d'une beaucoup plus grande contrariété, voire même d'angoisse pendant la séance, derrière le miroir transparent*. La veille de la séance, il avait provoqué la discussion sur la mort et l'agonie, alors que pendant la séance, il déclara: «Je ne pense pas à la mort, mais à la vie».

Je ne le mentionne que parce que cela concerne notre aide aux patients qui sont à fin de vie: ils ont des jours, des heures ou des minutes pendant lesquels ils ont envie de parler de ces choses. Comme M. J. la veille, ils exposent de plein gré leur philosophie de la vie et de la mort, au point que nous pouvons les prendre pour des patients idéaux pour une séance d'information médicale. Nous avons tendance à ignorer le fait que le même malade peut avoir envie le lendemain de ne parler que des aspects agréables de la vie; nous devons respecter cette envie. Nous ne l'avons pas fait pendant l'entretien, parce que nous essayions de récupérer quelques-unes des matières significatives qu'il nous avait exposées la veille.

Je dois dire qu'il y a là un danger, surtout lorsque l'entretien est inséré dans un programme d'enseignement. Questions et réponses contraintes, ne profitant qu'aux étudiants, devraient être bannies de ce genre d'entretien. La personne devrait toujours passer avant tout et les désirs du patient devraient toujours être respectés, même si cela aboutit au rassemblement d'une classe de cinquante étudiants, sans malade à présenter.

Le médecin: M. J., pour commencer, combien de temps avez-vous passé à l'hôpital?
Le malade: Cette fois-ci, depuis le 4 avril de cette année.
Méd.: Quel âge avez-vous?
Mal: Cinquante-trois ans.
Méd: Etes-vous au courant de ce que nous faisons dans ce séminaire?
Mal: Oui. Vous voulez me poser des questions?
Méd: Oui.
Mal: Bien, allez-y dès que vous serez prêt.
Méd: Je voudrais me faire une meilleure idée de vous, parce que je sais très peu de choses sur vous.

---

* Littéralement: miroir à sens unique, qui refléchit l'image d'un côté, mais est transparent pour les observateurs placés de l'autre côté (miroir sans tain). (N.d.T.)

Mal: Je comprends.
Méd: Vous avez été en bonne santé, vous êtes marié, vous travaillez,...
Mal: C'est exact. J'ai trois enfants.
Méd: Trois enfants. Quand êtes-vous tombé malade?
Mal: Eh bien, j'ai cessé de travailler en 1963. Je crois que les premiers effets de la maladie remontent à 1948 à peu près. J'ai commencé par de petites éruptions au sein gauche et sous l'omoplate droite. D'abord, ce n'était rien de plus que ce que tout le monde a au cours de sa vie. J'ai employé les pommades habituelles, lotion de calamine, vaseline et différentes choses qu'on achète à la pharmacie. Je ne m'en faisais pas beaucoup. Mais progressivement, je dirais, vers 1955, la partie inférieure de mon corps à été atteinte, d'ailleurs dans une faible mesure. C'était une sorte de sécheresse écailleuse qui s'installait et j'ai utilisé pas mal de pommades grasses et des choses comme ça pour rester moite et me sentir aussi bien que possible. J'ai continué à travailler. En fait, pendant certaines périodes, j'avais deux métiers, parce que ma fille allait au lycée et que je voulais qu'elle puisse le terminer. Ainsi, je dirais vers 1957, c'est devenu si gênant que j'ai commencé à aller chez différents médecins. J'ai été chez le D^r^ X pendant environ trois mois et il n'a obtenu aucune amélioration. Les visites ne coûtaient pas cher, mais les ordonnances atteignaient quinze à dix-huit dollars par semaine. Quand on doit élever une famille de trois enfants avec un salaire de manœuvre, même si on a deux métiers, on ne peut pas tenir longtemps dans cette situation. Je suis allé dans une clinique où ils ont fait un examen superficiel qui ne m'a pas satisfait. Je n'ai pas voulu retourner chez eux. J'ai été à droite et à gauche, me sentant de plus en plus misérable jusqu'à 1962. Le Dr Y. m'a admis à l'hôpital de P. J'y ai été près de cinq semaines et rien ne s'est produit, je suis parti et finalement je suis retourné dans la première clinique. A la fin, en mars 1963, on m'a admis dans cet hôpital. J'étais si mal en point que j'ai dû m'arrêter de travailler.
Méd: C'était en 1963?
Mal: Oui.
Méd: Aviez-vous la moindre idée de ce que vous aviez comme maladie à ce moment-là?

Mal: Je savais que c'était une mycose fongoïde et tout le monde le savait aussi.
Méd: Depuis combien de temps saviez-vous le nom de votre maladie?
Mal: Eh bien, je m'en doutais depuis un certain temps, mais ça a été confirmé par une biopsie.
Méd: Il y a longtemps?
Mal: Non, seulement quelques mois avant que le diagnostic positif ait été posé. Seulement ça vous met dans un certain état et vous lisez tout ce qui vous tombe sous la main. Vous écoutez tout, vous apprenez les noms des différentes maladies. Et dans tout ce que j'ai lu, la mycose fongoïde était ce qui coïncidait le mieux avec mon affaire et finalement j'en ai eu confirmation et j'ai été comme assommé. Mes chevilles commençaient à enfler, j'était tout le temps en transpiration, affreusement malheureux.
Méd: C'est ce que vous voulez dire par «j'ai été comme assommé»? Que vous vous sentiez si malheureux? C'est cela que vous voulez dire?
Mal: Bien sûr. J'étais affreusement malheureux; ça me démangeait, je pelais, je transpirais, mes chevilles me faisaient mal, quoi, un homme complètement, totalement misérable. Alors, bien sûr, à ces moments-là, vous vous aigrissez un peu. Je veux dire qu'on se demande pourquoi ça nous arrive à nous. Et puis on retrouve son bon sens et on se dit: «Ben quoi, tu ne vaux pas plus qu'un autre, pourquoi pas toi?» Comme ça, vous pouvez vous réconcilier avec vous-même, parce que tous les gens que vous voyez, vous commencez à regarder leur peau. Vous regardez s'ils ont quelque tache, un signe de dermite, simplement parce que tout votre intérêt dans la vie, c'est de voir s'ils ont des défauts, des taches, pour savoir quels sont ceux qui souffrent d'une maladie semblable, comprenez-vous? Je pense aussi que les gens vous regardent parce que vous êtes très différents d'eux dans votre aspect –
Méd: Parce que c'est une sorte de maladie visible.
Mal: Parce que c'est un genre de mal bien visible.
Méd: Que signifie cette maladie pour vous? Pour vous, qu'est-ce que la mycose fongoïde?
Mal: Ça signifie pour moi que jusqu'ici, on n'a guéri personne. On a obtenu des rémissions pendant un certain temps, pour des

périodes indéterminées. Pour moi, ça signifie que quelque part, quelqu'un fait des recherches. Il y a bon nombre de types intelligents qui travaillent sur cette affaire. Ils peuvent découvrir un remède au cours d'un travail sur quelque chose d'autre. Et ça veut dire pour moi que je grince des dents et que je passe mes journées à espèrer qu'un beau matin je m'assiérai sur mon lit et que le docteur sera là et me dira: «Je vais vous faire une piqûre», et ce sera quelque chose comme un vaccin ou autre chose, et en peu de jours, tout ça sera parti.
Méd: Quelque chose qui fait de l'effet!
Mal: Je pourrai retourner travailler. J'aime mon travail, parce que je travaille comme surveillant.
Méd: Que faisiez-vous?
Mal: En fait, j'étais chef d'équipe général du bureau de poste principal en ville. J'ai peu à peu réussi à être responsable de tous les chefs d'équipe. J'avais sept ou huit chefs d'équipe qui me rendaient leurs comptes chaque soir. Plutôt que de n'avoir affaire qu'aux employés, je m'occupais plus ou moins du fonctionnement. J'avais de belles perspectives d'avancement, parce que je connaissais mon métier et que je l'aimais. Je n'ai jamais rechigné sur le temps passé à travailler. J'aidais toujours ma femme quand les gosses se préparaient. Nous espérions qu'ils seraient bientôt hors d'affaire et que nous pourrions peut-être jouir des choses dont nous avions entendu parler ou que nous avions lues.
Méd: Quoi, par exemple?
Mal: Voyager un peu, je veux dire que nous n'avons jamais eu de vacances. Notre premier bébé était un prématuré et nous étions sur la corde raide pour longtemps. La petite avait soixante-et-un jours quand on l'a ramenée à la maison. J'ai encore un sac plein de quittances de l'hôpital chez moi. J'ai payé sa note deux dollars par semaine et à cette époque, on ne faisait pas plus de dix-sept dollars par semaine. Je sautais dans le train en courant apporter à l'hôpital deux bouteilles de lait de ma femme, je reprenais deux bouteilles vides, je retournais à la gare et j'allais à mon travail en ville. Je travaillais toute la journée et je rapportais les bouteilles vides à la maison, le soir. Elle avait assez de lait, je crois, pour tous les petits prématurés de l'hôpital. Nous leur en avons fourni abondamment et cela veut dire pour moi que nous avons surmonté tous

les coups durs. Je voudrais être bientôt sur une feuille de salaires où on n'a plus à compter chaque centime. Ça signifie pour moi que nous voudrions pouvoir envisager des vacances prévues au lieu de dire que nous ne pouvons aller nulle part, parce que le gosse a besoin du dentiste ou quelque chose comme ça. Voilà ce que tout ça signifie pour moi. Quelques bonnes petites années de vie plus ou moins tranquille.
Méd: Après une longue vie de dures peines.
Mal: Bah, la plupart des gens ont à combattre plus longtemps et plus durement que moi. Je n'ai jamais considéré ça tellement comme un combat. J'ai travaillé dans cette fonderie et on travaillait à la pièce. Je pouvais travailler comme un démon. J'avais des copains qui venaient chez moi et disaient à ma femme que je travaillais trop. Bien, elle me tournait autour à cause de ça et je voulais lui dire que c'était de la jalousie si on travaille avec des gens qui ont des muscles et qu'on ne veut pas qu'ils en aient plus que vous et je le lui ai dit très clairement, parce que partout où j'allais travailler, je travaillais. Et quand il y avait de l'avancement, j'y allais, quelque sorte d'avancement que ce soit. Effectivement, on m'a appelé au bureau, là où je travaillais, et ils m'ont dit que s'ils nommaient un contremaître de couleur, ce sera vous. J'ai été estomaqué pendant un moment, mais quand je suis sorti – ils avaient dit *si* – ça pouvait être n'importe quand entre aujourd'hui et l'an deux mille. Ça m'a dégonflé un peu d'avoir à travailler dans ces conditions. Mais rien n'était trop dur pour moi à cette époque. J'avais beaucoup de force, j'avais ma jeunesse et j'étais sûr de pouvoir faire n'importe quoi.
Méd: Dites-moi, M. J., maintenant que vous n'êtes plus ce jeune homme et que vous ne pouvez peut-être plus faire toutes ces choses, comment prenez-vous tout ça? Vraisemblablement, il n'y a pas de docteur qui se tienne prêt, avec une piqûre ou un remède médical.
Mal: C'est vrai. Vous apprenez comment il faut prendre ces choses. Vous prenez d'abord conscience que peut-être vous n'irez plus jamais bien.
Méd: Et qu'est-ce que ça vous fait?
Mal: Ça vous secoue, vous essayez de ne pas penser à des trucs comme ça.
Méd: Ça vous arrive d'y penser?

Mal: Et puis comment! Y a une masse de nuits où je ne dors pas bien. Je pense à un million de choses pendant la nuit. Mais on n'insiste pas sur ces choses. J'ai eu la vie belle comme gosse et ma mère vit encore. Elle sort assez souvent pour venir me voir ici. Je peux toujours retourner en arrière dans ma tête et tomber sur un incident qui est arrivé. On avait l'habitude de prendre le tacot et de voyager dans notre coin. On a fait tout un tas de voyages à l'époque où il y avait peu de routes pavées et où les autres routes étaient boueuses. On arrivait quelque part, on enfonçait dans la boue jusqu'aux moyeux et il fallait pousser ou tirer ou quelque chose comme ça. Oui, je pense que j'ai eu une vraiment bonne enfance, mes parents étaient très bons. Il n'y avait pas de rudesse ou de mauvais caractère à la maison. C'était une vie bien agréable. Je pense d'après tout ça et je constate que j'ai eu une rude veine parce qu'il y a bien peu d'hommes dans ce monde qui ait autre chose que de la misère. Je regarde autour de moi et je trouve que j'ai eu ce que j'appelle quelques jours de boni.
Méd: Ce que vous dites, c'est que vous avez eu une vie bien remplie, mais tout cela rend-il la mort plus facile?
Mal: Je ne pense pas à la mort. Je pense à vivre. Je pense, vous savez, j'avais l'habitude de dire aux gosses, qui grandissaient, et je leur dirais encore ça maintenant, faites de votre mieux en toutes circonstances et je leur ai dit bien souvent, vous pouvez encore tout perdre. Je leur ai dit: Rappelez-vous, dans cette vie, faut avoir de la veine. C'est une expression que j'employais. Et je me suis toujours considéré comme un veinard. Je regarde en arrière et je pense à tous les gas qui ont été à côté de moi et qui sont en tôle dans diverses prisons ou des endroits comme ça. J'ai eu autant de chances qu'eux, mais je n'y ai pas trempé. Je me suis toujours tenu à l'écart quand ils commençaient à faire quelque chose qui n'était pas régulier. J'ai eu pas mal de disputes à cause de ça, ils pensaient qu'on a peur. Mais il vaut mieux faire gaffe dans ces trucs et se battre pour ce qu'on croit, alors faut y aller et dire: «Je marche». Parce que, fatalement, tôt ou tard, vous êtes impliqué dans quelque chose qui vous lance dans une vie que vous ne pouvez plus redresser. Oh, ils disent, vous pouvez vous en tirer en vous défilant etc., mais vous êtes quand même pointé et à la première affaire qui se passe dans votre quartier, quel que soit

votre âge, ils vous attrapent et ils veulent savoir où vous étiez telle ou telle nuit. J'ai eu la chance de me tenir à l'écart de tout cela. Alors, quand je vois tout ça, je peux dire que j'ai eu de la chance et je projette ça un peu en avant. J'ai encore un petit peu de chance. Je veux dire que j'ai eu une rude veine, comme vous pourriez dire, de sorte que tôt ou tard ce truc va se tasser et ce sera le jour où je m'en irai d'ici et où les gens ne me reconnaîtront même plus.

Méd: Est-ce cela qui vous a préservé du désespoir?

Mal: Rien ne vous préserve de tomber dans le désespoir. Sans parler même de la manière dont vous vous trouvez arrangé, vous attrapez la débine. Mais je veux dire que c'est ce qui m'a évité de craquer. Vous allez quelque part où vous ne pouvez pas dormir et après un moment, vous le combattez. Plus durement vous le combattez, plus durement il vous assaille, parce que ça peut vraiment devenir une bataille physique. Vous vous mettez à transpirer exactement comme si vous faisiez des exercices physiques, mais tout ça, c'est mental.

Méd: Comment le combattez-vous? La religion vous aide-t-elle? Ou certaines personnes vous viennent-elles en aide?

Mal: Je ne me considère pas moi-même comme un homme particulièrement religieux.

Méd: Qu'est-ce qui vous donne la force de vivre ainsi depuis vingt ans? N'est-ce pas à peu près vingt ans?

Mal: Oui, je crois que la source de notre force vient de tant de coins différents que ce serait rudement difficile à expliquer. Ma mère a une foi solide et profonde. Quels que soient mes efforts, je sens bien que je suis loin derrière elle. Je dirai donc que c'est l'aide de ma mère. Ma femme a une foi solide et profonde, c'est aussi avec l'aide de ma femme. Mes sœurs, il semble toujours que ce sont les femmes dans la famille qui ont la religion la plus profonde et ce sont elles, je crois, qui sont les plus sincères dans leurs prières. Pour moi, le type moyen, quand il prie, réclame quelque chose. Toujours eu trop d'orgueil pour demander réellement quelque chose. Je pense que c'est peut-être pour ça que je ne peux pas mettre toute ma conviction dans ce que je dis maintenant. Je ne peux pas donner libre cours à tous mes sentiments dans cette direction, je crois.

Méd: Qu'avez-vous eu comme base religieuse, catholique ou protestante?

Mal: Je suis catholique maintenant, je suis un catholique converti. Un de mes parents était baptiste, l'autre méthodiste. Ils y croyaient.
Méd: Comment êtes-vous devenu catholique?
Mal: Il me semblait que ça correspondait à l'idée que je me faisais d'une religion.
Méd: Quand avez-vous fait ce changement?
Mal: Quand les gosses étaient petits. Ils allaient dans des écoles catholiques. Au début des années 50, je crois.
Méd: Est-ce qu'il y a un rapport quelconque avec votre maladie?
Mal: Non, parce qu'à l'époque, ma peau ne me tourmentait pas trop et je pensais que dès que j'aurais eu l'occasion de m'installer et d'aller chez le docteur, ce serait terminé, vous voyez?
Méd: Ah!
Mal: Mais ça n'est jamais arrivé.
Méd: Votre femme est-elle catholique?
Mal: Oui. Elle s'est convertie en même temps que moi.
Méd: Hier, vous m'avez dit quelque chose. Je ne sais si vous voulez en reparler. Je crois que ce serait utile. Quand je vous ai demandé comment vous preniez tout ça, vous m'avez donné toute la gamme des possibilités par lesquelles un homme peut passer – en finissant par penser au suicide et vous m'avez dit pourquoi ce n'était pas possible pour vous. Vous avez aussi mentionné une manière de voir fataliste, pouvez-vous répéter tout ça?
Mal: Eh bien, j'ai dit que j'ai eu une fois un docteur qui m'a dit: «Je ne pourrais pas, je ne sais pas comment vous supportez ça. Moi, je me tuerais.»
Méd: C'était un médecin qui a dit ça?
Mal: Oui. Alors j'ai dit que me tuer est hors de question parce que je suis trop lâche pour me tuer. Ça élimine une possibilité et je n'ai pas besoin d'y penser. J'ai fini par débarrasser mon esprit de tout ce qui l'embarrasse, de sorte que j'ai de moins en moins de choses à réfléchir. Ainsi, j'ai éliminé l'idée du suicide en éliminant l'idée de mort. Alors je suis arrivé à la conclusion que, eh bien, vous êtes là maintenant. Vous pouvez tourner votre visage face au mur ou vous pouvez pleurer. Ou vous pouvez essayer d'attraper n'importe quel petit plaisir ou

amusement dans votre vie en regardant votre situation. Et certaines choses se passent. Vous pouvez regarder un bon programme de télévision ou écouter une conversation intéressante et après quelques minutes, vous ne vous rendez plus compte que ça démange et que vous ne vous sentez pas bien. Toutes ces petites choses, je les appelle mes bénéfices et je m'imagine que si je peux avoir assez de bénéfices à la fois un de ces jours, tout deviendra bénéfice et que ça s'étendra à l'infini et que chaque jour sera un bon jour. Alors je ne m'en fais pas trop. Quand j'ai des sentiments malheureux, je tâche de me distraire plus ou moins ou j'essaye de dormir. Parce qu'après tout, le sommeil est le meilleur remède qui ait jamais été inventé. Parfois, je ne dors même pas, je reste simplement étendu tranquillement. Vous apprenez à subir ces choses, que faire d'autre? Vous sautez en l'air, vous hurlez, vous gueulez, vous pouvez vous cogner la tête contre le mur, mais en faisant tout ça, vous avez encore des démangeaisons, vous êtes encore misérable.
Méd: Est-ce la démangeaison qui vous semble la pire chose dans votre maladie? Avez-vous des douleurs?
Mal: Jusqu'ici les démangeaisons ont été le pire, mais depuis peu la plante de mes pieds est si douloureuse que c'est comme une torture de mettre mon poids dessus. Je dirais que jusqu'ici les démangeaisons, la sécheresse, les écailles de peau ont été mes principaux problèmes. C'est une guerre personnelle contre ces écailles. C'est une curieuse affaire. Votre lit est plein de ces écailles et vous donnez un coup de brosse, comme ça et d'ordinaire, toutes sortes de débris s'envolent. Les écailles sautent sur place comme si elles avaient des griffes et c'est un effort épuisant.
Méd: Pour s'en débarrasser?
Mal: Pour s'en débarrasser, parce qu'elles vous attaquent jusqu'à ce que vous soyez immobilisé. Vous êtes épuisé et vous regardez et elles sont encore là. Alors je pense même à un petit aspirateur pour me nettoyer. Rester propre devient pour moi une obsession, parce que pendant que vous prenez un bain et que vous avez tous ces trucs collants sur vous, vous ne vous sentez pas propre. Alors vous avez tout de suite le sentiment que vous avez besoin d'un autre bain. Vous pourriez passer votre vie à vous baigner et à sortir du bain.

Méd: Qui est-ce qui vous aide le plus dans ce malheur? Depuis que vous êtes à l'hôpital, M. J.?
Mal: Qui m'aide le plus? Je dirais que vous ne pouvez rencontrer personne par ici, tout le monde va au devant de mes besoins et m'aide. Ils font des tas de choses que je n'aurais pas pensées. Une des filles a remarqué que mes doigts me faisaient mal et que j'avais de la peine à allumer une cigarette. Je l'ai entendu dire aux autres infirmières: «Quand vous passez par ici, vous vérifiez s'il n'a pas besoin d'une cigarette». Quoi, il n'y a rien à redire là-dessus.
Méd: Elles s'occupent vraiment de vous.
Mal: Voyez-vous, c'est un sentiment merveilleux, mais partout où j'ai été et pendant toute ma vie, les gens ont été gentils pour moi. J'en suis profondément reconnaissant. J'en suis humblement reconnaissant. Je n'ai jamais changé ma manière, je ne crois pas que je sois un bienfaiteur. Mais je puis trouver beaucoup de gens dans cette ville qui peuvent dire que je les ai aidés à faire leur travail. Je ne sais pas pourquoi, c'était simplement en moi de mettre les gens à leur aise. Je faisais l'effort d'aider quelqu'un à s'organiser. Et je peux trouver beaucoup de gens qui ont dit à d'autres comment je les ai aidés. Mais du même coup, tous ceux que j'ai connus m'ont aidé. Je ne crois pas avoir d'ennemi dans le monde. Je ne crois pas connaître quelqu'un dans le monde qui me veuille du mal. Mon compagnon de chambre de l'école était ici il y a quelques années. Nous avons parlé de l'époque où nous étions ensemble en classe. Nous nous sommes rappelés le dortoir, quand à toute heure du jour, quelqu'un proposait d'aller mettre sens dessus dessous la chambre de tel ou tel. Et ils descendaient et vous jetaient physiquement hors de votre chambre. Bon jeu brutal et sain, rosse, mais bonne blague. Et il racontait à son fils comment nous nous tenions à l'écart de ces types et comment nous les entassions comme du bois mort. Et nous les empilions littéralement dans le hall, de sorte qu'ils n'ont jamais mis notre chambre sens dessus dessous. Nous avions un camarade avec nous qui faisait partie de l'équipe des coureurs et il courait les quatre cents mètres. Avant que cinq types aient passé la porte, il sortait et traversait le hall qui avait près de soixante-dix mètres de long. Personne ne pouvait le rattraper une fois qu'il était parti. Aussi, avant qu'il soit revenu,

nous avions tout remis en ordre, débarrassé la chambre et tout et nous étions tous retournés au lit.
Méd: Est-ce là un des bénéfices auxquels vous pensez?
Mal: Je repense à tout ça et à toutes les sottises que nous avons faites. Certains types sont montés une nuit et la chambre était froide. Nous nous demandions qui pourrait supporter le plus grand froid et naturellement chacun de nous savait qu'il pourrait supporter le grand froid. Nous avons décidé d'ouvrir la fenêtre. Il n'y avait pas de chaleur qui venait d'en bas et dehors, il faisait près de 10 ° sous zéro. Je me rappelle que j'avais un de ces passe-montagne de laine, deux paires de pyjamas, un maillot, deux paires de chaussettes. Je pense que tous en avaient fait autant. Mais quand nous nous sommes réveillés le matin, tout, les vitres et tout ce qu'il y avait dans la chambre était absolument gelé. Et les parois que vous touchiez, vous pouviez tout juste y rester collé, c'était gelé. Il a fallu quatre jours pour dégeler cette chambre à coucher et la réchauffer un peu. Je pense que c'est le genre de sottise que vous feriez. Parfois, quelqu'un me regarde et voit un sourire sur ma figure et pense que le type est toqué et qu'il finit par craquer. Mais c'est seulement quelque incident auquel je pense et cela m'amuse. A présent, vous me demandiez hier quelle était la chose principale que les docteurs et les infirmières pourraient faire pour aider un malade. Ça dépend pour beaucoup du patient. Ça dépend beaucoup de la manière dont il est malade. Si vous vous sentez vraiment très mal, vous n'avez pas envie qu'on vous dérange. Vous voudriez simplement rester couché, n'avoir personne qui s'agite près de vous, qui prenne votre pression sanguine ou votre température. Je veux dire qu'il semble que chaque fois que vous vous détendez, quelqu'un a quelque chose à vous faire. Je pense que docteurs et infirmières devraient nous déranger le moins possible. Parce que dès l'instant où vous vous sentez mieux, vous levez la tête et vous vous intéressez à des choses. Et c'est le moment qu'ils choisissent pour entrer et commencer graduellement à vous encourager et à vous cajoler.
Méd: Mais, M. J., quand les gens très malades sont laissés à eux-mêmes, ne sont-ils pas plus misérables et plus effrayés?
Mal: Je ne crois pas. Il ne s'agit pas de les laisser seuls, je ne veux pas dire qu'il faut isoler ces gens ou quelque chose comme

ca. Je veux dire que vous êtes là, dans la chambre, vous vous détendez tranquillement et voilà quelqu'un qui vient regonfler vos oreillers et vous n'avez aucun besoin de ça à ce moment. Votre tête repose doucement. Ils pensent à bien, alors vous laissez faire. Et puis, quelqu'un d'autre vient vous demander: «Voulez-vous un verre d'eau?» Alors quoi, si vous aviez besoin d'un verre d'eau, vous pourriez en demander un, mais ils viennent vous verser un verre d'eau. Ils font ça par pure bonté de cœur, en cherchant à vous réconforter. Ce qui n'empêche que dans certaines conditions, si tout le monde vous ignorait – à ce moment-là – vous vous sentiriez bien mieux.

Méd: Voudriez-vous qu'on vous laisse tranquille et seul, maintenant?

Mal: Non pas tellement, la semaine dernière, j'ai...

Méd: Non, je pense, maintenant, pendant cet entretien. Cela vous fatigue-t-il?

Mal: Oh, vous savez, fatigué, je pense que je n'ai rien d'autre à faire que de descendre ici et de me reposer tant bien que mal. Mais voilà, je ne vois pas beaucoup d'avantage à cette affaire si ça dure, parce qu'après tout, vous commencez à vous répéter.

Med: Vous aviez quelques soucis, hier, à ce sujet.

Mal: Oui, j'avais des raisons d'être soucieux, parce qu'il y a une semaine, vous m'aviez vu et vous n'avez pas envisagé de me questionner, parce que je parlais par demi-phrases, je parlais avec des moitiés d'idées. Je n'aurais pas pu dire mon nom. Mais voilà, j'ai fait du chemin depuis.

L'aumônier: Que sentez-vous à propos de ce qui s'est passé pendant cette dernière semaine? Est-ce un autre trait de votre bénéfice?

Mal: Eh bien, je réfléchis en disant que ça s'est passé comme ça, ce truc marche en cercles, comme une grande roue. Ça tourne et avec les nouveaux remèdes qu'ils essayent sur moi, je m'attends à une certaine atténuation de ces différents sentiments. Ou bien j'espère me sentir vraiment bien ou de me sentir vraiment mal pour commencer. J'ai passé par de mauvaises périodes et maintenant, je veux en avoir une bonne et je me sentirai vraiment bien parce que ça se passe comme ça. Même si je ne prends aucun remède, si je laisse les choses aller.

Méd: Ainsi, vous êtes en train d'entrer dans une bonne période, juste maintenant?

Mal: Je crois.
Méd: Je pense que nous allons vous ramener dans votre chambre à présent.
Mal: A vous de savoir.
Méd: Merci d'être venu, M. J.
Mal: A votre service.

M. J. que vingt ans de maladie et de souffrances ont rendu quelque peu philosophe, donne de nombreux signes d'une angoisse déguisée. Ce qu'il dit en réalité dans cet entretien, c'est: «J'ai été si brave, pourquoi moi?» Il décrit sa force et sa résistance dans ses jeunes années, son endurance au froid et aux privations; sa manière de prendre soin de ses enfants et de sa famille, son acharnement au travail et sa façon de ne jamais laisser les méchants garnements le tenter. Après toutes ces luttes, ses enfants sont devenus grands et il espérait quelques bonnes années, voyager, avoir des vacances, jouir des fruits de ses peines. Il sait qu'à un certain plan, ces espérances sont vaines. Il rassemble toute son énergie pour rester sain, pour combattre les démangeaisons, le malaise, la souffrance qu'il décrit si exactement.

Il passe en revue son combat et élimine pas à pas les réflexions qui dépassent ses compétences. Le suicide est hors de question, une retraite agréable est aussi hors de question. Le champ des possibilités se rétrécit pour lui aux progrès de son mal. Ses espoirs et ses revendications diminuent et il a finalement accepté le fait de devoir vivre d'une rémission à l'autre. Quand il se sent vraiment mal, il souhaite être laissé seul pour se replier sur lui-même et essayer de dormir. Quand il se sent mieux, il veut que les gens sachent qu'il est de nouveau prêt à communiquer et il devient plus sociable. «Vous devez avoir de la veine», signifie qu'il garde l'espoir d'une nouvelle rémission. Il espère aussi qu'on trouvera un remède, une nouvelle médecine qui sera prête à point pour le délivrer de sa souffrance.

Il a gardé cet espoir jusqu'à son tout dernier jour.

IX. La famille du malade

Le père rentra des funérailles. L'enfant de sept ans était à la fenêtre, les yeux grands ouverts, une amulette d'or au cou, rempli de pensées trop difficiles pour son âge.
Son père le prit dans ses bras et l'enfant lui demanda: «Où est maman?»
«Au ciel», répondit le père en montrant du doigt l'espace.
L'enfant leva les yeux vers le ciel et le contempla longtemps en silence. Son esprit dérouté jeta dans la vaste nuit la question: «Où est le ciel?»
Il n'y eut pas de réponse: et les étoiles ressemblaient aux larmes brûlantes d'une obscurité ignorante.

R. Tagore, The Fugitive, Part II, XXI

Changements dans le ménage et les biens de la famille

Nous ne pouvons pas aider efficacement le malade grave si nous ne tenons pas compte de sa famille. Elle joue un rôle important au cours de la maladie et ses réactions auront un effet certain sur la manière dont le patient assumera sa propre maladie. Une maladie grave et l'hospitalisation d'un mari, par exemple, a sur le ménage des incidences auxquelles la femme devra s'accoutumer. Elle peut se sentir menacée par la perte du sentiment de sécurité, par la fin de sa dépendance envers son mari. Elle aura à assumer certaines tâches qu'il accomplissait antérieurement, elle devra régler son propre emploi du temps en fonction de nouvelles exigences inhabituelles et multiples. Elle peut se trouver tout à coup impliquée dans des questions professionnelles et leurs corollaires financiers, dont elle se tenait à l'écart auparavant.

S'il y a des visites à faire à l'hôpital, il faut prendre des dispositions pour les transports, pour caser les enfants pendant ses absences. Cela peut amener des modifications subtiles ou dramatiques dans la vie du foyer et l'atmosphère familiale, auxquelles les enfants réagiront pour leur part, ce qui ne fait qu'accroître les charges et la responsabilité de la mère. Elle constatera soudain qu'elle est devenue – au moins à titre temporaire – un parent solitaire.

Avec les soucis et les inquiétudes qui concernent le mari,

le travail et les responsabilités supplémentaires peuvent accroître le sentiment de solitude et souvent de ressentiment. L'aide attendue de la parenté ou des amis peut fort bien faire défaut ou prendre des formes qui sont à la fois déconcertantes et inacceptables pour l'épouse. Les conseils du voisinage peuvent être rejetés, comme ils peuvent accroître le fardeau, plutôt que le diminuer. D'autre part, une voisine compréhensive qui ne vient pas seulement «aux nouvelles», mais qui cherche à soulager la mère de l'une de ses tâches, préparer eventuellement un repas ou emmener les enfants au cinéma, peut être appréciée au plus haut point. Un exemple de ce genre nous est donné par notre entretien avec Mme S.

Un sentiment de dépaysement peut frapper un mari de manière plus intense encore, s'il est moins habile à s'adapter, s'il est moins au courant de ce qu'il faut faire pour s'occuper d'enfants, d'école, d'activités après les heures d'école, des repas, des vêtements. Ce sentiment de dépaysement apparaît dès que la femme est condamnée à une longue période d'alitement ou à une activité limitée. Il peut y avoir une interversion des rôles plus dure à accepter pour un homme que pour une femme. Au lieu d'être servi, il peut être mis en demeure de servir. Au lieu de pouvoir jouir d'un peu de repos après une longue journée de travail, il peut devoir veiller sa femme sur une chaise-longue, en train de regarder la télévision. Consciemment ou inconsciemment, il peut éprouver de l'humeur devant ces changements, qu'il comprenne ou non la raison profonde dont ils sont les signes. «Pourquoi a-t-il fallu qu'elle soit dégoûtée de moi juste au moment où je commençais ce nouveau projet?» disait un homme. Cette réaction est fréquente et compréhensible si nous la considérons du point de vue de notre inconscient. Il réagit vis-à-vis de sa femme comme l'enfant réagit à un abandon de sa mère. Très souvent, nous avons tendance à ignorer à quel point l'enfant subsiste en chacun de nous. Ces maris-là peuvent être très sérieusement aidés lorsqu'on leur donne la possibilité de mettre de l'ordre dans leurs sentiments, c'est-à-dire de trouver une présence secourable qui, un soir par semaine, lui permet par exemple d'aller jouer aux boules et s'amuser sans sentiment de culpabilité,

en lâchant un peu de lest, ce qu'il peut difficilement faire dans le foyer d'une personne vraiment gravement malade.
Je crois qu'il est cruel de compter sur la présence en permanence d'un membre de la famille quel qu'il soit. De même que nous avons besoin d'aspirer et d'expirer, on doit pouvoir «recharger ses batteries» en dehors de la chambre du malade, de temps en temps, vivre momentanément une vie normale; nous ne pouvons pas travailler efficacement en présence constante de la maladie. J'ai entendu de nombreuses personnes de l'entourage d'un malade se plaindre de ce que des membres de la famille partaient en excursion ou en week-end ou continuaient à aller au théâtre ou au cinéma. On leur reprochait de s'amuser pendant qu'un des leurs était à l'agonie. Je crois que pour le malade et sa famille, il est beaucoup plus important de voir que la maladie ne bouleverse pas totalement la marche d'un foyer et ne prive pas complètement tous les membres de la famille d'activités délassantes; au contraire, la maladie peut permettre une adaptation progressive, une modification dans le sens de ce que sera le foyer lorsque le malade ne sera plus là. De même que le patient gravement malade ne peut pas être tout le temps confronté à la pensée de la mort, de même les membres de la famille ne peuvent et ne doivent pas exclure toutes les activités connexes pour se consacrer exclusivement au malade. Ils ont aussi besoin de temps en temps de nier ou d'éviter les réalités tristes pour mieux les affronter lorsque leur présence sera vraiment nécessaire.
Les besoins de la famille changeront dès le début de la maladie et continueront sous toutes sortes de formes longtemps après que la mort sera survenue. C'est pour cela que les membres de la famille doivent économiser leurs énergies et ne pas les épuiser au point qu'elles feront défaut à l'heure où elles seront le plus nécessaires. Un ami compréhensif peut faire beaucoup pour les aider à maintenir un sain équilibre entre les soins au malade et le respect de leurs propres besoins.

Problèmes de communication

C'est souvent le mari ou la femme qui est mis au courant de la gravité de la maladie. On lui laisse souvent la décision

de savoir s'il doit en faire part au malade, s'il doit lui en dire plus ou moins long, s'il doit en parler aux autres membres de la famille. On lui laisse le soin de choisir le moment et la manière d'avertir les enfants, ce qui est la mission la plus difficile, surtout si les enfants sont jeunes.
Pendant ces jours ou ces semaines de si grande importance, tout dépend en grande partie de la structure et de l'unité de la famille, de sa capacité de communiquer, de la présence d'amis compétents. Quelqu'un de l'extérieur qui ne soit pas trop impliqué affectivement, peut être d'une aide précieuse en écoutant les préoccupations de la famille, ses désirs, ses soucis. Cette personne peut alors donner des conseils d'ordre légal, elle peut aider à préparer le testament, prendre des dispositions pour la garde – temporaire ou permanente – des enfants orphelins. A côté de ces questions pratiques, la famille a souvent besoin d'un médiateur, comme le montre l'entretien avec M. H. (chapitre VI).
Les problèmes du malade en train de mourir ont une fin, ceux de la famille persistent. Beaucoup de ces problèmes peuvent diminuer d'intensité s'ils sont abordés avant la mort d'un membre de la famille. Malheureusement, la tendance est plutôt de dissimuler ses sentiments devant le malade, d'essayer de garder le sourire et d'avoir un air de faux courage et de faux espoir qui devra tôt ou tard s'effondrer. Nous avons parlé avec un mari gravement malade qui nous a dit: «Je sais que je n'en ai plus pour longtemps, mais ne le dites pas à ma femme, elle ne le supporterait pas.» En parlant occasionnellement avec la femme qui venait nous voir, nous l'avons entendu prononcer des paroles presque identiques. Elle savait, comme il savait, mais aucun des deux n'avait le courage de parler franchement à l'autre – cela après trente ans de mariage! Et c'est le jeune aumônier qui a su les encourager à se faire part de ce dont ils étaient tous deux conscients, en restant dans la chambre à la demande du malade. Tous deux furent infiniment soulagés de n'avoir plus à jouer une comédie trompeuse et ils se sont mis à prendre des dispositions qu'aucun des deux n'aurait pu prendre seul. Plus tard, ils en vinrent à sourire de leur «jeu enfantin» comme ils l'ont appelé eux-mêmes et ils se demandaient lequel avait su le premier et combien de temps

il leur aurait fallu pour se dire la vérité sans une aide du dehors.
Je crois que le mourant peut apporter une aide considérable à sa parenté en contribuant à lui faire envisager sa mort. Il peut le faire de bien des manières. L'une de ces manières est de faire part de quelques-unes de ses réflexions et de ses impressions à certains membres de la famille pour les aider à en faire autant. S'il est capable de passer outre à son propre chagrin et de montrer à sa famille par son exemple comment ont peut mourir avec sérénité, ils se souviendront de son courage et subiront leur propre peine avec plus de dignité.
Le sentiment de culpabilité est le plus douloureux compagnon de la mort. Lorsque la maladie a pour pronostic l'issue fatale, les membres de la famille se demandent souvent s'ils n'ont pas à s'en faire des reproches. «Si seulement je l'avais envoyé plus tôt chez le docteur» ou: «J'aurais dû remarquer plus tôt le changement et j'aurais dû l'encourager à demander de l'aide», sont des remarques fréquentes dans la bouche de femmes de malades parvenus au terme de leur vie. Il est inutile de dire qu'un ami de la famille, un médecin de famille, un ecclésiastique, peuvent être d'un grand secours pour cette femme en la délivrant de ces remords dénués de réalisme et en l'assurant qu'elle a probablement fait tout ce qui était possible pour obtenir le secours nécessaire. Mais je ne pense pas que ce soit suffisant de dire: «Ne vous sentez pas coupable, parce que vous n'êtes pas coupable». Si on écoute attentivement ces épouses, on peut souvent discerner les raisons plus réelles de ce sentiment de culpabilité. Les proches sont souvent portés à se faire des reproches à cause de ressentiments qu'ils ont éprouvés à l'égard du défunt. Qui, par agacement, n'a pas souhaité par moment que quelqu'un disparaisse, et n'a pas imaginé qu'il succombe à une mort subite? L'homme de notre entretien du chapitre XII en est un bon exemple. Il avait de bonnes raisons d'être irrité contre sa femme qui l'avait abandonné pour vivre avec son propre frère, qu'il avait toujours considéré comme un nazi. Elle avait quitté notre patient juif et avait élevé son fils unique en chrétien. Elle est morte en son absence et le malade lui en voulait aussi pour cela. Malheureusement, il n'eut jamais l'occasion d'exprimer

toute cette colère rentrée et l'homme accablé de douleur et persuadé de sa culpabilité en arriva au point de tomber bientôt malade lui-même.

Un taux élevé de veufs et de veuves rencontrés dans des cliniques où chez des médecins privés présentent des symptômes somatiques qui sont l'aboutissement d'un échec dans leur tentative de surmonter leur peine et leur sentiment de faute. S'ils avaient été aidés avant la mort de leur conjoint à franchir le fossé qui les séparait de lui, la moitié de la bataille aurait été gagnée. Il est bien compréhensible que les gens hésitent à parler franchement de la mort et de l'agonie, particulièrement si la mort devient tout à coup une affaire personnelle qui nous touche directement et qui s'est approchée de notre propre seuil. Les rares personnes qui ont fait l'expérience de la crise qu'est une mort imminente ont constaté que la communication n'est difficile que la première fois et devient plus simple lorsqu'on a acquis quelque expérience. Au lieu d'accroître l'aliénation et l'isolement du couple, elle finit par trouver une communication bien plus profonde et plus significative, un rapprochement et une compréhension que seule la souffrance peut apporter.

Un autre exemple de manque de communication entre le mourant et sa famille nous est fourni par l'histoire de Mme F. Mme F. était une femme noire, incurable et gravement affaiblie, qui gisait immobile dans son lit depuis des semaines. La vue de son corps à peau sombre dans ces draps blancs évoquait pour moi de manière macabre les racines d'un arbre. A cause de sa maladie paralysante, il était difficile de définir la silhouette de son corps ou de ses traits. Sa fille qui avait vécu toute sa vie à ses côtés, restait tout aussi immobile et muette à son chevet. Ce fut le personnel infirmier qui nous pria de l'aider, non tant pour la mère que pour la fille, qui les inquiétait à juste titre. Ils avaient remarqué qu'elle passait chaque semaine de plus en plus d'heures auprès de sa mère. Elle avait cessé de travailler et finit par rester jour et nuit assise silencieusement auprès de la mère mourante. Les infirmières se seraient moins préoccupées de la chose si elles n'avaient pas été frappées par le contraste entre cette présence de plus en plus permanente et l'absence totale de communication. La malade avait eu une attaque peu de temps auparavant et était incapable de parler; elle ne pouvait pas non plus bouger l'un ou l'autre de ses membres et il était bien probable que son esprit était aussi hors d'état de fonctionner. La fille était assise dans le plus complet silence, ne disant jamais un mot à sa mère, ne faisant jamais un geste d'attention ou d'affection – sauf cette présence muette.

Nous sommes entrés dans la chambre pour demander à la fille, qui frisait la quarantaine et était célibataire, de venir nous voir pour une brève conversation. Ce que nous espérions obtenir était de comprendre sa présence prolongée qui signifiait aussi un détachement toujours plus complet du monde extérieur. Les infirmières étaient inquiètes de ses réactions après la mort de sa mère, mais elle se révéla aussi peu communicative que celle-ci, bien que ce fût pour d'autres raisons. Je ne sais pas ce qui me fit me tourner vers la mère avant de quitter la chambre avec la fille. Peut-être sentais-je que je la privais d'une visiteuse; peut-être était-ce simplement une vieille habitude que j'ai d'expliquer à mes malades ce qui va se passer. Je lui dis que j'emmenais sa fille pendant un instant parce que nous étions inquiets de sa santé future, une fois qu'elle serait seule. La malade me regarda et je compris deux choses: D'abord, elle était parfaitement consciente de ce qui se passait autour d'elle, malgré son apparente incapacité de communiquer; ensuite – leçon inoubliable – il ne faut jamais classer quiconque dans la catégorie de la vie végétative, même lorsqu'il semble qu'il n'y a plus de réactions à la plupart des stimuli.

Nous avons eu une longue conversation avec la fille qui avait abandonné son métier, ses quelques connaissances et presque complètement son appartement, pour passer le plus de temps possible auprès de la moribonde. Elle n'avait jamais réfléchi à ce qui arriverait si sa mère mourait. Elle se sentait obligée de rester dans cette chambre d'hôpital pour ainsi dire nuit et jour, et en fait, elle n'avait pas dormi plus de trois heures par nuit depuis quelques semaines. Elle commença à se demander si elle ne s'était pas contrainte à une fatigue épuisante pour s'empêcher de réfléchir. Elle avait peur de quitter la chambre, de crainte que sa mère ne meure pendant ce temps. Elle n'avait jamais parlé avec sa mère de ces choses, bien que celle-ci, malade depuis longtemps, ait été en mesure de parler jusqu'à une époque récente. A la fin de l'entretien, la fille parvint à exprimer quelques sentiments de culpabilité, d'ambivalence, de ressentiment. Nous l'avons encouragée à exprimer plus souvent ses sentiments, à reprendre du travail à mi-temps pour garder quelques attaches et pour avoir des occupations en dehors de la chambre de la malade, et nous nous sommes mis à sa disposition si elle avait besoin de parler à quelqu'un.

En rentrant dans la chambre avec elle, j'informai ma patiente de notre discussion. Je lui demandai si elle était d'accord que sa fille ne vienne lui rendre visite qu'une partie de la journée. Elle nous regarda droit dans les yeux et, avec un soupir de soulagement, elle ferma de nouveau les yeux. Une infirmière qui assistait à l'entretien, exprima sa surprise de la voir si bien réagir. Elle était reconnaissante d'avoir observé cela, parce que le personnel de l'établissement s'était attaché à cette malade et éprouvait un certain malaise en face de l'angoisse muette de la fille et de son incapacité de s'exprimer. La fille trouva du travail à mi-temps et – au grand plaisir des infirmières – apprit la chose à sa mère. Ses visites étaient désormais moins marquées d'ambivalence, de sentiment d'obligation, de ressentiment et par conséquent plus significatives. La fille aussi reprit contact avec d'autres personnes dans l'hôpital et à l'extérieur et fit quelques connaissances, peu avant la mort de sa mère qui expira paisiblement quelques jours plus tard.

M. Y. est un autre personnage dont nous nous souviendrons toujours, parce qu'il s'est montré à nous sous le jour de la détresse, du désespoir et de l'isolement du vieil homme qui va perdre sa femme après plusieurs décennies de mariage heureux.

M. Y. était un de ces paysans âgés, quelque peu décharné, fait à tous les temps et qui n'avait jamais mis le pied dans une grande ville. Il avait labouré ses terres, vendu un nombre appréciable de veaux et élevé des enfants qui vivaient tous dans divers coins de la campagne. Lui et sa femme étaient restés seuls depuis pas mal d'années et ils s'étaient «faits l'un à l'autre» comme il disait lui-même. Aucun des deux ne pouvait imaginer vivre sans l'autre.

Au printemps 1967, la femme tomba gravement malade et le médecin conseilla au vieil homme de la faire soigner à la ville. M. Y. se débattit quelque temps, mais comme la femme s'affaiblissait et maigrissait de plus en plus, il la fit transporter au grand hôpital où on la fit entrer dans la section des soins intensifs. Quiconque a vu l'une de ces unités, sait apprécier la différence de vie que cela représente en comparaison d'une chambre de malade improvisée dans une ferme campagnarde. Chaque lit est occupé par un malade qui se trouve dans un état critique, du nouveau-né au vieillard mourant. Chaque lit est dominé par les appareils les plus modernes que ce paysan n'ait jamais vus. Des flacons sont suspendus à des potences à côté du lit, des suceurs fonctionnent, un chariot d'instruments cliquète en s'éloignant, des membres du personnel soignant sont continuellement occupés à maintenir les appareils en fonctionnement et à guetter les signes de crise. Il y a une quantité de machines bruyantes, un air d'urgence et de décisions extrêmes, des gens vont, d'autres viennent et il n'y a pas place pour un vieux fermier qui n'a jamais vu de grande ville.

M. Y. insistait pour rester auprès de sa femme, mais on lui fit savoir avec fermeté qu'il ne pouvait la voir que cinq minutes toutes les heures. Et il resta ainsi debout pendant cinq minutes heure après heure, regardant la figure pâle de la vieille, essayant de lui prendre la main, murmurant quelques paroles désespérées, jusqu'au moment où on lui disait énergiquement: «Maintenant, sortez, le temps est écoulé!»

M. Y. fut remarqué par un de nos étudiants qui eut le sentiment qu'il avait l'air affreusement désespéré au cours de ses allées et venues dans le hall, âme perdue dans ce gigantesque hôpital. Il l'emmena dans notre séminaire où il lui fit raconter une partie de son angoisse, le vieil homme étant tout soulagé de trouver quelqu'un à qui parler. Il avait loué une chambre à la Maison internationale, essentiellement remplie d'étudiants, dont la plupart allaient rentrer de vacances pour un nouveau trimestre. On lui avait dit qu'il devait chercher autre chose pour laisser la place aux étudiants qui allaient arriver. L'endroit n'était pas très éloigné de l'hôpital, mais le vieillard faisait le trajet à pied plusieurs dizaines de fois par jour. Pas de place pour lui, personne à qui parler, pas même la garantie d'avoir encore une chambre à disposition si sa femme survivait encore quelques jours. Et puis il y avait cette conscience torturante qu'il pourrait bien la perdre réellement, qu'il aurait à rentrer chez lui sans elle!

Au fur et à mesure que nous l'écoutions, il se prit de colère contre l'hôpital – contre les infirmières qui étaient assez cruelles pour ne lui permettre que cinq minutes par heure. Il sentait bien qu'il était toujours dans leurs jambes pendant ces moments déjà si brefs. Comment allait-il pouvoir dire adieu à sa femme avec laquelle il était uni depuis près de cinquante ans? Comment pouvez-vous expliquer à un vieil homme qu'une unité de réanimation est dirigée de cette façon, qu'il y a des règles administratives, des lois qui fixent les heures de visite et qu'on ne peut accepter un trop grand nombre de visiteurs dans une telle unité – sinon pour le bien des patients, au moins à cause de la sensibilité de tout l'appareillage? Cela n'eût certainement servi à rien de lui dire: «Voyons, vous aimiez votre femme et vous avez vécu tant d'années dans votre ferme, pourquoi ne la laissez-vous pas mourir tranquillement ici?» Il aurait probablement répondu qu'ils étaient un, comme le tronc et ses racines, et que l'un ne pouvait vivre sans l'autre. Le grand hôpital avait formulé la promesse de prolonger la vie de la femme et lui, le vieux fermier, il voulait s'aventurer dans cet endroit pour la lueur d'espoir que cet endroit lui avait laissé entrevoir.

Nous ne pouvions pas faire grand-chose pour lui, sauf de lui procurer un domicile plus assuré dans le cadre de ses moyens, d'informer ses fils de sa solitude et de la nécessité de leur présence. Nous avons aussi dit deux mots au personnel soignant. Nous n'avons pas réussi à obtenir un temps de visite plus long, mais nous avons obtenu qu'il se sente mieux accueilli pendant les courtes périodes où il était admis à voir sa femme et à rester près d'elle.

Inutile de dire que des incidents de ce genre arrivent tous les jours dans un grand hôpital. On devrait prendre des dispositions toujours plus favorables à l'accueil des membres de la famille des malades dans ces unités de traitement intensif. Il devrait y avoir des chambres attenantes où la parenté pourrait se tenir, se reposer, manger, où elle pourrait partager son sentiment de solitude et peut-être s'offrir réciproquement une consolation pendant ces périodes interminables d'attente. A la disposition de la famille, il devrait y avoir des travailleurs sociaux ou des aumôniers, ayant assez de temps au service de chacun, et médecins et infirmières devraient fréquemment se présenter dans ces salles pour répondre aux questions et aux préoccupations éventuelles. Dans l'état actuel des choses, la parenté est le plus souvent complètement abandonnée à elle-même. Elle passe son temps à attendre dans les couloirs, les caféterias ou les environs de l'hôpital, allant et venant sans but. Elle peut faire quelques timides tentatives pour voir le médecin ou parler à une infirmière, mais la plupart du temps, c'est pour s'entendre dire que le médecin a trop à faire, qu'il est à la salle d'opération ou ailleurs. Puisqu'il y a toujours plus de personnel responsable du bien-être de chaque patient, personne ne connaît plus très bien chaque malade et souvent le malade ne sait même pas le nom de son médecin. Il arrive fréquemment que la famille soit renvoyée d'une personne à l'autre pour finir par aboutir dans le bureau de l'aumônier, sans trop attendre de réponse au sujet du malade, mais dans l'espoir de trouver enfin quelqu'un qui la console et comprenne quelque chose à sa propre angoisse.

Certains membres de la famille seraient d'un plus grand secours au malade et au personnel s'ils faisaient des visites moins fréquentes et moins longues. Je me souviens d'une mère qui ne voulait laisser à personne le soin de s'occuper de son fils de vingt-deux ans, qu'elle traitait comme un bébé. Bien que le jeune homme fût parfaitement capable de s'occuper de ses propres besoins, elle lui faisait sa toilette, insistait pour lui brosser les dents et même voulait l'essuyer après qu'il avait été à selles. Le malade était irritable et furieux dès qu'elle était là. Les infirmières étaient épouvantées par elle et la supportaient de plus en plus mal. L'assistant social essaya en vain de parler à cette mère, pour se faire vertement rabrouer par quelques remarques acerbes.

Comment une mère peut-elle exagérer pareillement et de manière si agressive sa sollicitude? Nous avons essayé de la comprendre et de trouver le moyen de diminuer ses interventions en espaçant ses visites qui étaient préjudiciables à la fois au malade et au personnel soignant. Après avoir parlé de la chose avec les infirmières, nous nous sommes aperçus que nous avions projeté nos propres souhaits sur le malade et que – à voir la question de plus près – c'était en fait lui qui contribuait à favoriser le comportement maternel. Il était censé rester à l'hôpital pendant quelques semaines pour un traitement de rayons; puis il devait quitter l'hôpital pour y être probablement admis de nouveau. Lui rendions-nous service en intervenant dans ses relations avec sa mère, si malsaines qu'elles aient pu nous paraître? N'agissions-nous pas essentiellement sous le coup de notre propre exaspération devant cette sollicitude excessive de la mère qui donnait aux infirmières le sentiment de se conduire en «mauvaises mamans» et mettait en cause notre spontanéité de bons samaritains? Après que nous eûmes été capables de le reconnaître, nous réagîmes avec moins de ressentiment envers la mère, mais nous traitâmes aussi davantage le jeune homme en adulte, lui faisant savoir que c'était à lui d'imposer des limites à l'attitude de sa mère, si cela le rabaissait décidément trop.

Je ne sais si cette affaire a eu un effet quelconque, car il a quitté l'établissement peu après. Je pense de toute manière que c'est un exemple digne d'être cité, parce qu'il montre la nécessité de ne pas se laisser entraîner par ses propres impressions sur ce qui est bon et juste pour autrui. Il se peut que ce jeune homme n'ait réellement pu accepter sa maladie qu'en régressant momentanément au niveau du petit enfant et que la mère ait trouvé une consolation dans le fait qu'elle pouvait au moins le soigner. Je ne crois pas que cela ait été l'entière vérité dans ce cas-là, car si le malade était visiblement irrité et plein de ressentiment lorsque sa mère était présente, il n'a rien fait pour la faire cesser, bien qu'il fût parfaitement capable de s'opposer aux empiètements d'autres membres de sa famille ou du personnel hospitalier.

Faire face à la réalité de l'issue fatale dans la famille

Les membres de la famille passent par différentes étapes d'adaptation semblables à celles qui ont été décrites pour les malades. Au début, personne ne peut croire que ce soit vrai. Ils nient le fait qu'il puisse y avoir une telle maladie dans la famille ou ils

passent de médecin en médecin dans le vain espoir d'entendre affirmer que le diagnostic est erroné. Ils vont chercher le secours et le réconfort («tout cela n'est pas vrai») chez les diseuses de bonne aventure et les guérisseurs par la foi. Ils peuvent prendre des dispositions fort coûteuses pour des transports dans des cliniques réputées, auprès de praticiens célèbres et ce n'est que très progressivement qu'ils finissent par regarder en face la réalité qui peut si dramatiquement modifier leur vie.
Alors la famille passe par certains changements qui dépendent dans une grande mesure de l'attitude du malade, de son degré de conscience, de sa capacité de communiquer. Si les membres de la famille peuvent partager leurs préoccupations communes, ils prendront des dispositions dans des questions importantes assez tôt et en étant moins pressés par le temps et les émotions. Si chacun essaie de garder le secret devant l'autre, ils entretiennent entre eux une barrière artificielle qui rendra le chagrin préalable bien plus douloureux pour le malade ou sa famille. Le résultat sera bien plus dramatique que pour les personnes qui ont pu parler et pleurer ensemble en temps voulu.
De même que le malade passe par une période de révolte, la famille proche fait l'expérience d'une même réaction émotive. Ils seront tour à tour irrités contre le médecin qui a examiné le patient en premier et qui n'a pas posé le bon diagnostic et contre le médecin qui les a placés devant la triste réalité. Ils peuvent projeter leur ressentiment sur le personnel de l'hôpital qui n'est jamais assez dévoué dans ses soins, si peu efficaces que ces soins puissent être dans la réalité. Il y a une bonne dose d'envie dans cette réaction, surtout lorsque les membres de la famille sont frustrés, comme ils le sont souvent, de n'être pas capables de soigner le malade ou pas autorisés à rester près de lui. Il y a aussi beaucoup de sentiment de culpabilité et le désir de réparer les occasions manquées dans le passé. Plus nous pouvons contribuer à aider les membres de la famille à exprimer ces sentiments avant la mort d'un être aimé, plus ils connaîtront d'apaisement.
Lorsque l'irritation, le ressentiment et le sentiment de culpabilité auront pu être surmontés, la famille passe par une période de chagrin préalable, comme le fait d'ailleurs le mourant. Plus ce chagrin trouve à s'exprimer avant la mort, plus il sera tolérable après. Nous entendons souvent des parents dire fièrement

qu'ils ont toujours essayé de garder le sourire devant le malade, jusqu'au jour où ils n'ont tout simplement plus pu conserver cette façade. Ils ont peine à prendre conscience du fait que des émotions authentiques chez les membres de la famille sont plus faciles à supporter que le masque trompeur que le patient perce de toute manière et qui signifie pour lui plutôt un déguisement que le partage d'une situation triste.

Si les membres d'une famille peuvent se communiquer ces sentiments, ils feront peu à peu face à la réalité d'une séparation imminente et parviendront ensemble à l'accepter. Le moment le plus navrant pour la famille est peut-être la phase finale où le malade se détache tout doucement du monde qui l'entoure, y compris sa famille. Ils ne comprennent pas qu'un mourant qui a trouvé la paix et l'acceptation de sa mort, devra se séparer pas à pas de son entourage, même de ceux qu'il aime profondément. Comment pourrait-il être vraiment prêt à mourir, s'il continuait à assumer les relations si nombreuses qu'un homme assume? Lorsqu'un malade demande à n'avoir plus que les visites de quelques amis très chers, puis de ses enfants et enfin de sa seule femme, on devrait comprendre que c'est sa manière de se séparer progressivement. Souvent la chose est considérée par ses proches comme un phénomène de rejet et nous avons rencontré de nombreux maris et de nombreuses femmes qui avaient réagi dramatiquement à ce détachement normal et sain. Je crois que nous pouvons leur être d'un grand secours en les aidant à comprendre que seuls les patients qui ont assumé leur agonie sont capables de se détacher lentement et paisiblement de cette manière. Ce devrait être une source de réconfort et de consolation pour la famille et non un chagrin supplémentaire et une source de ressentiment. C'est dans cette période que la famille a le plus besoin de soutien et le malade le moins d'appui. Je n'entends pas dire par là qu'on doit abandonner le malade à lui-même. Nous devons toujours être disponibles, mais un malade qui a atteint ce degré d'acceptation et de libération intérieure a d'habitude moins besoin de relations personnelles avec les autres. Si la signification de ce détachement n'est pas expliquée à la famille, il peut en naître des problèmes semblables à ceux qui sont décrits dans le cas de Mme W. (chapitre VII).

La mort la plus tragique est peut-être – à part celle de très jeunes gens – la mort d'une très vieille personne, si nous regardons les choses du point de vue de la famille. Que les générations aient vécu ensemble ou séparément, chacune a le droit et chacune éprouve le besoin de vivre sa propre vie, d'avoir sa propre vie privée, de satisfaire à ses propres besoins en fonction de sa propre époque. Les personnes âgées ont dépassé l'âge où elles étaient utiles dans le cadre de notre système économique et elles ont gagné d'autre part le droit de vivre jusqu'au bout dans la dignité et la paix. Tant qu'elles sont saines de corps et d'esprit, et pourvoient à leur propre entretien, cela peut parfaitement se faire. Mais nous avons vu beaucoup d'hommes et de femmes âgés qui étaient devenus physiquement ou affectivement infirmes et qui nécessitaient des sommes considérables pour conserver une existence digne au niveau que leur famille désirait pour eux. La famille est alors confrontée à une décision difficile, celle de mobiliser les fonds nécessaires comprenant leur loyer et les dépenses de leur retraite, pour qu'ils puissent jouir des soins dont ils ont besoin jusqu'à leur mort. La tragédie de ces personnes âgées est peut-être que ces sommes, et souvent les sacrifices financiers qu'elles entraînent, ne comportent aucune amélioration de leur état, mais une simple subsistance au niveau minimum. S'il survient une complication d'ordre médical, les dépenses sont considérables et la famille souhaite souvent une mort prompte et sans souffrances, bien qu'il soit rare que ce souhait soit exprimé ouvertement. Que ce souhait suscite un sentiment de culpabilité, c'est l'évidence même.

Je me souviens d'une vieille femme qui avait été hospitalisée depuis plusieurs semaines et qui nécessitait des soins nombreux et coûteux dans une clinique privée. Tout le monde s'attendait à sa mort prochaine, mais jour après jour, elle restait dans un état précaire qui ne changeait pas. Sa fille était partagée entre l'envie de la mettre dans une maison de gériatrie et celle de la garder dans cette clinique où elle semblait désireuse de rester. Son gendre était irrité contre elle parce qu'elle épuisait leur épargne et il avait eu de nombreuses querelles avec sa femme qui se sentait trop coupable pour faire quitter la clinique à sa mère. Lorsque je rendis visite à la vieille dame, elle me parut effrayée et anxieuse. Je lui demandai simplement quel était le sujet de son anxiété. Elle me regarda et finit par exprimer ce qu'elle n'avait encore jamais pu dire, parce qu'elle avait bien conscience du manque de réalisme de ses craintes. Elle était effrayée d'être «mangée vive par les vers». Tandis que je retenais mon souffle en essayant de comprendre la signification réelle de cette déclaration, sa fille laissa échapper: «Si c'est ça qui t'empêche de mourir, nous pouvons te brûler», ce qui signifiait naturellement qu'une crémation l'empêcherait d'avoir le moindre contact avec les vers. Toute sa colère rentrée était dans cette déclaration. Je suis resté un moment avec la vieille dame seule. Nous avons parlé tranquillement de ses phobies qui l'avaient accompagnée pendant toute sa vie et de sa peur de la mort, présentée sous la forme de sa peur des vers, comme si elle pouvait s'en apercevoir, une fois morte. Elle se sentit grandement soulagée d'avoir pu en parler et comprenait parfaitement la colère de sa fille. Je l'encourageai à en parler avec elle, pour que cette dernière n'éprouve plus de malaise à cause de son éclat.

Lorsque je revis la fille, hors de la présence de la malade, je lui fis part de la compréhension de sa mère et finalement, elles en vinrent à parler de leurs préoccupations et prirent des dispositions pour les funérailles au four crématoire. Au lieu de rester l'une en face de l'autre dans l'anxiété, elles communiquèrent entre elles et se consolèrent l'une l'autre. La mère mourut le lendemain. Si je n'avais pas vu son regard apaisé pendant son dernier jour, j'aurais pu me tourmenter à l'idée que cette explosion de colère de la fille avait pu achever la mère.

Un autre aspect qui n'est pas souvent pris en considération est le genre de maladie mortelle dont souffre le malade. Il y a certaines façons de concevoir le cancer, comme il y a certaines images associées aux maladies de cœur. Le premier est souvent considéré comme une maladie de longue durée qui provoque de grandes souffrances, tandis que la seconde peut survenir brusquement, sans douleur bien qu'elle soit fatale. Je pense qu'il y a une grande différence entre quelqu'un qu'on aime et qui meurt lentement en disposant d'un temps assez long pour que le chagrin préalable évolue de part et d'autre, et le brusque coup de téléphone: «C'est fini, il est mort». Il est plus facile de parler avec un cancéreux de la mort et de la préparation à la mort qu'avec un cardiaque qui nous inspire des inquiétudes, parce que nous pourrions l'effrayer et susciter un accident coronaire, c'est-à-dire la mort. La parenté d'un cancéreux est par conséquent plus apte à parler de la fin à laquelle il faut s'attendre que celle d'un cardiaque dont la fin peut arriver inopinément, une discussion pouvant la provoquer, au moins dans l'opinion de nombreux membres des familles avec lesquels nous en avons parlé.

Je me rappelle la mère d'un jeune homme du Colorado qui ne permettait pas à son fils de prendre le moindre exercice, même le plus inoffensif, malgré l'avis opposé de ses médecins. Dans la conversation, cette femme déclarait en substance: «S'il en fait trop, il me tombera raide mort dans les bras», comme si elle s'attendait à un acte d'hostilité de la part de son fils contre elle-même. Elle n'était absolument pas consciente de sa propre attitude d'hostilité, même après nous avoir fait part de son ressentiment d'avoir «un fils aussi faible», ce qu'elle associait très souvent à des réflexions du même ordre sur l'inefficacité et l'incapacité de son mari. Il a fallu des mois de patience dépensés à écouter cette mère avant qu'elle se montre capable d'exprimer certains de ses souhaits destructeurs à l'égard de son enfant. Elle donnait pour raison de ces sentiments le fait qu'il était la cause de la médiocrité de sa propre vie professionnelle et sociale, ce qui la rendait aussi incapable que son mari. Ce sont là des situations familiales complexes dans lesquelles un membre mal portant de la famille est paralysé dans son épanouissement par les conflits qui existent chez ses parents. Si nous sommes en mesure d'apprendre à nous comporter avec compassion et compréhension vis-à-vis des membres d'une famille au lieu de les juger et de les critiquer, nous pourrons aussi aider le malade à supporter ses désavantages avec plus de facilité et de dignité.

L'exemple suivant, celui de M. P., montre les difficultés qui peuvent surgir chez le patient, lorsqu'il est prêt à se séparer, mais que la famille est incapable d'admettre la réalité, ce qui contribue à aggraver les conflits du malade. Notre objectif devrait toujours être d'aider le patient et sa famille à affronter ensemble la phase critique pour parvenir à l'acceptation simultanée de cette réalité finale.

M. P. était un homme dans la cinquantaine qui paraissait avoir quinze ans de plus que son âge réel. Les médecins estimaient qu'il n'avait guère de chance de réagir à leur traitement, en partie à cause de son cancer avancé et de son apathie, mais surtout à cause de son manque absolu de combativité. Il avait subi l'ablation de l'estomac cinq ans avant son hospitalisation à cause d'un cancer. Au début, il accepta sa maladie dans les meilleures conditions et il était plein d'espoir. Mais à mesure qu'il maigrissait et s'affaiblissait, il devint de plus en plus dépressif, jusqu'au moment où il fut de nouveau admis à l'hôpital pour un contrôle aux rayons X qui révéla des métastases dans les poumons. Le malade n'avait pas été informé des résultats de la biopsie lorsque je le vis. La question se posait de savoir s'il était sage de faire un traitement de radiations ou d'intervenir chirurgicalement sur un homme aussi faible que lui. Notre entretien s'est déroulé en deux séances. La première visite avait pour but de me présenter à lui et de lui dire que j'étais à sa disposition s'il désirait parler de la gravité de son état et des problèmes que cela soulevait. Un coup de téléphone interrompit l'entretien et je quittai la chambre en lui demandant de réfléchir à la chose. Je lui fis aussi savoir quand aurait lieu ma prochaine visite.

Lorsque je le revis, le lendemain, M. P. leva le bras en signe d'accueil et me désigna une chaise pour m'inviter à m'asseoir. En dépit de plusieurs interruptions dues à un changement de flacons de goutte à goutte, à la distribution de médicaments, aux opérations de routine, pulsations, pression sanguine, nous sommes restés en présence pendant plus d'une heure. M. P. sentait bien qu'on lui donnait l'occasion d'«ouvrir les persiennes», comme il disait. Il n'y eut ni attitude défensive, ni propos évasifs dans ses dires. Il était un homme dont les heures semblent comptées, qui n'a pas de temps à perdre et qui semblait désireux de faire part de ses soucis et de ses regrets à quelqu'un qui saurait écouter.

La veille, il avait déclaré: «Je voudrais dormir, dormir, dormir et ne pas me réveiller». Et maintenant, il répétait les mêmes paroles, mais ajoutait le mot «mais...». Je le regardai d'un air interrogateur et il commença à me dire d'une voix faible et douce que sa femme était venue lui rendre visite. Elle était convaincue qu'il s'en sortirait. Elle attendait son retour à la maison pour qu'il s'occupe du jardin et des fleurs. Elle lui avait aussi rappelé sa promesse de prendre bientôt sa retraite,

de partir pour l'Arizona pour passer ensemble quelques bonnes années de plus...
Il parla avec beaucoup de chaleur et d'affection de sa fille, âgée de vingt et un ans, qui était venue le voir pendant un jour de congé universitaire et qui avait été très secouée de le voir dans cet état. Il mentionna toutes ces choses comme s'il était blâmable de décevoir sa famille en ne vivant pas conformément à l'attente des siens.
Je lui fis remarquer la chose et il approuva d'un signe de tête. Il avait passé les premières années de son mariage à accumuler des biens matériels pour sa famille, cherchant à lui assurer un foyer agréable, de sorte qu'il avait employé la plus grande partie de son temps loin de la famille et de la maison. Après l'apparition du cancer, il avait consacré chaque instant à vivre auprès des siens, mais maintenant, il semblait bien que c'était trop tard. Sa fille était au loin, à l'université, et elle avait ses propres amitiés. Quand elle était petite, qu'elle avait besoin de lui et souhaitait sa présence, il était trop occupé à faire des affaires.
Parlant de son état actuel, il disait: «Dormir est le seul soulagement. Tout moment où je suis éveillé est angoissant, pure angoisse. Il n'y a pas de répit. Je pense avec envie à deux hommes que j'ai vu exécuter. J'étais juste en face du premier. Je n'ai rien ressenti. Maintenant, je pense que c'était un veinard. Il méritait la mort. Il n'avait aucune angoisse, il était ferme et calme, sans douleur. Ici, je suis couché dans un lit, chaque heure et chaque jour sont une vraie agonie.»
M. P. n'était pas particulièrement inquiet de la douleur et de l'inconfort physique, mais torturé par les regrets de n'être pas capable d'accomplir les désirs de sa famille, d'aller au «fiasco». Il était torturé par son besoin terrible de «laisser aller, de dormir, dormir, dormir» et par le flot continuel des espoirs de son entourage. «Les infirmières entrent et disent que je dois manger, sinon je serai trop faible, les médecins entrent et me parlent de nouveaux traitements qu'ils ont commencés et ils s'attendent à ce que j'en sois heureux, ma femme entre et me parle du travail que j'aurai à faire quand je sortirai d'ici et ma fille me jette simplement un coup d'œil et me dit: «Tu dois guérir» – comment un homme peut-il mourir en paix dans ces conditions?»

Il sourit un instant et dit: «Je suivrai ce traitement et je rentrerai une fois encore à la maison. Je retournerai travailler le lendemain et je gagnerai encore un peu d'argent. Mon assurance payera les études de ma fille, de toute manière, mais elle a encore besoin d'un père pendant quelque temps. Mais vous savez et je sais que je ne puis pas faire tout cela. Peut-être doivent-ils apprendre à faire face à cette situation. Cela faciliterait tellement ma mort!»

M. P., comme Mme W. (chapitre VII) montre bien la difficulté que rencontrent les malades à affronter la mort imminente lorsque la famille n'est pas prête à «laisser les choses aller» et les empêche implicitement ou explicitement de se détacher des liens qu'ils ont ici-bas sur la terre. Le mari de Mme W. était simplement assis à son chevet, rappelant par sa présence leur mariage heureux qui ne devait pas finir et intercédant auprès des médecins pour qu'ils fassent tout ce qui est humainement possible pour empêcher sa femme de mourir. La femme de M. P. lui rappelait des promesses non tenues et les tâches inachevées, lui transmettant ainsi les mêmes désirs, le garder auprès d'elle de nombreuses années encore. Je ne puis pas dire que ces deux conjoints pratiquaient le refus de voir le réalité en face. Ils connaissaient l'un et l'autre le véritable état de leur conjoint. Et pourtant, en raison de leurs propres besoins, ils tournaient le dos à cette réalité. Ils la regardaient en face lorsqu'ils parlaient à d'autres personnes, mais la niaient devant le malade. Et c'était les malades qui avaient besoin de s'entendre dire qu'ils étaient, eux aussi, conscients de la gravité de leur état et qu'ils étaient capables d'accepter cette réalité. Sans cette connaissance, «chaque instant d'éveil est pure angoisse», pour reprendre les paroles de M. P. Notre entretien s'acheva en exprimant l'espoir que les personnages principaux de son entourage apprendraient à faire face à la réalité de sa mort prochaine au lieu d'exprimer l'espoir d'un prolongement de sa vie.

Cet homme était prêt à se séparer du monde qui était le sien. Il était prêt à entrer dans l'étape finale où la fin offre plus de promesses, parce qu'il ne reste plus assez de force pour vivre. On peut discuter de l'opportunité d'un effort médical extrême dans ces circonstances. Avec le goutte à goutte, les transfusions, des vitamines, des stimulants, des médicaments anti-dépressifs, une psychothérapie et un traitement symptomatique, on peut ajouter un «regain de vie» supplémentaire. J'ai entendu plus de critiques imprécatoires que de paroles de louange pour ce gain de temps et je répète ma conviction qu'un malade a le droit de mourir dans la paix et la dignité. Il ne devrait pas être manipulé pour la satisfaction de nos propres désirs si ses vœux vont dans un sens contraire. Je parle ici des malades qui ont une maladie physique, mais qui sont sains d'esprit et capables de prendre eux-mêmes des décisions sur leur propre sort. Leurs souhaits et leur opinion devraient être respectés, on devrait les écouter et les consulter. Si les vœux du patient sont contraires à nos convictions et à nos croyances, nous devrions exprimer ouvertement ce conflit et laisser la décision au malade pour tout ce qui touche à de nouvelles interventions ou à de nouveaux traitements. Parmi tous les nombreux malades graves que j'ai eu l'occasion d'approcher jusqu'ici, je n'ai jamais vu d'attitude irrationnelle ou de requête inacceptable, y compris chez les deux femmes atteintes de psychose qui ont été décrites précédemment, qui ont été jusqu'au bout de leur traitement, malgré le fait que, pour l'une d'elles, elle niât presque complètement sa maladie.

La famille après la mort du malade

Le patient mort, je trouve cruel et déplacé de parler de l'amour de Dieu. Lorsque nous perdons quelqu'un, en particulier si nous n'avons pas eu beaucoup de temps pour nous y préparer ou si le décès est brusque, nous sommes révoltés, en colère, au désespoir; on devrait nous permettre d'exprimer ces sentiments. Les membres de la famille sont souvent laissés seuls aussitôt qu'ils ont donné leur consentement à une autopsie. Amertume, colère ou simplement stupeur, ils déambulent le long des couloirs de l'hôpital, souvent incapables de faire face à la réalité brutale. Les premiers jours vont être remplis d'activité, de rendez-vous, et de présences de la parenté. Le vide, cependant, est ressenti après les funérailles, après le départ des proches. C'est le moment où les membres de la famille sont très reconnaissants d'avoir quelqu'un avec qui parler, surtout si c'est quelqu'un qui a eu un contact récent avec le défunt et qui peut faire part de récits sur quelques bons moments dans les derniers jours de celui qui a disparu. Cela aide les membres de la famille

à surmonter le choc et le chagrin des débuts et les prépare à accepter peu à peu le réalité nouvelle.
Beaucoup de parents sont préoccupés de souvenirs et ruminent des visions fantasques, parlant souvent au mort comme s'il était encore en vie. Non seulement, ils s'isolent des vivants, mais ils se rendent à eux-mêmes la confrontation avec la réalité de ce décès plus difficile. Evidemment, pour certains d'entre eux, c'est la seule façon de faire face à leur dépouillement et il serait cruel de les railler ou de leur rappeler quotidiennement la réalité qu'ils ne peuvent accepter. Il serait plus utile de comprendre ce besoin et de les aider à se séparer peu à peu en les sortant progressivement de leur isolement. J'ai vu cette attitude surtout chez de jeunes veuves qui avaient perdu leur mari en pleine jeunesse et qui n'y étaient pas du tout préparées. Cela arrive plus fréquemment en période de guerre, lorsque la mort d'un homme jeune a lieu au loin, bien que je croie qu'une guerre rend toujours les proches plus conscients de la possibilité qu'un combattant ne revienne pas. Ils sont donc mieux préparés à l'idée de cette mort qu'à la disparition inattendue d'un jeune homme à la suite d'une maladie à évolution rapide.
Il faut dire un dernier mot à propos des enfants. Ce sont souvent ceux qu'on oublie. Non qu'on ne s'occupe pas d'eux; le contraire est très souvent vrai. Mais peu de personnes parlent avec aisance de la mort à un enfant. Les jeunes enfants ont diverses conceptions de la mort, et il faut en tenir compte pour leur parler et comprendre leur manière de s'exprimer. Jusqu'à trois ans, un enfant se soucie uniquement de la séparation, plus tard suivie de la crainte d'une mutilation. C'est à cet âge que le petit enfant commence à s'évader, à faire ses premiers voyages «dans le monde», ses premières courses en tricycle sur le trottoir. C'est dans cette ambiance qu'il peut voir le premier petit chien qu'il aime écrasé par une voiture ou un bel oiseau dévoré par un chat. C'est cela que signifie pour lui la mutilation, car il est à l'âge où il se préoccupe de l'intégrité de son propre corps et où il est menacé par tout ce qui peut détruire cette intégrité. Ainsi, la mort, comme on l'a vu au chapitre premier, n'est pas un phénomène permanent pour l'enfant entre trois et cinq ans. C'est aussi temporaire que d'enterrer un oignon de fleur dans la terre pour voir la plante resurgir au printemps prochain.

Après cinq ans, la mort est souvent considérée comme une personne, un croquemitaine qui survient pour emporter les gens; elle est encore attribuée à une intervention du dehors.
Vers l'âge de neuf ou dix ans, la conception réaliste commence à poindre, la mort étant conçue comme un processus biologique permanent.
Les enfants réagiront différemment à la mort d'un parent, qu'ils se retirent silencieusement dans la solitude ou qu'ils s'affligent à haute voix pour attirer l'attention et susciter le remplacement d'un objet aimé et nécessaire. Comme les enfants ne peuvent pas encore distinguer entre le souhait et la réalité (on l'a souligné au chapitre premier), ils peuvent éprouver de grands remords et un sentiment de culpabilité. Ils se sentiront responsables d'avoir tué leurs parents et ils peuvent redouter un cruel châtiment comme représailles. D'autre part, ils peuvent subir la séparation avec un calme relatif et prononcer des paroles comme: «Elle reviendra pour les vacances de printemps» ou mettre secrètement une pomme dans un coin du jardin pour s'assurer qu'elle aura assez à manger pour ce voyage momentané. Si les adultes qui sont aussi bouleversés pendant cette période ne comprennent pas ces enfants et les réprimandent ou les corrigent, les enfants peuvent refouler leur propre façon d'avoir du chagrin – ce qui est souvent la racine de troubles émotionnels ultérieurs.
Pour un adolescent, en revanche, les choses ne sont souvent pas très différentes de ce qui se passe pour l'adulte. Naturellement, l'adolescence est en elle-même une période difficile et la perte d'un parent qui s'y ajoute est très souvent insoutenable pour cet âge. On doit les écouter et leur permettre d'exprimer au grand jour leurs sentiments, que ce soit la culpabilité, la colère ou la tristesse la plus naturelle.

Résolution du chagrin et de la colère

Ce que je veux dire ici, une fois de plus, c'est qu'il faut laisser le membre de la famille parler, pleurer, voire hurler de tristesse si nécessaire. Il faut le laisser exprimer ses sentiments, leur donner libre cours. Le membre de la famille a devant lui une longue période de deuil après que les problèmes concernant le défunt ont été réglés. Il a besoin d'aide, de la confirmation d'un diagnostic fatal jusqu'à de nombreux mois après la mort d'un de ses proches.

Par aide, je ne prétends évidemment pas dire qu'il faut des conseils professionnels sous quelque forme que ce soit; la plupart des gens n'en ont pas besoin ou ne peuvent les supporter. Mais ils ont besoin d'une présence humaine, un ami, un médecin, une infirmière, un aumônier – peu importe. Le travailleur social peut l'être de façon significative, s'il a pu intervenir en cherchant une clinique et si la famille désire parler davantage de la mère disparue, dans ce cadre particulier qui peut avoir été la source de sentiments de faute, parce qu'on n'a pas su la garder à la maison. Ces familles peuvent avoir visité en leur temps d'autres personnes âgées dans la même clinique et ont continué leur tâche en s'occupant de quelqu'un, peut-être sous l'effet d'un refus partiel d'admettre la réalité, peut-être pour tâcher de réparer les occasions manquées à l'égard de la grand-mère. Peu importe la raison fondamentale, nous devons essayer de comprendre leurs besoins et aider les membres de la famille à orienter leurs désirs de manière constructive pour diminuer leur sentiment de faute, leur honte, leur crainte de représailles. L'aide la plus efficace que nous puissions apporter à ces membres, enfants ou adultes, est de partager leurs sentiments avant l'événement de la mort et de leur permettre d'aller jusqu'au bout de leurs sentiments, rationnels ou irrationnels.

Si nous supportons leur colère, qu'elle soit dirigée contre nous, contre le défunt ou contre Dieu, nous les aidons considérablement à progresser vers l'acceptation sans culpabilisation. Si nous les blâmons d'oser étaler au grand jour des pensées aussi peu tolérées au plan social, nous sommes nous-mêmes blâmables de prolonger leur chagrin, leur honte, leur sentiment de culpabilité qui débouchent souvent sur une mauvaise santé physique et affective.

X. Quelques entretiens avec des malades à l'extrémité

Mort, ta servante est à ma porte. Elle a franchi la mer inconnue; elle m'apporte ton appel.
La nuit est sombre et mon cœur est peureux – pourtant je saisirai la lampe; j'ouvrirai les vantaux et j'inclinerai mon accueil. Car c'est ta messagère qui se tient devant ma porte.
Mains jointes, je l'honorerai de mes larmes. Je répandrai le trésor de mon cœur à ses pieds.
Et elle s'en retournera, son message accompli, laissant sur mon matin son ombre sombre; et dans la maison désolée rien ne restera plus, mon Seigneur, que moi-même à t'offrir en suprême don.
Rabindranath Tagore, L'Offrande Lyrique LXXXVI

Dans les chapitres précédents, nous avons essayé de souligner les raisons des difficultés croissantes que les malades éprouvent à communiquer leurs besoins lors d'une maladie grave, voire fatale. Nous avons résumé certaines de nos conclusions et tenté de décrire les méthodes utilisées pour mettre au jour la conscience, les problèmes, les soucis et les désirs des malades. Il semble utile d'ajouter davantage d'exemples pris au hasard de ces entretiens, parce qu'ils offrent une meilleure image de la variété des réponses et des réactions tant du patient que de l'interpellateur. Il faut rappeler que le malade connaissait rarement son interlocuteur; ils ne s'étaient rencontrés tous deux que quelques minutes pour prendre des dispositions pour l'entretien. J'ai choisi un entretien d'un malade dont la mère lui rendait visite au même moment et qui était d'accord de nous voir à cet instant pour partager avec elle ses réactions. Je crois qu'ils montrent bien comment différents membres d'une famille font face à une maladie fatale et comment parfois, deux membres de cette famille ont des souvenirs complètement différents du même événement. Chaque entretien est suivi d'un bref résumé concernant les matières relatives aux déclarations faites dans les chapitres précédents. Ces entretiens originaux parlent d'eux-mêmes.

C'est intentionnellement qu'ils n'ont pas été publiés et qu'ils ne sont pas abrégés; ils montrent les moments où nous avons pu percevoir des communications implicites ou explicites d'un malade et les moments où nous n'avons pas réagi de la façon la plus sensible. Ce qu'on ne peut pas partager avec le lecteur, c'est l'expérience qu'on fait pendant un dialogue de cette nature: les nombreuses communications qui ne s'expriment pas par des mots et qui ne cessent de se produire entre patient et médecin, médecin et chapelain, patient et chapelain; les soupirs, les yeux qui se mouillent, les sourires, les gestes des mains, le regard vide, le coup d'œil étonné, les mains tendues – toutes communications qui ont leur importance et qui vont souvent très au-delà des paroles.

Bien que les entretiens qui suivent aient été, à quelques exceptions près, les premières rencontres avec ces malades, ils n'ont pas été les seuls, dans la plupart des cas. Tous les malades ont été revus aussi souvent qu'il était nécessaire, jusqu'à leur mort. Beaucoup de nos malades ont pu être renvoyés chez eux une fois encore, soit pour y mourir, soit pour être à nouveau admis à l'hôpital quelques temps plus tard. Ils ont demandé notre visite lorsqu'ils retournaient chez eux ou ils ont demandé à l'un de leurs interlocuteurs de «garder le contact». Il est parfois arrivé qu'un membre de leur famille ait fait un saut à notre bureau pour une visite officieuse, soit pour y obtenir une explication de l'attitude du malade et pour demander notre aide et notre compréhension, soit pour échanger quelques souvenirs après la mort du patient. Nous avons essayé de rester disponibles à leur égard comme nous l'avions été pour le malade pendant son hospitalisation et après.

Les entretiens suivants peuvent être étudiés du point de vue du rôle joué par les membres de la famille pendant ces moments difficiles.

Mme S. avait été abandonnée par son mari, qui n'était informé de sa maladie fatale qu'indirectement, par ses deux tout jeunes fils. Ce fut un voisin, un ami, qui joua le rôle le plus important pendant la maladie mortelle de cette femme, bien qu'elle ait toujours espéré que son mari indifférent et sa seconde femme s'occuperaient des enfants après sa mort.

La jeune fille de dix-sept ans fait preuve d'un courage juvénile dans sa manière de faire front à cette crise. Son entretien est suivi d'une conversation avec sa mère; toutes deux parlent pour elles-mêmes.

Mme C. était incapable d'affronter sa propre mort à cause de toutes les obligations familiales qu'elle avait à assumer. Là aussi nous avons un bon exemple de l'importance des conseils familiaux, lorsque des personnes malades, dépendantes ou âgées doivent être assistées par le patient.
Mme L. qui avait été les yeux de son mari handicapé de la vue, se sert de ce rôle pour prouver qu'elle peut encore être utile et tous les deux, mari et femme, pratiquent un refus partiel de la réalité pendant l'époque de leur crise.
Mme S. était une femme de quarante-huit ans, protestante, mère de deux jeunes garçons qu'elle élevait seule. Elle a exprimé le désir de parler à quelqu'un et nous l'avons invitée à venir à notre séminaire. Elle était sur la réserve et terriblement inquiète de devoir venir, mais après le séminaire, elle se trouva très soulagée. En se rendant à la chambre des entretiens, elle parla en passant de ses deux fils et il semblait évident qu'ils étaient son principal souci au cours de son hospitalisation.

Médicin: Mme S., nous ne savons vraiment rien de vous, sauf les quelques minutes où nous vous avons vue auparavant. Quel âge avez-vous?
Malade: Voyons. Dimanche, j'aurai quarante-huit ans.
Méd: Dimanche prochain? J'aurai à y penser. C'est la seconde fois que vous passez par l'hôpital? Quand êtes-vous venue la première fois?
Mal: En avril.
Méd: Pourquoi?
Mal: Cette tumeur sur ma poitrine.
Méd: Quel genre de tumeur?
Mal: Eh bien, je ne peux pas vous le dire maintenant. Voyez-vous, je ne sais pas grand-chose sur cette maladie, je ne peux pas distinguer un genre d'un autre.
Méd: Qu'en pensez-vous? Comment vous a-t-on parlé de ce que vous avez?
Mal: Eh bien, voyez-vous, quand je suis venue à l'hôpital, ils ont fait une biopsie et alors, deux jours plus tard, le médecin de la famille est venu me dire que les résultats étaient arrivés et que c'était une tumeur maligne. Mais en réalité, je ne sais pas le nom de cette sorte...
Méd: Mais on vous a dit que c'était une tumeur maligne?

Mal: Oui.
Méd: Quand était-ce?
Mal: Oh, c'était en, voyons, peut-être dans la seconde moitié de mars.
Méd: Cette année? Ainsi, jusqu'à cette année, vous étiez en bonne santé?
Mal: Non, non. Voyez-vous, j'ai eu une tuberculose qu'on a stoppée et j'ai passé des mois dans un sanatorium à un moment ou à un autre.
Méd: Je vois. Où, au Colorado? Où avez-vous été en sanatorium?
Mal: En Illinois.
Méd: Ainsi, vous avez eu une série de maladies dans votre vie?
Mal: Oui.
Méd: Donc, vous êtes plus ou moins habituée aux hôpitaux?
Mal: Non. Je ne crois pas qu'on s'habitue jamais à eux.
Méd: Et maintenant, comment cette maladie a-t-elle débuté? Qu'est-ce qui vous a conduite à l'hôpital? Pouvez-vous nous dire quelque chose sur le commencement de cette affaire?
Mal: J'avais cette petite grosseur. C'était, oh, c'était peut-être comme un petit grain de beauté ou quelque chose comme ça, vous savez. Juste ici. Et il est devenu de plus en plus gros et douloureux et, je crois que je ne suis pas très différente des autres, je n'ai pas envie d'aller chez le docteur et j'ai tardé, jusqu'à ce que je finisse par me rendre compte que ça empirait et que je devais aller consulter quelqu'un. Bien, c'était quelques mois avant que mon médecin de famille que j'avais depuis des années meure. Et je ne savais plus chez qui aller. Naturellement, je veux dire, je n'ai pas de mari, j'avais été mariée pendant vingt-deux ans et mon mari a décidé qu'il désirait quelqu'un d'autre. Alors, on était seulement les gosses et moi et je sentais qu'ils avaient besoin de moi. Je pense que c'est probablement une des raisons pour lesquelles je pensais que s'il y avait quelque chose de grave, eh bien, je devais dire que ça ne pouvait pas être comme ça. Il faut que je reste à la maison avec les enfants. C'est la principale raison d'avoir tellement tardé. Et voilà, et quand je suis allée, c'était devenu très grand et si douloureux que je ne le supportais plus, que je ne supportais plus cette douleur. Et quand je suis allée chez le médecin de la famille, il m'a simplement dit qu'il ne pouvait rien faire ici dans son

cabinet. Il fallait que j'aille à l'hôpital. Alors je suis venue. Je crois quatre ou cinq jours après, j'ai été admise à l'hôpital et – j'ai aussi une tumeur sur un ovaire.
Méd: En même temps? On l'a trouvée?
Mal: Oui. Et je crois qu'il avait l'intention de faire quelque chose à ce sujet aussi pendant que j'étais là et quand il a vu la biopsie de ça et qu'il est revenu, c'était une tumeur maligne et naturellement il n'a plus voulu rien faire d'autre. Alors il a dit qu'il ne pouvait rien faire de plus pour moi, je devais décider où je voulais aller.
Méd: C'est-à-dire à quel hôpital?
Mal: Oui.
Méd: Alors, vous avez pointé celui-ci?
Mal: Oui.
Méd: Pourquoi?
Mal: Parce que j'ai un ami qui a été hospitalisé ici une fois. Je le connais par mon assurance et il ne pouvait dire assez de bien d'ici, des docteurs, des infirmières. Il disait que les docteurs sont des spécialistes et vous y aurez les meilleurs soins.
Méd: Et c'est vrai?
Mal: Oui.
Méd: Je voudrais bien savoir comment vous avez pris la chose, quand on vous a dit que c'était une tumeur maligne. Comment l'avez-vous pris après avoir tellement remis à plus tard le moment d'apprendre la vérité? Ou d'écouter les faits, vous voyez, en dehors de votre obligation d'être à la maison et de vous occuper de vos enfants. Comment l'avez-vous pris, quand il a bien fallu qu'on vous dise la vérité?
Mal: Quand j'ai entendu ça, je me suis écroulée.
Méd: Que voulez-vous dire?
Mal: Dans mes sentiments.
Méd: Déprimée, en larmes?
Mal: Ah! J'ai toujours pensé que je ne pourrais pas avoir une histoire comme ça. Alors quand j'ai compris sa gravité, j'ai pensé que c'était quelque chose qu'il fallait accepter, se laisser abattre ne résoudrait rien, et je suppose que plus tôt j'irai chez quelqu'un qui peut m'aider le mieux ce sera.
Méd: En avez-vous parlé à vos enfants?
Mal: Oui. Je leur en ai parlé à tous les deux, mais, j'avoue, je ne sais pas très bien ce qu'ils ont vraiment compris, je veux

dire, ils savent que c'est quelque chose qui est très grave, mais je ne sais vraiment pas à quel point ils comprennent.
Le chapelain: Et le reste de votre famille, qu'en est-il? En avez-vous parlé à d'autres? Avez-vous d'autres proches?
Mal: J'ai un copain, un ami avec qui je vais depuis à peu près cinq ans. C'est un chic type et il a été très bon pour moi. Et il a été aussi très bon pour les gosses, je veux dire depuis que j'ai dû me séparer d'eux, il les surveille, il s'est occupé qu'il y ait quelqu'un qui soit là avec eux pour préparer les repas le soir et pour être avec eux. Je veux dire, ils ne sont pas complètement seuls, livrés à eux-mêmes. Bien sûr, l'aîné, il serait probablement assez grand pour être responsable, mais j'ai le sentiment qu'il est encore mineur jusqu'à vingt-et-un ans.
Chap: Vous êtes plus tranquille avec quelqu'un là-bas.
Mal: Oui. Et puis j'ai une voisine là-bas. C'est plutôt un duplex, elle vit dans l'autre moitié de la maison. Elle entre et elle sort chaque jour. Et elle m'a bien aidée au ménage, pendant ces deux mois où j'étais à la maison. Elle a pris soin de moi, vous savez, elle me donnait des bains et s'occupait de mes repas. C'est une personne merveilleuse. Elle est très religieuse, vous savez, avec sa propre foi et elle s'est fantastiquement dévouée pour moi.
Méd: Quelle est sa foi?
Mal: Je ne sais pas si je connais vraiment l'église qu'elle fréquente.
Chap: Protestante?
Mal: Oui.
Chap: Vous avez une famille ou est-ce...
Mal: J'ai un frère qui vit ici.
Chap: Mais il n'est pas aussi proche que...
Mal: Nous n'avons jamais été très liés; je crois que depuis le peu de temps que j'ai connu cette amie, elle est réellement ce que j'ai de plus proche. Je veux dire que je puis lui parler de tout et elle me parle et je me sens mieux.
Méd: Hum. Vous avez de la chance.
Mal: Elle est fantastique! Je n'ai jamais connu quelqu'un comme ça. Presque chaque jour je reçois d'elle une carte ou quelques lignes au courrier. Ça peut être bêbête, ça peut être sérieux, mais je pense que je m'attends chaque jour à avoir quelque chose d'elle.

Méd: Simplement quelqu'un s'occupe de vous.
Mal: Oui.
Méd: Il y a combien de temps que votre mari vous a quittée?
Mal: En septembre 1959.
Méd: 59. Aviez-vous à ce moment la tuberculose?
Mal: La première fois, c'était en 1946. J'ai perdu ma petite fille. Elle avait deux ans et demi. A ce moment, mon mari était à l'armée. Elle est tombée gravement malade et nous l'avons conduite chez un spécialiste à l'hôpital. Et, ah! le pire, c'est que je ne pouvais plus la voir quand elle était là-bas. Elle a eu le coma et elle n'en est pas sortie. Ils ont demandé si ce ne serait pas bien de faire une autopsie et j'ai dit oui, peut-être ça pourra aider quelqu'un d'autre un jour. Alors ils ont fait l'autopsie et elle avait eu ce qu'ils appellent une tuberculose miliaire. C'était dans le sang. Et quand mon mari est parti pour le service, mon père est venu vivre chez moi. Et alors, après tout ça, on a tous été à une visite de contrôle et mon père avait une grande caverne dans un poumon et moi, quelques petits points pas graves. Ça fait qu'on a été tous les deux au sanatorium à ce moment-là. J'y ai été trois mois environ, le seul remède que j'ai eu, c'était le lit et des piqûres, on ne m'a pas fait d'intervention chirurgicale. Et alors, eh bien, au cours des années, je suis retournée là avant et après la naissance des deux garçons. Et je n'y suis plus retournée comme malade après que le plus jeune est né en 1953.
Méd: Votre fillette était votre premier enfant?
Mal: Oui.
Méd: C'est la seule fille que vous avez eue. Cela a dû être très dur. Comment vous en êtes-vous remise?
Mal: Bien oui, ça a été très dur.
Méd: Qu'est-ce qui vous a donné de la force?
Mal: La prière probablement, plus que tout le reste. Nous étions elle et moi, je veux dire, je n'avais qu'elle pour tout ce temps. Elle avait trois mois quand mon mari m'a quittée. Elle était tout, quoi, je vivais uniquement pour elle, voyez-vous. Je ne pensais pas que je pourrais le supporter, mais je l'ai fait.
Méd: Et maintenant, depuis que votre mari est parti, c'est pour les garçons que vous vivez.
Mal: Oui.
Méd: Cela doit avoir été très difficile. Et maintenant, c'est votre

religion ou vos prières ou quoi, qui vous aide à tenir le coup tout le temps quand vous avez le cafard ou que vous vous sentez déprimée à cause de votre maladie?
Mal: La prière, je crois, c'est la chose principale.
Méd: Est-ce que vous pensez, ou est-ce que vous avez parlé à quelqu'un de ce qui arriverait si vous mouriez de cette maladie ou – vous ne pensez pas à ces choses?
Mal: Ben, hum, je n'y ai pas trop pensé, non. Avec d'autres que mon amie, elle m'en parlera, on parle bien de la gravité de cette affaire et des choses comme ça, mais avec d'autres qu'elle, je n'en ai jamais parlé.
Chap: Votre pasteur vient-il vous voir ou allez-vous à l'église?
Mal: Bien, j'ai été à l'église avant. Vous savez, je ne me sentais pas bien depuis des mois, avant, j'y allais bien. Et je ne m'en sentais pas très bien d'aller à l'église. Mais –
Chap: Votre pasteur est-il venu vous voir?
Mal: Le pasteur est venu me voir quand j'étais à l'hôpital là-bas chez moi, avant que je vienne ici. Et il voulait me revoir avant que j'entre ici, mais je crois que j'ai décidé si brusquement de venir alors il n'est pas revenu me voir avant que je vienne ici. Et après que j'étais ici depuis deux ou trois semaines, M. D. est venu me voir.
Chap: Mais au fond, votre foi a été fortifiée par vos propres ressources chez vous. Vous n'avez pas eu une conversation vraiment bienfaisante avec quelqu'un à l'église?
Mal: Non.
Chap: C'est votre amie qui a joué ce rôle.
Méd: Vous laissez entendre que cette amie était une amie relativement nouvelle. Est-ce vous ou elle qui est venue s'installer dans ce duplex?
Mal: Je l'ai connue oh, il y a peut-être un an, un an et demi.
Méd: C'est tout? N'est-ce pas étonnant? Comment vous êtes-vous plu en un temps si court?
Mal: Bien, je ne sais pas. C'est plutôt difficile à expliquer. Je veux dire, elle disait que toute sa vie elle avait eu envie d'avoir une sœur et en bavardant, j'ai dit que j'avais aussi toujours eu envie d'avoir une sœur. Je disais que nous n'étions que les deux, mon frère et moi et elle a dit, bien voilà, je crois qu'on s'est trouvées et je pense que tu as maintenant une sœur et moi aussi. Rien que de la voir aller et venir dans la chambre, ça

vous fait sentir, quoi, tout simplement aussi bien que si c'était la maison.
Méd: Vous avez eu une sœur?
Mal: Non, seulement mon frère et moi.
Méd: Vous n'aviez qu'un frère. Quelle espèce de parents avez-vous eu?
Mal: Bien, mon père et ma mère ont divorcé quand j'étais petite.
Méd: Quel âge aviez-vous?
Mal: Deux ans et demi et mon frère trois ans et demi. Nous avons été élevés par un oncle et une tante.
Méd: Comment étaient-ils?
Mal: Ils ont été épatants pour nous.
Méd: Qui sont vos vrais parents?
Mal: Ma mère vit encore. Elle vit ici et mon père est mort peu après avoir été malade et avoir été au sanatorium.
Méd: Votre père est mort de sa tuberculose?
Mal: Oui.
Méd: Je vois. De qui vous sentiez-vous le plus proche?
Mal: Bien, je pense, ma tante et mon oncle, c'était réellement notre père et notre mère. Je veux dire, nous avons été avec eux depuis que nous étions tout petits. Et je crois qu'ils ne nous ont jamais dit, ils nous disaient qu'ils étaient notre oncle et notre tante, mais pour nous ils étaient comme nos parents.
Méd: Ce n'est pas faux. Ils ont été honnêtes envers vous.
Mal: Bien sûr.
Chap: Sont-ils en vie?
Mal: Mon oncle est mort il y a plusieurs années. Ma tante vit encore. Elle a quatre-vingt cinq ans.
Chap: Sait-elle que vous êtes malade?
Mal: Oui.
Chap: Avez-vous beaucoup de contacts avec elle?
Mal: Oh, oui. Je crois qu'elle ne sort plus beaucoup, elle n'est pas tellement bien. L'année dernière, elle a eu de l'arthrite dans la colonne vertébrale et elle a été à l'hôpital assez longtemps. Je ne savais pas si elle pourrait survivre ou non à cette maladie. Elle a survécu et elle va beaucoup mieux maintenant. Elle a sa petite place, elle vit par ses propres moyens, elle se débrouille toute seule, c'est merveilleux.
Méd: A quatre-vingt quatre ans?
Mal: Quatre-vingt cinq.

Méd: Et vous, comment avez-vous vécu? Travailliez-vous?
Mal: Je travaillais à mi-temps jusqu'à ce que je vienne ici.
Méd: En avril?
Mal: Oui. Mais mon mari me donne une aide équivalant à une semaine.
Méd: Je vois. Ainsi, vous ne dépendiez pas uniquement de votre travail?
Mal: Non.
Méd: Votre mari est-il encore en contact avec vous?
Mal: Eh bien, il... il voit les enfants quand il veut et c'est toujours – ... j'ai toujours eu le sentiment qu'il les voyait quand il voulait. Il vit dans la même ville que moi.
Méd: Ah, ah. Il s'est remarié?
Mal: Oui, il est marié. Il s'est remarié, peut-être une année après qu'il m'avait quittée.
Méd: Est-il au courant de votre maladie?
Mal: Oui.
Méd: Qu'en sait-il?
Mal: Je ne sais pas jusqu'où il est au courant. Il ne doit pas en savoir plus que ce que les enfants lui racontent.
Méd: Vous n'avez pas eu avec lui d'entretien?
Mal: Non.
Méd: Je vois. Vous ne l'avez jamais revu personnellement?
Mal: Pas pour lui parler. Je ne l'ai pas fait, non.
Méd: Quelles parties de votre corps sont-elles impliquées par cette tumeur maligne?
Mal: Eh bien, il y a cette grosseur ici et cette tache sur le foie. Et puis, j'ai eu cette grosse tumeur sur la jambe qui a mangé la plus grande partie de l'os et alors, ils ont introduit cette broche dans ma jambe.
Méd: C'était au printemps ou en été?
Mal: En juillet. Et après, j'ai aussi eu une tumeur sur mon ovaire, mais c'est discutable – bien que vous voyiez qu'ils ont dû chercher où ça avait commencé.
Méd: Oui. Ils savent que c'est dans différents endroits, maintenant, mais ils ne savent pas d'où c'est venu. Oui. Qu'est-ce qui est le pire pour vous, avec cette tumeur maligne? Dans quelle mesure cela intervient-il dans votre vie et vos activités normales? Vous ne pouvez pas marcher, par exemple, n'est-ce pas?

Mal: Non, seulement avec des béquilles.
Méd: Vous pouvez aller et venir chez vous avec des béquilles?
Mal: Oui, mais pour faire mon travail, disons, ma cuisine et mon ménage, c'est très limité.
Méd: Qu'est-ce que ça vous fait d'autre?
Mal: Je ne saurais pas dire.
Méd: Je crois que vous avez dit tantôt que vous aviez toutes sortes de douleurs.
Mal: C'est vrai.
Méd: Bon. Vous avez encore mal?
Mal: Hum. Je crois qu'après tant de mois, on apprend à vivre avec, et je veux dire, quand ça fait trop mal pour pouvoir le supporter, on demande quelque chose. Mais je n'ai jamais été de ceux qui se soucient de prendre des médicaments.
Méd: Mme S. m'impressionne comme quelqu'un qui supportera une grande douleur avant de dire quelque chose. Comme elle attend longtemps et voit sa tumeur grossir avant de voir un médecin.
Mal: Ça a toujours été ma pire crainte.
Méd: Etes-vous difficile pour les infirmières? Leur dites-vous quand vous avez besoin de quelque chose? Quel genre de malade êtes-vous, le savez-vous?
Mal (en plaisantant): Je crois que c'est aux infirmières qu'il faudrait le demander.
Chap: C'est bien facile, mais nous sommes curieux de savoir comment vous vous sentez.
Mal: Je ne sais pas. Je, je crois que je m'entends avec n'importe qui.
Méd: Ah ah. Je crois aussi. Mais peut-être ne demandez-vous pas assez?
Mal: Je demande ce que j'ai à demander.
Méd: Comment, dites-le moi.
Mal: Je ne sais pas. Je pense que les gens sont différents les uns des autres. Voyez-vous, j'ai toujours été heureuse de pouvoir me soigner moi-même, faire mon ménage, faire des choses pour les enfants. C'est ce qui me tourmente le plus. Que je sente que quelqu'un d'autre doit prendre soin de moi. C'est difficile à accepter.
Méd: Est-ce que le plus dur, c'est que la maladie empire? Ce n'est pas de pouvoir donner aux autres?

Mal: Oui.
Méd: Comment pourriez-vous donner aux autres sans être active physiquement?
Mal: Eh bien, on peut se les rappeler dans ses prières.
Méd: Ou ce que vous êtes en train de faire en ce moment?
Mal: Oui.
Méd: Croyez-vous que cela peut aider d'autres malades?
Mal: Oui. Je pense. J'espère que c'est le cas.
Méd: Comment pensez-vous que nous puissions être utiles autrement? Qu'est ce que c'est pour vous, la mort? Qu'est-ce que ça signifie pour vous?
Mal: Je n'ai pas peur de mourir.
Méd: Non?
Mal: Non.
Méd: Il n'y a pas d'autres significations pires?
Mal: Je ne pense pas. Naturellement, chacun a envie de vivre le plus longtemps possible.
Méd: Naturellement.
Mal: Mais je n'ai pas peur de mourir.
Méd: Comment imaginez-vous cela?
Chap: C'est cela qui m'étonnait, que nous ne vous communiquions rien d'autre que le fait que les gens ont des problèmes. Pensez-vous à ce qui arrivera si cela mène à la mort? Avez-vous réfléchi à cela? Vous avez dit que vous en aviez parlé à votre amie.
Mal: Oui. Nous en avons parlé.
Chap: Pouvez-vous nous faire part de quelques-uns de vos sentiments là-dessus?
Mal: Ça m'est difficile, vous savez, d'en parler...
Chap: C'est plus agréable d'en parler avec elle qu'avec quelqu'un d'autre?
Mal: Avec quelqu'un d'autre qu'on connaît.
Chap: Puis-je vous poser une question à propos de votre maladie, c'est votre deuxième maladie, vous avez eu la tuberculose et vous avez perdu votre petite – comment ces expériences ont-elles modifié votre attitude en face de la vie, vos idées religieuses?
Mal: Je crois que ça m'a rapproché de Dieu.
Chap: Comment ça? En sentant qu'il pouvait vous secourir ou...

Mal: Oui. J'ai le sentiment que je me suis remise entre ses mains. C'est lui que ça regarde, si je puis de nouveau être bien et mener une vie normale.
Chap: Vous avez dit que c'était difficile de dépendre des autres et pourtant, vous êtes capable de trouver une aide considérable de la part de votre amie. Est-ce difficile de dépendre de Dieu?
Mal: Non.
Chap: Est-il plus semblable à cette amie?
Mal: Oui.
Méd: Mais si je comprends bien, votre amie a les mêmes besoins que vous. Elle a aussi besoin d'une sœur, c'est donc donnant donnant, ce n'est pas seulement quelque chose qu'on reçoit.
Mal: Elle a eu de la tristesse et des difficultés dans la vie, peut-être est-ce ce qui m'a rapproché d'elle.
Méd: Est-elle une femme très seule?
Mal: Elle peut comprendre. Elle est mariée, elle n'a jamais eu d'enfants, elle aime les enfants et n'en a jamais eu à elle. Mais elle aime tous les autres. Elle et son mari ont travaillé à l'asile des enfants, ils ont été parents nourriciers. Oh, ils ont toujours des enfants autour d'eux et ils ont été très gentils avec mes garçons aussi.
Méd: Qui prendra soin des deux enfants si vous devez rester longtemps à l'hôpital ou si vous mourez?
Mal: Eh bien, je trouverais naturel que leur père s'en occupe, s'il m'arrivait quelque chose. Ce serait naturellement son rôle.
Méd: Qu'est-ce que vous ressentez à ce sujet?
Mal: Je crois que ce serait la meilleure chose.
Méd: Pour les enfants?
Mal: Je ne sais pas si ce serait le mieux pour les enfants, mais...
Méd: Comment s'entendent-ils avec sa seconde femme? Qui serait réellement leur mère en remplacement?
Mal: Eh bien en réalité, ils n'ont pas besoin d'elle.
Méd: Comment l'entendez-vous?
Mal: Bien, je ne sais pas si elle en veut aux enfants, ou bien, je ne sais pas. Mais je crois que dans son cœur, leur père les aime, je crois qu'il les a toujours aimés. Si on en arrivait là, je ne crois pas qu'il y ait quelque chose qu'il ne veuille pas faire pour eux.
Chap: Vos fils sont déjà grands. Le plus jeune a treize ans?

Mal: Treize ans. Il est en huitième cette année.
Méd: Treize et dix-huit, non?
Mal: L'aîné a passé son bachot l'année dernière. Il a eu dix-huit ans en septembre. Alors il doit signer son engagement militaire, ce qui ne l'enchante pas et qui ne me rend pas trop heureuse non plus. Je ne pense pas à ça. J'essaie de ne pas y penser, mais j'y pense quand même.
Méd: Surtout dans des moments comme celui-ci, je crois que c'est très difficile de ne pas y penser. L'hôpital dans son ensemble et les personnes sur votre étage, vous ont-ils aidé d'une façon quelconque ou avez-vous des propositions sur ce qui pourrait être amélioré pour des malades comme vous, qui avez, j'en suis sûr, des tas de problèmes, de conflits et de soucis et qui ont beaucoup de peine à en parler?
Mal: Oh, je crois que c'est ça que je sens, je souhaite que mes médecins puissent m'expliquer un peu plus. Je me rends compte, je veux dire que je sens que je suis dans l'obscurité, pour ce qui est de vraiment comprendre. Il y a peut-être des gens qui désirent savoir jusqu'à quel point ils sont malades, d'autres pas. Si je savais que j'ai peu de temps à vivre, je voudrais le savoir.
Méd: Le leur avez-vous demandé?
Mal: Non, mais les médecins sont toujours si pressés...
Méd: Attrapez-le, s'il vous plaît, la prochaine fois et demandez-lui.
Mal: Je pense que leur temps est précieux. Je pense que je ne ferai pas...
Chap: Ce n'est pas très différent de ce qu'elle disait de ses autres relations. Elle n'abuse de personne et prendre le temps de quelqu'un est une manière de s'imposer, à moins qu'elle ne se sente à l'aise vis-à-vis de cette personne.
Méd: A moins que la tumeur ne grossisse tellement et que la douleur ne devienne intolérable au point que vous ne la supportez plus – n'est-ce pas? Qui est le médecin que vous aimeriez entendre vous parler? Avez-vous plusieurs médecins? Avec lequel vous sentez-vous le plus à l'aise?
Mal: J'ai très grande confiance dans le Dr Q., il me semble que quand il entre dans ma chambre, j'ai l'impression que, quoi qu'il me dise, il a parfaitement raison.
Méd: Il attend peut-être un signe de votre part pour se laisser interroger?
Mal: J'ai toujours eu cette impression à son égard.

Méd: Croyez-vous qu'il attende une occasion d'être interrogé par vous?
Mal: Bien, je n'sais pas, je ne... probablement qu'il me dit ce qu'il pense nécessaire de me dire.
Méd: Mais ça ne vous suffit pas.
Chap: Bien, elle dit cela de façon à faire comprendre qu'elle veut en savoir davantage. Les exemples qu'elle donne, eh bien, c'est «si je dois avoir encore un peu de temps à vivre»... cela me pose la question de savoir s'il y a là quelque chose qui vous préoccupe ou vous inquiète? C'est comme cela que vous formulez la question dans votre propre esprit?
Méd: Qu'est-ce que c'est, un peu de temps à vivre, Mme S.? C'est très approximatif.
Mal: Je ne sais pas. Je pense six mois ou un an.
Chap: Désirez-vous très fortement savoir, si ce n'était pas ce genre de délai? C'est l'image que vous avez employée.
Mal: Quoi que j'aie, je l'ai, et je voudrais savoir. Je veux dire, il y a des gens à qui je crois que vous pourriez le dire et des gens à qui vous ne le pourriez pas.
Méd: Et qu'y aurait-il de changé?
Mal: Je n'en sais rien. Peut-être que j'essayerais de jouir un peu plus de chaque journée, si je...
Méd: Vous savez qu'aucun médecin ne peut vous dire le moment. Vous savez qu'il ne le sait pas – mais certains médecins pensent pouvoir donner un avis approximatif et certains malades tombent dans la plus terrible dépression et n'ont plus aucun plaisir dans les jours qui suivent. Qu'en dites-vous?
Mal: Ça ne me tourmenterait pas.
Méd: Mais vous comprennez pourquoi certains médecins sont très circonspects.
Mal: Oui. Je suis sûre que certaines personnes se jeteraient par la fenêtre ou quelque chose comme un coup de tête.
Méd: Certains sont comme ça, c'est vrai. Mais vous avez apparemment pensé à tout cela depuis un certain temps, parce que vous savez où vous en êtes. Je crois que vous devriez parler au médecin, vous devriez lui dire. Juste ouvrir la porte et voir jusqu'où vous pouvez aller.
Mal: Peut-être qu'il ne pense pas que je pourrais savoir simplement ce que j'ai, je veux dire que...
Chap: ...vous l'avez deviné.

Méd: Vous n'avez qu'à demander et vous recevrez la réponse.
Mal: Le premier docteur que j'ai connu quand je suis venue ici, vous savez, la première fois que je suis venue à la clinique pour mon premier contrôle, j'avais vraiment une entière confiance dès le premier jour où je l'ai vu.
Chap: C'était une confiance parfaitement justifiée.
Méd: C'est très important.
Mal: Je veux dire, je vais à la maison et on a son médecin de famille, on se sent très proche de lui.
Méd: Et c'est alors que vous l'avez perdu, lui aussi.
Mal: Et ça a été très dur, parce que c'était un homme formidable. Il avait tant de raisons de vivre encore. Il avait juste... la fin de la cinquantaine. Et bien sûr, comme vous savez, la vie d'un docteur n'est pas une vie facile. Et je pense qu'il n'a probablement pas pris assez de précautions, il ne s'est pas assez ménagé. Ses patients passaient en premier.
Méd: Comme vous! Vos enfants passent en premier –
Mal: ça, toujours!
Méd: Et maintenant, qu'y a-t-il de si difficile? Vous le savez, vous êtes venue ici pleine de méfiance, ici à la conférence.
Mal: Bien vrai, je n'étais pas pleine d'enthousiasme à l'idée de venir.
Méd: Je le sais.
Mal: Mais j'ai réfléchi et j'ai décidé de venir.
Chap: Et comment vous sentez-vous d'être venue?
Mal: Je suis contente d'être venue.
Méd: Ce n'était pas si terrible, n'est-ce pas? Vous disiez que vous n'étiez pas très forte en conversation. Moi, je pense que vous avez fait du très bon travail.
Chap: Oui, je suis d'accord. Mais je me demandais si vous aviez des questions à nous poser – en revenant à ce que vous disiez tout à l'heure, que les médecins ne restent pas assez longtemps pour qu'on leur pose des questions. Nous, nous restons assez longtemps pour que vous puissiez nous en poser, sur n'importe quoi, à propos de la séance, de...
Mal: Oh, moi, je pense que quand vous êtes venu et que vous en avez parlé, je ne comprenais pas très bien ce que ça résoudrait, ce que – quelle était l'idée principale, voyez-vous.
Chap: Est-ce que ça a été partiellement résolu, par cet entretien?

Mal: Partiellement, oui.
Méd: Voyez-vous, ce que nous essayons de faire est d'apprendre vraiment du malade comment nous pouvons parler à des personnes tout à fait étrangères que nous n'avons jamais rencontrées auparavant, quand nous ne nous connaissons pas du tout l'un l'autre, comment pouvons-nous connaître un patient assez bien pour deviner le genre de besoins et de désirs qu'il peut avoir. Et puis, s'en inspirer pour savoir comment l'aider, comme j'ai appris des tas de choses de vous maintenant, que vous savez très bien ce qu'est votre maladie, vous savez qu'elle est grave, vous savez qu'elle se trouve à plusieurs endroits. Je ne pense pas que personne puisse vous dire combien de temps ça durera et jusqu'où ça ira. On essaie un nouveau traitement que je crois qu'on n'a pas encore appliqué à beaucoup de malades, mais dont on espère beaucoup. Je sais que c'est un genre de régime qui est intolérable pour vous. Je pense que chacun fait de son mieux pour vous en sortir, vous savez –.
Mal: S'ils pensent que cela m'aidera, je veux bien le suivre.
Méd: Ils le pensent. C'est pour cela qu'ils vous le prescrivent. Mais ce que vous dites, je crois, c'est que vous voudriez avoir un bon moment de conversation avec le médecin pour en parler. Même s'il ne peut pas vous donner toutes les réponses claires et nettes; je crois que personne ne le peut. Mais au moins pouvoir en parler. Le genre de choses que vous faites avec votre médecin de famille et le genre de choses que vous essayez de faire ici.
Mal: Je ne me sens pas aussi nerveuse que je ne pensais. Je pense même que je me sens bien à l'aise.
Chap: Je crois que vous avez été détendue en étant assise ici.
Mal: Quand je suis venue ici au début, j'étais juste un peu nerveuse.
Chap: Vous avez fait cette observation.
Méd: Je crois que nous allons vous raccompagner. Nous allons rentrer dans un instant. D'accord?
Mal: Certainement.
Méd: Merci d'être venue.

En résumé, nous avons ici un exemple typique de malade qui a eu beaucoup d'épreuves dans sa vie, qui avait besoin de quelqu'un avec qui partager ses préoccupations et qui s'est sentie soulagée de pouvoir exprimer quelques-uns de ses sentiments avec une personne qui était attentive.

Mme S. avait deux ans et demi quand ses parents ont divorcé et elle a été élevée par des proches. Sa seule fille est morte à deux ans et demi de tuberculose pendant que son mari était mobilisé et elle n'avait personne d'aussi proche que cette fillette. Peu après cela, elle a perdu son père au sanatorium et elle a dû être elle-même hospitalisée pour tuberculose. Après vingt-deux ans de mariage, son mari l'a quittée pour une autre femme, en lui laissant deux fils en bas âge. Un médecin de famille en qui elle avait toute confiance est mort au moment où elle avait le plus grand besoin de lui, c'est-à-dire lorsqu'elle avait remarqué une grosseur suspecte qui se révéla plus tard maligne. Elevant seule ses deux enfants, elle différa tout traitement jusqu'à ce que la douleur fût devenue intolérable et que la maladie se soit répandue. Dans sa détresse et sa solitude, elle a toujours trouvé des amis compréhensifs avec lesquels partager ses soucis. Eux aussi furent des remplaçants, comme sa tante et son oncle le furent de ses vrais parents; l'ami remplaça le mari, la voisine remplaça une sœur qu'elle n'avait jamais eue. Cette amie fut la plus efficace de ses relations et devint la mère remplaçante pour la malade et pour ses enfants, alors que la maladie empirait. Ce service comblait un besoin que la malade ressentait et il fut rendu d'une manière discrète et pleine de sensibilité.

L'assistante sociale a joué un rôle essentiel dans l'organisation de la vie de cette patiente et dans le contact avec le médecin qui fut informé de son désir de partager avec lui des préoccupations plus personnelles.

Ce qui suit est un entretien avec une jeune fille de dix-sept ans atteinte d'anémie aplasique, qui a demandé à être vue en présence des étudiants. Une entrevue avec sa mère a eu lieu immédiatement après, suivie d'une discussion entre étudiants en médecine, médecin et infirmières de son unité hospitalière.

Méd: Je crois que je vais vous installer un peu plus à votre aise... bon... et dites-nous si vous êtes trop fatiguée ou si vous avez mal. Voulez-vous dire au groupe depuis quand vous êtes malade et comment tout cela a commencé?

Mal: Eh bien, c'est venu tout à coup.

Méd: Et comment est-ce arrivé?

Mal: Nous étions à une excursion de paroisse à X., petite ville de notre région et je suis allée à toutes les rencontres. Nous étions allés jusqu'à l'école pour le dîner, j'ai reçu mon assiette et je suis allée m'asseoir. J'ai commencé à avoir vraiment froid, à claquer des dents, à avoir des frissons et j'ai ressenti une violente douleur au côté droit. On m'a emmenée au presbytère et on m'a mise au lit. La douleur empirait et j'avais de plus en plus froid. Aussi le pasteur a-t-il appelé le médecin de la famille qui vint et déclara que j'avais une crise d'appendicite. On m'a transportée à l'hôpital et il a semblé que la douleur disparaissait; elle semble avoir disparu d'elle-même. On a fait une série d'analyses et on s'est aperçu que ce n'était pas mon appendice; on m'a renvoyée à la maison avec le reste des personnes qui m'accompagnaient. Tout a bien été pendant quelques semaines et je suis retournée à l'école.

Un étudiant: Que pensiez-vous avoir?

Mal: Je n'en sais rien. Je suis allée à l'école quelques semaines et puis je me suis vraiment sentie mal un beau jour, je suis tombée dans les escaliers et je me sentais faible et tout devenait noir autour de moi. On a appelé mon médecin, il vint et me déclara anémique. Il me fit conduire à l'hôpital et on me fit une transfusion de sang, un litre et demi. Et puis j'ai commencé à avoir ces douleurs ici, au-dedans. Cela faisait très mal et on a pensé que c'était ma rate. Ils allaient me l'enlever. Ils ont pris toute une série de radios et tout. Je continuais à avoir toutes sortes de douleurs et ils ne savaient plus que faire. Le Dr Y. fut appelé en consultation et je suis venue ici pour un contrôle et ils m'ont hospitalisée pendant dix jours. On a fait une masse d'analyses et ils ont fini par trouver que j'étais aplasique.

Etud: Quand était-ce?

Mal: Environ le milieu du mois de mai.

Méd: Qu'est-ce que cela signifiait pour vous?

Mal: Bien, je voulais savoir, être sûre que c'était ça, parce que je manquais beaucoup l'école. La douleur faisait vraiment mal et je voulais savoir ce qu'il y avait, vous comprenez. Je suis restée dix jours à l'hôpital et ils m'ont fait toutes sortes d'analyses et ils m'ont dit ce que j'avais. Ils ont dit que ce n'était pas terrible. Ils n'avaient aucune idée de ce qui avait pu provoquer ça.

Méd: Ils vous ont dit que ce n'était pas terrible?
Mal: Bien, ils l'ont dit à mes parents. Mes parents m'ont demandé si je voulais savoir tout et j'ai dit oui, je veux tout savoir. Alors ils m'ont dit.
Etud: Comment avez-vous pris la chose?
Mal: Eh bien, d'abord, je n'ai pas su et puis je me suis mise à penser que c'était la volonté de Dieu que je tombe malade, parce que c'était arrivé brusquement et que je n'avais jamais été malade auparavant. Alors je me suis dit que c'était la volonté de Dieu que je tombe malade et que j'étais sous sa protection et qu'il prendrait soin de moi, que je n'avais pas à m'en faire. Et j'ai continué comme ça depuis et je crois que c'est ça qui m'a conservée en vie, en sachant ça.
Etud: Jamais déprimée à cause de ça?
Mal: Non.
Etud: Pensez-vous que d'autres pourraient l'être?
Mal: Oh, quelqu'un pourrait devenir vraiment très malade. Je pense, voyez-vous, qu'il n'y a rien de rassurant, mais je pense que toute personne qui tombe malade pense comme ça une fois ou l'autre.
Etud: Souhaiteriez-vous parfois que ce n'ait pas été vos parents qui vous aient parlé de votre état – peut-être auriez-vous aimé que les médecins vous en parlent et soient venus vers vous?
Mal: Non, j'aime mieux que ce soient mes parents. Oh, je pense que c'était juste qu'ils m'en parlent, mais je crois que j'aurais été très heureuse... si le docteur en avait discuté avec moi*.
Etud: Les personnes qui ont travaillé autour de vous, médecins, infirmières, croyez-vous qu'ils ont évité la question?
Mal: Vous savez, ils ne me disent jamais rien, ce n'est le plus souvent que mes parents. Ils doivent m'en parler.
Etud: Pensez-vous avoir changé de sentiment à propos de l'origine de cette maladie, depuis la première fois que vous en avez entendu parler?
Mal: Non, je pense toujours la même chose.
Etud: Y avez-vous beaucoup pensé?
Mal: Heu...

---

* Elle exprime ici son ambivalence à l'égard de l'information venue des parents plutôt que du médecin.

Etud: Et cela n'a pas changé vos sentiments?
Mal: Non, j'ai passé par là, et maintenant, ils ne peuvent plus trouver mes veines. On me donne toutes sortes de choses comme cela à cause de tous ces autres problèmes, mais il faut garder la foi maintenant.
Etud: Croyez-vous avoir augmenté votre foi pendant ce temps?
Mal: Heu, oui, je le crois réellement.
Etud: Pensez-vous que ce serait une façon d'avoir changé? Votre foi est alors la chose la plus importante qui vous fera passer à travers tout cela?
Mal: Eh bien, je n'en sais rien. On dit que je ne m'en sortirai pas, mais il veut que je sois bien, je dois guérir.
Etud: Votre personnalité a-t-elle changé, avez-vous constaté des changements chaque jour?
Mal: Oui, parce que je vois plus de gens. Mais je le faisais déjà. Je circule et je rends visite à quelques malades et je les aide. J'ai du contact avec mes compagnes de chambre, ça fait quelqu'un avec qui parler. Vous savez, quand on est déprimé, ça aide de parler à quelqu'un d'autre.
Méd: Vous êtes souvent déprimée? Vous étiez deux dans cette chambre auparavant et maintenant, vous y êtes seule?
Mal: Je crois que c'est parce que j'étais à bout de forces. Je ne suis pas sortie de ma chambre depuis une semaine.
Méd: Sentez-vous maintenant de la fatigue? Dites-moi si vous vous sentez trop fatiguée, nous mettrons tout de suite fin à l'entretien.
Mal: Non, pas du tout.
Etud: Avez-vous noté un changement dans votre famille et chez vos amis, dans leur attitude à votre égard?
Mal: Je me suis beaucoup rapprochée de ma famille. Nous nous entendons bien, mon frère et moi, nous étions très proches quand nous étions petits. Vous savez, il a dix-huit ans et moi dix-sept, juste quatorze mois d'écart. Et ma sœur et moi, nous avons toujours été très amies. Maintenant, eux et mes parents sont beaucoup plus proches. Vous savez, je peux leur parler bien mieux et eux, je ne sais pas, j'ai seulement le sentiment de plus d'intimité.
Etud: Cela a approfondi et enrichi vos relations avec vos parents?
Mal: Oui, oui, et avec d'autres types aussi.

Etud: C'est un sentiment de soutien pour vous dans votre maladie?
Mal: Oui, je ne crois pas que je pourrais le supporter maintenant sans ma famille et tous mes amis.
Etud: Ils désirent vous aider de toutes les manières possibles. Et vous, les aidez-vous aussi d'une manière ou de l'autre?
Mal: Et bien, j'essaie... quand ils viennent, j'essaie de leur donner le sentiment qu'ils sont chez eux, pour qu'en rentrant, ils se sentent mieux, et des choses comme ça.
Etud: Vous sentez-vous très déprimée quand vous êtes seule?
Mal: Oui, j'ai des sortes de paniques, parce que j'aime les gens, j'aime être au milieu d'eux, être avec quelqu'un... Je ne sais pas, quand je suis seule, tous les problèmes remontent à la surface. On se sent parfois plus déprimé quand il n'y a personne à qui parler.
Etud: Y a-t-il quelque chose de particulier que vous sentez, quand vous êtes seule, quelque chose qui vous terrifie à l'idée d'être seule?
Mal: Non, c'est seulement le sentiment qu'il n'y a personne, personne avec qui parler.
Méd: Avant d'être malade, quel genre de jeune fille étiez-vous? Sortiez-vous beaucoup, ou aimiez-vous être seule?
Mal: J'étais plutôt portée à sortir. J'aimais le sport, aller ici et là, voir jouer des matches et être à un tas de rencontres.
Méd: Avez-vous été seule pendant un certain temps avant votre maladie?
Mal: Non.
Etud: Si c'était à refaire, auriez-vous préféré que vos parents attendent plus longtemps avant de vous parler?
Mal: Non, je suis contente d'avoir su dès le début. Je veux dire que je préfère savoir le vrai dès le début et savoir que je dois mourir, et qu'ils peuvent me regarder en face.
Etud: Au-devant de quoi allez-vous, quelle est votre vision de ce qu'est la mort?
Mal: Eh bien, je pense que c'est merveilleux, parce qu'on va à la maison, à la vraie, près de Dieu et je n'ai pas peur de mourir.
Méd: Avez-vous une vision, une image concrète de cette «autre maison», une manière de la concevoir, vous savez; nous avons tous des idées, nous imaginons quelque chose là-dessus, même si nous n'en parlons jamais. Cela vous ennuie d'en parler?

Mal: Oh, je pense simplement que c'est quelque chose comme une réunion où tout le monde est là et c'est vraiment sympathique et il y a encore quelqu'un d'autre, quelqu'un de spécial, vous comprenez. Ça fait que tout est différent.
Méd: Y a-t-il autre chose que vous pouvez dire à ce sujet, comment ça se présente?
Mal: Oh, on peut dire qu'on a un sentiment délicieux, plus besoin de rien, on est simplement là et plus jamais seule!
Méd: Tout est tout simplement bien?
Mal: Tout simplement bien, hem.
Méd: Pas besoin de nourriture pour rester fort?
Mal: Non, je ne pense pas. La force on l'aura en soi.
Méd: Vous n'avez pas besoin de toutes ces choses terrestres?
Mal: Non.
Méd: Je vois. Alors, comment avez-vous eu toute cette force, tout ce courage pour faire front à tout dès le début? Vous savez, beaucoup de gens ont une religion, mais il y en a très peu qui feront front comme vous, le moment venu. Vous avez toujours été comme ça?
Mal: Oui, oui.
Méd: Vous n'avez jamais eu une profonde révolte...
Mal: Non.
Méd: Ou de la colère contre les bien portants?
Mal: Non, je pense que j'ai tenu le coup avec mes parents, parce qu'ils ont été missionnaires pendant deux ans en S.
Méd: Je vois.
Mal: Et ils ont tous les deux merveilleusement travaillé dans l'Eglise. Ils nous ont élevés dans un foyer chrétien et ça y a beaucoup contribué.
Méd: Je comprends. Pensez-vous que nous, médecins, nous devrions parler aux gens qui ont une maladie grave, au sujet de leur avenir? Pouvez-vous nous dire ce que vous nous enseigneriez, si vous aviez pour mission de nous apprendre ce que nous devons faire pour d'autres?
Mal: Eh bien, un médecin entre et vous regarde et vous dit seulement «Comment allez-vous aujourd'hui?» ou quelque chose de semblable, c'est du chiqué, ça nous donne tout juste le sentiment qu'on est vraiment malade, parce qu'il ne nous parle jamais. Ou ils entrent comme s'ils étaient une espèce différente de gens. La plupart de ceux que je connais sont

comme ça. Ils arrivent et parlent avec moi un moment, me demandent comment je me sens et me font la causette. Ils disent des choses sur mes cheveux et que j'ai l'air mieux. Ils bavardent un moment et vous demandent comment vous allez et quelques-uns commencent à vous expliquer des choses autant qu'ils peuvent. C'est difficile avec moi, parce que je suis mineure et qu'ils ne sont pas censés parler avec moi, mais avec mes parents. Je pense que c'est tellement important de parler avec un malade, parce que s'il y a un sentiment de froid à l'égard des docteurs, vous avez peur de les voir entrer, s'ils sont glaciaux et genre business. Mais s'ils entrent en étant chaleureux et humains, ça fait du bien.

Méd: Avez-vous l'impression d'être mal à l'aise à l'idée de venir ici et d'en parler avec nous?

Mal: Non, je n'ai pas peur d'en parler.

Etud: Comment les infirmières ont-elles abordé ce problème?

Mal: La plupart ont été vraiment épatantes et ont pas mal parlé et je connais très bien la plupart d'entre elles.

Méd: Pensez-vous que les infirmières peuvent aborder le sujet mieux que les médecins, d'un certain point de vue?

Mal: Eh oui, parce qu'elles sont plus nombreuses et s'occupent de nous plus que les docteurs.

Méd: Ah, ah, elles mettent peut-être moins mal à l'aise?

Mal: J'en suis sûre.

Etud: Puis-je vous demander si quelqu'un est mort dans votre famille depuis votre enfance?

Mal: Oui, le frère de mon père, mon oncle. J'ai été à l'enterrement.

Etud: Qu'avez-vous ressenti?

Mal: Eh bien, je ne sais pas. Il avait quelque chose de bizarre, il semblait différent. Mais vous savez, c'était la première personne morte que je voyais.

Méd: Quel âge aviez-vous?

Mal: A peu près douze ou treize ans.

Méd: Vous avez dit: «Il avait quelque chose de bizarre» et vous avez souri.

Mal: Eh bien, il semblait différent, vous savez, ses mains n'avaient plus aucune couleur et elles avaient l'air tellement immobiles. Et puis ma grand-mère est morte, mais je n'étais pas là. Mon grand-père maternel est aussi mort, mais je n'étais

pas non plus là, je suis arrivée seulement à ce moment. Ah, et puis il y a eu ma tante et je n'ai pas pu aller à l'enterrement parce que c'est il n'y a pas très longtemps, j'étais malade et nous n'y avons pas été.
Méd: Cela arrive de différentes manières, n'est-ce pas?
Mal: Oui, mon oncle était mon préféré. On n'a pas vraiment à pleurer quand quelqu'un meurt, parce qu'on sait qu'ils vont au ciel et que c'est une sorte de bonheur pour eux de savoir qu'ils seront au paradis.
Méd: Quelqu'un d'entre eux vous en a-t-il parlé?
Mal: Un très très bon ami est mort, il y a un peu plus d'un mois et sa femme et moi sommes allées à son ensevelissement. Cela m'a été très dur, parce qu'il avait été si merveilleux pour moi et avait tant fait pour moi quand je suis tombée malade. Il donnait un tel réconfort.
Méd: Alors, ce que vous dites, c'est qu'il faut un peu plus de compréhension et prendre un peu plus de temps pour parler avec les malades.

L'entrevue avec la mère de cette jeune fille suit. Nous avons parlé avec elle peu après l'entretien avec sa fille.

Méd: Nous avons très peu de parents qui viennent nous parler de leurs enfants quand ils sont très malades et cette entrevue est très inhabituelle.
Mère: Eh bien, je l'ai demandée.
Méd: Ce dont nous avons parlé avec votre fille, c'est de ce qu'elle ressent et de sa manière d'envisager la mort. Nous avons été impressionnés par son calme et son absence de toute anxiété, tant qu'elle n'est pas seule.
Mère: Elle a beaucoup parlé aujourd'hui?
Méd: Oui.
Mère: Elle souffre beaucoup aujourd'hui et se sent très très mal.
Méd: Elle a beaucoup parlé, beaucoup plus que ce matin.
Mère: Oh, et j'avais peur qu'elle vienne sans rien dire.
Méd: Nous ne voulons pas vous garder longtemps, mais nous serions reconnaissants, si vous permettiez aux jeunes médecins de vous poser quelques questions.
Etud: Quand vous avez su pour la première fois l'état de votre

fille et que ce n'était pas guérissable, comment avez-vous réagi?

Mère: Bien, très bien.

Etud: Vous et votre mari?

Mère: Mon mari n'était pas avec moi à ce moment et c'est la manière dont je l'ai appris qui a été plutôt dure. Nous savions qu'elle était malade, mais c'est tout et alors, quand je suis venue la voir, j'ai demandé à savoir comment elle allait. Le médecin m'a dit: «Oh, pas bien du tout. J'ai de mauvaises nouvelles pour vous.» Il m'a conduit à une petite chambre et il m'a simplement et franchement dit: «Voilà, elle a une anémie aplasique et elle ne va pas bien du tout, c'est tout». Il a dit: «On ne peut rien faire, nous ne connaissons pas la cause, nous n'avons pas de remède.» Alors j'ai dit: «Est-ce que je peux poser une question?». Il a dit: «Si vous voulez». J'ai dit: «Pour combien de temps en a-t-elle encore, docteur, peut-être un an?» – «Oh! non, heureusement». Alors j'ai dit: «Pour ça, nous avons de la chance». C'est tout ce qu'il a dit, alors j'avais une foule de questions.

Méd: C'était en mai dernier?

Mère: Oui, le 26. Il a dit: «Il y a des tas de gens qui ont ça, c'est inguérissable et c'est là que nous en sommes. Il faut qu'elle l'accepte». Et il s'en est allé. Il m'a fallu beaucoup de temps pour retrouver mon chemin jusqu'à la salle où elle était et je crois que je me suis perdue dans un des halls, et en cherchant mon chemin, j'étais prise de panique. Tout le temps j'en revenais là en pensant: «Alors, elle ne vivra pas...» et tout s'est brouillé et je ne savais comment revenir jusque chez elle. Alors je me suis reprise et je suis retournée vers elle et j'ai parlé avec elle. J'avais d'abord peur d'entrer et de lui dire combien elle était malade, parce que je ne savais pas comment me tenir, j'avais peur d'éclater en sanglots. Je me suis fait violence avant de la revoir. Mais c'était vraiment un coup, la manière dont ça m'a été présenté et le fait que j'étais seule. Si j'avais pu m'asseoir un moment, au moins, et me parler à moi-même, je crois que je l'aurais accepté un peu plus facilement.

Etud: Comment auriez-vous voulu exactement qu'on vous dise la chose?

Mère: Eh bien, s'il avait attendu – mon mari était avec moi toutes les autres fois et c'était la première fois que j'étais seule, et s'il nous avait fait appeler tous les deux en disant peut-être: «Voilà, elle a cette maladie incurable». Il aurait pu nous le dire franchement, mais avec un semblant de compassion, il n'avait pas besoin de sembler avoir le cœur sec. Je veux dire sa manière de me lancer à la figure: «Vous n'êtes pas les seuls dans le monde.»

Méd: Voyez-vous, je me suis très souvent opposé à ça, cela fait mal. Peut-être que ce qui vous est arrivé, c'est que cet homme avait des difficultés avec ses propres sentiments en face de cette situation?

Mère: Oui, j'y ai pensé, mais ça fait quand même très mal.

Méd: Parfois, la seule manière qu'ils ont de communiquer des nouvelles comme celle-là, c'est sur un ton froid et détaché.

Mère: Vous avez aussi raison. Un médecin ne peut pas être bouleversé de ces choses et probablement il ne doit pas l'être. Mais je ne sais pas, il doit y avoir d'autres méthodes.

Etud: Vos sentiments envers votre fille ont-ils changé?

Mère: Non, je suis seulement reconnaissante de chaque jour que je passe près d'elle, mais j'espère et je prie pour que ça dure encore, ce qui n'est pas bien, je sais. Mais non, elle a été élevée dans l'idée que la mort peut être belle et qu'il n'y a rien à craindre. Je sais qu'elle sera tout aussi courageuse quand ça arrivera. Une seule fois, je l'ai vue craquer et pleurer en me regardant, quand elle m'a dit: «Maman, tu as l'air inquiète», et elle a dit: «Ne sois pas inquiète, je n'ai pas peur». Elle a dit: «Dieu m'attend, il prendra soin de moi, n'aie pas peur.» Elle a dit: «J'ai un peu peur, ça ne t'ennuie pas?». J'ai dit: «Non, je crois que tout le monde a peur.» J'ai dit: «Mais toi, reste comme tu es» et j'ai dit: «Tu as envie de pleurer? vas-y, pleure, tout le monde le fait.» Elle a dit: «Non, il n'y a pas de quoi pleurer.» Alors j'ai pensé qu'elle avait accepté et nous avions accepté, nous aussi.

Méd: C'était il y a dix mois, n'est-ce pas?

Mère: Oui.

Méd: Il y a peu de temps, on vous a donné juste «vingt-quatre heures».

Mère: Jeudi dernier, le docteur a dit que nous aurions de la chance si ça dépassait douze ou vingt-quatre heures. Il voulait lui donner un peu de morphine pour abréger et diminuer sa souffrance. Nous lui avons demandé si nous pouvions y réfléchir pensant une minute et il a dit: «Je ne vois pas pourquoi vous ne le faites pas pour abréger la souffrance.» Il est parti. Alors nous avons décidé qu'il valait mieux pour elle qu'il fasse cela. Et nous avons dit au médecin de l'étage qu'il pouvait lui dire que nous étions d'accord. Nous ne l'avons jamais vu depuis et on ne lui a jamais fait de piqûre. Alors elle a eu de bons jours et de vraiment mauvais, elle en a toujours davantage et elle a besoin de toutes les choses dont on m'a parlé à propos d'autres malades.

Méd: D'où?

Mère: Ma mère est de P. où il y a deux cents de ces malades et elle a appris beaucoup de choses à leur sujet. Elle disait que vers la fin, ils sont si mal que n'importe quel attouchement leur fait mal et qu'ils ont mal partout. Elle dit même que quand on les soulève, leurs os se cassent. Maintenant, elle n'a pas voulu manger depuis une semaine et toutes ces choses commencent à arriver. Jusqu'au premier mars, vous savez, elle avait l'habitude de courir après les infirmières dans le hall et de les aider, en apportant de l'eau aux autres malades et en les encourageant.

Méd: Ainsi, c'est ce dernier mois qui a été le pire.

Etud: Cela a-t-il changé vos rapports avec vos autres enfants?

Mère: Oh non, ils avaient l'habitude de se disputer tout le temps et elle aussi et elle disait: «Oh, j'espère que ça arrangera les choses». Ils se disputent encore un peu, mais je ne crois pas plus que les autres et ils ne se sont jamais détestés, mais (un sourire) ils sont très bons pour les enfants.

Etud: Comment réagissent-ils à cela?

Mère: Oh, ils ne la dorlotent pas, intentionnellement. Ils la traitent exactement comme avant. C'est bien, parce que cela ne l'attendrit pas sur elle-même et ils lui parlent un peu, etc. S'ils ont autre chose à faire, ils lui disent: «Je ne viendrai pas te voir samedi, je viendrai dans la semaine. D'accord?» Et elle dit: «D'acc. Amuse-toi bien.» Et elle continue à y penser et chaque fois qu'ils viennent, ils savent qu'elle ne reviendra probablement pas à la maison, vous savez. Ils en sont conscients et nous laissons un mot pour qu'on sache où nous atteindre et comment nous retrouver ensemble.

Méd: Parlez-vous avec vos autres enfants de l'issue possible?

Mère: Bien sûr.
Méd: Ouvertement et franchement?
Mère: Oui. Nous sommes une famille religieuse. Nous avons un culte tous les matins, nous prions avant leur départ pour l'école et je crois que ça a été d'un grand secours pour eux, parce que, comme famille, en particulier des adolescents, ils ont toujours à aller quelque part, à faire quelque chose et nous ne pouvons avoir l'air de nous réunir pour nous asseoir et parler de problèmes et de choses comme ça, mais ils veulent avoir ce moment chaque matin et y parler des problèmes de la famille. Nous aplanissons les choses pendant ces dix ou quinze minutes chaque matin et ça nous maintient tous ensemble. Nous avons parlé de ça souvent et en fait, notre fille a pris des dispositions pour ses propres funérailles.
Méd: Voulez-vous nous en parler?
Mère: Oui, nous en avons parlé. Il y avait un petit bébé né dans notre communauté, notre église, qui est aveugle. Je crois qu'elle a à peu près six mois, et un jour ma fille – à l'ancien hôpital – a dit: «Maman, je voudrais donner mes yeux pour elle quand je mourrai.». Et j'ai dit: «Bien, on verra ce qu'on peut faire pour ça, je ne sais pas s'ils voudront les prendre.» J'ai dit: «Tu sais, nous devrions parler de choses comme ça, nous devrions tous, parce que nous ne savons jamais si papa et moi sommes en voyage et si quelque chose nous arrivait et que nos enfants soient laissés tout seuls.» Elle a dit: «Oui, nous devrions être tous d'accord sur ces questions.» Et elle a dit: «Toi et moi, on va aider les autres. Nous allons écrire ce que nous voudrions qu'on fasse et nous leur demanderons ce qu'ils voudraient qu'on fasse.» Elle m'a rendu la chose plus facile et elle a dit: «Je commence et ensuite, tu me diras». Alors j'ai pris note de ce qu'elle me disait et cela m'a bien facilité les choses. Elle essaie toujours de faciliter la vie des autres.
Etud: Aviez-vous eu un soupçon quelconque avant qu'on vous dise que cela pouvait être une maladie incurable? Vous avez dit que votre mari avait toujours été avec vous les autres fois, que cette fois-là c'était la première où vous étiez seule. Y avait-il une raison particulière pour laquelle il n'était pas là?
Mère: Je tâche d'aller à l'hôpital aussi souvent que possible et il était malade. Et il a plus de temps libre que je ne voudrais ordinairement. Alors il était avec moi la plupart du temps.

Etud: Votre fille nous a dit qu'il avait été missionnaire en S. et que vous étiez très actifs au service de votre église. C'était en grande partie la raison de votre milieu profondément religieux. Quelle était la nature de ce travail missionnaire? Pourquoi n'y est-il plus affecté?
Mère: Eh bien, il est mormon. Ils ont toujours payé toutes ses dépenses, ses études et le reste et alors, quand nous nous sommes mariés, j'ai fréquenté l'église pendant un an. Et puis il a commencé à venir avec moi et pendant dix-sept ans, il est venu tous les dimanches avec moi et les enfants. Il y a à peu près quatre ou cinq ans, il est devenu membre de notre église et y a pris une part active pendant tout ce temps.
Etud: Puisque votre fille a une maladie dont la cause et le remède nous sont inconnus, je me suis demandé si vous n'aviez jamais ressenti une sorte de sentiment de culpabilité?
Mère: Oui. Plusieurs fois, nous nous sommes reprochés de ne pas leur avoir donné assez de vitamines. Le médecin de notre famille disait qu'ils n'en avaient pas besoin et je soutenais qu'ils pouvaient en avoir besoin, qu'ils auraient dû en prendre et puis j'ai essayé de découvrir que ça venait d'autre chose. Elle a eu un accident à Pâques dernier. On a dit que cela pouvait venir des os. On a dit que toute blessure à l'os peut causer cette maladie. Mais les docteurs d'ici disent: «Non, ce n'est pas ça – ça doit avoir eu lieu quelques mois auparavant.» Elle a eu toutes sortes de misères, mais elle y résiste si bien. Non, nous prions toujours: «Que ta volonté soit faite» et nous pensons que s'il veut la reprendre il le fera et que s'il ne le veut pas, il fera un miracle. Mais nous avons presque abandonné l'idée du miracle, seulement on dit qu'il ne faut jamais abandonner. Nous savons que ce qui se fera sera pour le mieux. Et nous lui avons demandé – il y a autre chose. On nous a dit de ne jamais le lui dire. Elle a eu beaucoup à apprendre l'an passé du point de vue maturité. Elle a rencontré des femmes de toutes sortes, l'une qui a fait une tentative de suicide, d'autres qui lui parlaient de leurs problèmes conjugaux ou de ce qu'elles faisaient pour éviter d'avoir des gosses. Il n'y a rien qu'elle ne sache et peu de milieux qu'elle n'ait fréquentés. Et elle a eu beaucoup à faire pour s'y faire. La seule chose qu'elle n'aime pas, ce sont les gens qui tâchent de lui cacher les choses. Elle veut tout savoir. C'est pour ça que nous lui avons parlé.

Nous lui avons tout raconté quand elle était si terriblement malade. la semaine passée et que nous pensions que c'était la fin. Le docteur nous l'a dit dans le hall et immédiatement, elle a demandé: «Qu'est-ce qu'il a dit, est-ce que je vais mourir maintenant?» J'ai dit: «Nous n'en sommes pas sûrs. Il dit que tu vas très mal.» Alors elle a dit: «Eh bien, qu'est-ce qu'il voudrait me donner?» Je ne lui ai surtout pas dit quoi, j'ai dit: «Quelque chose pour calmer la douleur». Elle a dit: «C'est un stupéfiant, je ne veux pas de stupéfiants.» J'ai dit: «Ça combattrait la douleur». Elle a dit: «Non, je préfère avoir mal jusqu'au bout, je ne veux pas devenir morphinomane.» J'ai dit: «Tu ne le deviendras pas.» Et elle: «Maman, tu m'étonnes». Et elle n'a jamais cédé et a continué à espérer qu'elle se guérirait.

Méd: Désirez-vous mettre un terme à cet entretien? Nous n'avons plus que quelques minutes. Voulez-vous dire au groupe ce que vous pensez de ce qui se passe à l'hôpital, comme mère d'une mourante? Vous aimeriez être auprès d'elle le plus possible. A quel point y avez-vous trouvé de l'aide?

Mère: Eh bien, c'était très sympathique avant à l'ancien hôpital. On y était très accueillant; les gens sont beaucoup plus occupés dans le nouveau et le service n'y est pas aussi bon. On me fait toujours sentir que je suis dans les jambes des gens quand je suis ici, particulièrement le chef de clinique et les internes. Je suis toujours dans leurs jambes. J'ai même un coin où je me cache en bas dans le hall et je me dissimule. Je me sens comme un voleur qui entre et qui sort, parce qu'ils me regardent comme pour me dire: «Ah! vous êtes encore là?» Ils passent en m'effleurant, sans m'adresser la parole. Je me sens comme quelqu'un qui n'a rien à faire là, comme si je devrais être ailleurs. Mais je veux rester et la seule raison pour quoi je veux rester, c'est parce que ma fille me l'a demandé et elle ne l'avait jamais demandé avant. Et j'essaie de rester hors de leur chemin. Je ne crois pas que je sois prétentieuse, mais je crois que j'ai pu aider un peu. Ils ont très peu de personnel et je sais que les deux ou trois premières nuits où elle était si mal, je ne sais ce qu'elle serait devenue, parce que les infirmières l'évitaient, elle et la vieille dame dans la même chambre. La vieille dame avait une attaque cardiaque et ne pouvait même pas obtenir un vase de nuit et j'ai eu à l'aider

pour ça certaines nuits et ma fille vomissait et elle avait besoin d'être lavée et soignée et elles ne le faisaient pas. Il fallait que quelqu'un le fasse.
Etud: Où dormez-vous?
Mère: Dans le fauteuil, juste à côté. La première nuit, je n'avais ni oreiller, ni couverture, ni rien. Une des autres malades qui dort sans oreiller a insisté pour que je prenne le sien et je me suis couverte de mon manteau et le jour suivant, j'ai commencé à apporter mes propres affaires. Je pense que je ne devrais pas le dire, mais de temps en temps, un des concierges m'apporte une tasse de café.
Méd: C'est bien de sa part.
Mère: J'ai le sentiment que je ne devrais pas dire tout ça, mais il faut que ça sorte.
Méd: Je crois que ces choses doivent être dites. Il est important d'y penser et d'en parler, de ne pas tourner autour du pot en disant que tout va très bien.
Mère: Non, comme je le disais, l'attitude des médecins et des infirmières est tellement différente à l'égard des malades et à l'égard de la famille.
Méd: J'ose espérer que vous avez fait quelques bonnes expériences aussi.
Mère: Naturellement. Il y a une jeune fille qui travaille de nuit et on a pris certaines choses et plusieurs malades se sont plaints et rien n'a été fait à ce sujet. Elle travaille toujours et ainsi ces malades restent éveillés la nuit en guettant son arrivée dans la chambre, parce qu'ils ont peur que ces choses soient volées. Et quand elle entre, elle est très dure, vous savez, c'est une fille très mesquine. Et voilà que la nuit suivante, un beau grand jeune Noir est entré et a dit: «Bonsoir, je suis ici pour vous rendre la nuit plus agréable», et toute son attitude était magnifique. Toute la nuit, il est venu quand je sonnais. Il était merveilleux. Le matin suivant, les deux malades de la chambre étaient cent pour cent mieux et cela rend la journée tellement meilleure.
Méd: Merci, Mme M.
Mère: J'espère que je n'en ai pas trop dit.

Voici ensuite l'entretien que nous avons eu avec Mme C. qui avait le sentiment de ne pas pouvoir faire face à sa propre mort sous la pression de nombreuses obligations familiales.

Méd: Vous avez dit que vous aviez tellement de choses qui vous trottaient dans la tête quand vous étiez au lit seule et que vous vous mettiez à penser. Je vous ai alors offert de nous asseoir auprès de vous et de vous écouter tout simplement. L'une de vos graves questions concerne vos enfants. Est-ce bien ça?
Mal: Oui, ma plus grande préoccupation concerne ma petite fille. J'ai aussi trois fils.
Méd: Ils sont plutôt grands, pourtant, n'est-ce pas?
Mal: Oui, mais je sais que les enfants réagissent devant la maladie grave d'un parent, spécialement si c'est la mère. Vous savez que ces choses ont une énorme influence dans l'enfance. Je me demande ce que ça fera si elle grandit dans ces conditions. Quand elle grandira en pensant à toutes ces choses.
Méd: Quelle sorte de choses?
Mal: Eh bien, tout d'abord le fait que sa mère est devenue inactive. Bien plus inactive qu'elle ne l'a jamais été auparavant, soit à l'école, soit dans les activités d'église. Et je suis bien plus inquiète maintenant de qui s'occupe de ma famille. Bien plus inquiète que quand j'étais à la maison, même quand j'étais inactive à la maison. Très souvent, on ne le sait pas parmi les amis et personne n'a envie d'en parler. Alors j'ai dit aux autres que je pensais que les gens devaient savoir. Et maintenant, je me demande si j'ai bien fait. Je me demande si j'ai bien fait de laisser ma fille connaître ce jeune homme ou si ça aurait dû être remis à plus tard?
Méd: Comment le lui avez-vous dit?
Mal: Eh bien, les enfants sont très directs dans leur façon de poser les questions. J'ai été parfaitement franche dans ma manière de lui répondre. Mais je l'ai fait avec tact. J'ai toujours eu un sentiment d'espoir. Un sentiment d'espoir qu'on pourrait découvrir quelque chose de nouveau un jour et que j'avais encore une chance. Je n'avais pas peur et je crois qu'elle ne doit pas avoir eu peur. Si la maladie devait progresser jusqu'à un état sans espoir, si je ne devais plus rien pouvoir faire et si je devais être de moins en moins bien, je n'avais pas peur de continuer. J'espérais qu'elle se développait et mûrissait grâce à l'action de l'école du dimanche. Si seulement je savais qu'elle pourrait continuer à aller de l'avant et ne le considérerait pas comme une tragédie! Je n'ai jamais désiré qu'elle ait

cette impression. Je ne le pense pas moi-même et c'est dans ce sens que je lui ai parlé. J'ai souvent essayé d'être gaie avec elle et elle pense toujours qu'on va arranger les affaires ici pour moi. Et cette fois encore, elle pense qu'on va me tirer d'affaire ici.
Méd: Vous avez certainement encore de l'espoir, mais moins que votre famille. Est-ce cela que vous voulez dire? Et c'est peut-être cette différence dans la conscience de la réalité qui rend les choses plus difficile.
Mal: Personne ne sait combien ça peut encore durer. J'ai certainement gardé toujours l'espoir, mais je suis au plus bas. Les docteurs ne m'ont rien révélé. Ils ne m'ont pas dit ce qu'ils avaient trouvé pendant l'opération. Mais n'importe qui saurait sans qu'on le lui dise. J'ai diminué de poids plus que jamais. Mon appétit est presque nul. On dit que j'ai une infection qu'on n'est pas capable de localiser. Quand on a une leucémie, la pire chose qui puisse vous arriver, c'est d'avoir une infection par-dessus le marché.
Méd: Vous étiez troublée, hier, quand je suis venu vous voir. On vous faisait un traitement du côlon aux rayons-X et vous vous sentiez comme quelqu'un qui donne à un autre une partie de son âme.
Mal: C'est exact. Vous savez, ce ne sont pas les choses importantes qui comptent quand on est aussi malade et aussi faible. Ce sont les petites qui comptent. Pourquoi donc ne peuvent-ils pas parler avec moi? Pourquoi ne peuvent-ils nous parler avant de faire certains traitements? Pourquoi ne vous laissent-ils pas aller à la salle de bains avant de nous emmener de la chambre comme un objet et pas comme une personne?
Méd: Qu'est-ce qui vous troublait réellement à ce point, hier matin?
Mal: C'est réellement très personnel, mais je dois vous le dire. Pourquoi ne nous fournit-on pas un pyjama supplémentaire quand on nous emmène à ces rayons-X? Quand c'est fini, vous êtes absolument en désordre. Vous êtes censée vous asseoir sur un siège et vous n'avez aucune envie de vous asseoir sur cette chaise. Vous savez qu'il y aura une masse de craie blanche quand vous vous lèverez et c'est une situation inconfortable. Je me disais qu'ils sont si épatants en haut dans ma chambre, mais quand on m'expédie en bas aux rayons, je me sens comme

un numéro ou quoi, comprenez-vous? On vous fait ces choses étranges et c'est très désagréable de revenir dans cet état. Je ne sais comment ça se passe, mais il semble que ça se passe tout le temps. Je ne crois pas que ça devrait arriver. Je pense qu'on devrait nous en parler à l'avance. J'étais très faible et très fatiguée. L'infirmière qui m'a ramenée ici croyait que je pouvais marcher et j'ai dit: «Bon, si vous croyez que je puis marcher, je vais essayer.» Entre-temps, j'avais eu ces rayons-X et j'avais dû grimper sur la table et tout et tout, j'étais si faible et fatiguée, je n'étais pas sûre du tout de pouvoir arriver jusqu'à ma chambre.

Méd: Cela doit vous mettre en colère et vous donner un sentiment d'impuissance.

Mal: Je ne suis pas souvent en colère. Je pense que la dernière fois que je puisse me rappeler m'être fâchée, c'était quand mon fils aîné était sorti et que mon mari était au travail. Il n'y avait pas moyen de fermer la maison à clé et je ne me sentais pas rassurée de m'endormir dans une maison non fermée. Nous sommes juste à l'angle, il y a un lampadaire à l'angle et je ne pouvais m'endormir avant de savoir que la maison était fermée. Je lui avais si souvent parlé de ça et il a été souvent bien gentil de me téléphoner et de me le dire, mais cette fois, il ne l'a pas fait.

Méd: Votre fils aîné vous pose des problèmes, n'est-ce pas? Vous m'avez dit hier brièvement qu'il avait eu des troubles affectifs et qu'il était un peu retardé, non?

Mal: C'est exact. Il a été dans un hospice pendant quatre ans.

Méd: Et maintenant, il est à la maison?

Mal: Oui, il est de retour.

Méd: Pensez-vous qu'il faudrait plus de surveillance pour lui? Et êtes-vous inquiète qu'il n'y ait pas assez de surveillance, comme vous le faisiez à propos de la maison qui n'était pas fermée ce soir-là?

Mal: C'est bien ça, et j'ai le sentiment d'être seule responsable – tellement responsable et je puis faire si peu, maintenant.

Méd: Que se passe-t-il quand vous ne pouvez plus être responsable?

Mal: Eh bien, nous espérons que ça lui ouvrira peut-être les yeux un peu plus, parce qu'il ne peut pas comprendre des choses. Il y a beaucoup de bon en lui, mais il a besoin d'aide.

Il ne pourrait pas se guider seul.
Méd: Qui pourrait l'aider?
Mal: C'est ça le problème.
Méd: Pouvez-vous envisager quelque chose, avez-vous quelqu'un à la maison qui puisse vous aider?
Mal: Evidemment, tant que mon mari vivra, il pourra le surveiller. Mais c'est un souci, parce qu'il doit être loin de la maison tant d'heures par jour pour son travail. Nous avons les grands-parents avec nous, mais même là. J'ai le sentiment que c'est insatisfaisant.
Méd: Quel parents?
Mal: Le père de mon mari et ma mère.
Méd: Sont-ils en bonne santé?
Mal: Non, ils ne sont pas en bonne santé. Ma mère a un Parkinson et mon beau-père est malade du cœur.
Méd: Tout cela en plus de vos soucis à propos de votre fillette de douze ans? Vous avez votre fils aîné qui est un problème, votre mère avec un Parkinson et qui commence à trembler dès qu'elle essaie d'aider quelqu'un. Et puis le père de votre mari qui est cardiaque et vous qui n'êtes pas bien. C'est cela qui vous tourmente le plus, je pense.
Mal: C'est vrai. Nous essayons de nous faire des amis et nous espérons qu'on s'occupera de la situation. Nous vivons au jour le jour. Chaque jour semble prendre soin de lui-même, mais aussi loin qu'on regarde devant soi, on ne peut que se poser des questions. Vous savez, avec moi qui ai cette maladie pardessus tout le reste. On ne sait jamais si on devrait simplement essayer d'être raisonnable et d'accepter la situation calmement d'un jour à l'autre ou si on devrait faire un changement complet.
Méd: Un changement?
Mal: Oui, il y a eu un moment où mon mari disait: «Il faut changer tout ça». Les vieux doivent s'en aller. L'une irait chez ma sœur, l'autre dans une maison de retraite. On doit apprendre à être dur et à mettre sa famille dans un établissement. Même notre médecin de famille pense que je devrais mettre mon fils dans un institut. Et pourtant, je ne peux accepter ces choses. A la fin j'ai fini par leur dire: «Non, je me sentirai moins bien si vous partez, alors vous restez. Et si ça doit arriver, si ça ne va pas mieux pour moi, vous devrez revenir. Si vous êtes partis,

ce sera pire.» Je les avais prévenus qu'ils venaient à la première place.
Méd: Vous vous sentiriez coupable s'ils allaient dans un asile?
Mal: Eh bien, je n'aurais pas cette impression si cela en venait au point qu'il soit dangereux pour eux de monter et descendre les escaliers ou – j'ai le sentiment que ça commence à devenir dangereux pour ma mère de tourner autour du fourneau de cuisine.
Méd: Vous avez tellement eu l'habitude de vous occuper de tous, ce doit être très dur pour vous qu'on s'occupe maintenant de vous.
Mal: C'est un gros problème. J'ai une mère qui essaie de m'aider, une mère qui s'intéresse à ses enfants plus que personne au monde. Ce n'est pas ce qu'il y a de mieux, parce qu'on doit avoir d'autres intérêts, vous savez. Elle n'a eu d'intérêt que pour sa famille. C'est sa vie, coudre et faire de petites choses pour ma sœur qui vit juste à côté. J'en suis bien contente parce que ma fille peut y aller. Et je suis très heureuse que ma sœur vive tout près. Ma mère peut s'y rendre et c'est bon pour elle aussi, parce que ça lui fait un peu de changement.
Méd: Cela facilite tout le monde. Mme C., pouvez-vous nous en dire un peu davantage sur vous? Vous avez dit que cette fois, vous vous sentiez très faible, que vous aviez perdu du poids au maximum. Quand vous êtes au lit, couchée toute seule, à quoi pensez-vous et qu'est-ce qui vous aide le plus?
Mal: Eh bien, venant du genre de famille d'où je viens et d'où vient mon mari, nous savions que si nous nous mettions en ménage, nous aurions besoin d'une force extérieure à côté de nous-mêmes. Il était chef éclaireur et il y avait des problèmes conjugaux entre son père et sa mère qui ont fini par se séparer. C'était le second mariage de mon père, il avait trois enfants. Il avait épousé une toute jeune serveuse et ça ne marchait pas du tout. C'était vraiment navrant, ces petits enfants étaient dispersés aux alentours. Ils ne sont pas venus vivre avec ma mère quand il l'a épousée. Mon père était une personne très capricieuse, un homme très nerveux qui n'avait pas bon caractère. Et maintenant, je m'étonne souvent d'avoir su m'en accommoder. Ainsi, quand il vivait dans le quartier, mon mari et moi nous nous sommes rencontrés à l'église. Nous nous sommes mariés. Et nous savions que pour réussir notre mariage, nous

devions avoir une force extérieure. Nous avons toujours eu ce sentiment. Nous avons toujours été actifs dans les œuvres de l'église et j'ai commencé à enseigner à l'école du dimanche quand j'avais seize ans. On avait besoin d'aide à la garderie d'enfants et je l'ai fait et j'aimais ça. J'ai enseigné jusqu'à ce que j'aie eu les deux aînés. J'ai aimé ça et je faisais souvent des cultes dans mon église et je leur disais ce que l'église était pour moi. Ce que mon Dieu signifiait pour moi, alors je pense qu'on ne jette pas tout ça par-dessus bord quand il arrive quelque chose. On continue à croire, vous savez que ce qui doit arriver arrive.

Méd: Est-ce aussi quelque chose qui vous aide maintenant?

Mal: Oui. Et quand mon mari et moi parlons, nous savons que nous avons les mêmes sentiments. Comme j'ai dit à l'aumônier C., nous savons que nous ne nous lasserons jamais de parler de tout ça avec d'autres personnes. Je lui ai aussi dit que notre amour est aussi fort aujourd'hui qu'il y a vingt-neuf ans à notre mariage. C'est encore une chose qui compte pour moi. Nous avons pu, malgré tous nos problèmes, y faire face. C'est un homme merveilleux, vraiment merveilleux!

Méd: Vous avez courageusement exposé vos problèmes, vous l'avez très bien fait, le plus dur, au fond, c'est votre fils?

Mal: Nous avons fait de notre mieux. Je ne crois pas que ce soit chose facile pour des parents. On ne sait pas comment s'y prendre, au début, on pense que c'est de l'entêtement, au fond, on ne sait pas.

Méd: Quel âge avait-il quand vous vous êtes aperçus qu'il avait des difficultés?

Mal: Eh bien, ça saute aux yeux. Ces gosses-là n'enfourchent pas un tricycle et ne font pas tout ce que les autres gosses font. Mais en réalité, une mère ne veut pas admettre ces choses. Elle cherchera tout d'abord d'autres explications.

Méd: Combien cela vous a-t-il pris de temps?

Mal: Jusqu'à maintenant, mais en réalité, quand il est allé à l'école, dans un jardin d'enfants, il a posé des problèmes à l'institutrice. Souvent il enfonçait quelque chose dans sa bouche pour attirer l'attention. J'ai commencé par recevoir des observations de l'institutrice, et j'ai bien dû reconnaître pour finir que nous avions un problème à son sujet.

Méd: Au fond, vous avez accepté les faits pas à pas comme

vous l'avez fait pour le diagnostic de leucémie. Quel genre de personnes à l'hôpital vous aident-elles le plus en face de vos problèmes quotidiens?
Mal: Chaque fois qu'on recontre une infirmière qui exprime la foi, c'est une aide énorme. Comme j'ai dit, quand je suis descendue hier à ces rayons-X, je me sentais comme un numéro et personne ne semblait beaucoup se soucier de moi, surtout quand je suis venue la seconde fois. Il était tard et ils étaient agacés qu'on leur envoie une malade si tard. Ça les dérangeait et ça bousculait leur programme. Je l'ai su quand elle est venue me chercher, elle a placé là le fauteuil roulant et elle a disparu et je suis restée assise là jusqu'à ce que quelqu'un vienne. Mais une des filles lui a dit qu'il ne fallait pas faire ça, qu'elle devait entrer, dire que j'étais là et les faire venir. Je crois qu'elle était furieuse de devoir s'occuper si tard d'une malade. Ils étaient en train de tout fermer, les techniciens s'en allaient chez eux et il était tard. Dans des petites choses comme ça, la gentillesse d'une infirmière pourrait être d'un grand secours.
Méd: Que pensez-vous des gens qui n'ont pas de foi?
Mal: Bien, j'en rencontre aussi. J'en rencontre parmi les malades d'ici aussi. Il y avait ici un monsieur l'autre jour et quand il a su ce que j'avais, il a dit: «Je ne comprends pas, il n'y a rien de juste dans ce monde, pourquoi avez-vous la leucémie, vous n'avez jamais fumé, jamais bu, vous n'avez jamais rien fait de ce genre,» savez-vous. Il disait: «Moi, je suis un vieux, j'en ai fait de toutes sortes que je n'aurais pas dû faire.» Ça ne fait aucune différence. On ne nous a jamais dit que nous n'aurions aucun problème. Notre Seigneur lui-même a dû faire face à des problèmes terribles, c'est pour ça qu'il nous enseigne et j'essaie de le suivre.
Méd: Pensez-vous quelque fois à la mort?
Mal: Oui. Je pense souvent à la mort. Je n'aime pas l'idée que tout le monde viendra me voir, parce que je suis si horrible à voir. Pourquoi faut-il que ça arrive? Pourquoi ne fait-on pas simplement un petit service funèbre? Vous savez, je n'aime pas l'idée de service funèbre, vous savez, c'est peut-être étrange. J'ai une sorte de répulsion, mon corps dans cette caisse.
Méd: Je ne suis pas sûr de comprendre.
Mal: Je n'aime pas faire de la peine aux gens, mes enfants, par

exemple, par deux ou trois jours de ce genre de choses, vous savez. J'y ai pensé, mais je n'ai rien fait à ce sujet. Mon mari m'a posé la question un jour en entrant; il a dit: «Devrions-nous réellement envisager de faire don de nos yeux ou de notre corps?» Nous ne l'avons pas fait ce jour-là et nous ne l'avons pas fait jusqu'à présent, parce que ce sont de ces choses qu'on remet à plus tard, vous savez.
Méd: Avez-vous jamais parlé à quelqu'un de cela? Une façon de vous préparer pour ce moment quand il viendra?
Mal: Eh bien, comme je l'ai dit à l'aumônier C., je pense que pour beaucoup de gens il y a un besoin de s'appuyer sur quelqu'un, de parler à l'aumônier et tous veulent que toutes les réponses viennent de lui.
Méd: Et leur donne-t-il les réponses?
Mal: Je crois que si on comprend le christianisme, quand on atteint mon âge, on doit être assez mûr pour savoir qu'on peut les trouver tout seul, parce qu'on est en face de soi-même, tout seul pendant de longues heures. On est seul dans la maladie, parce que les autres ne peuvent pas être tout le temps là, avec vous. Mon mari est le genre d'être qui voudrait être près de moi le plus possible.
Méd: Ce qui vous aide surtout, c'est d'avoir quelqu'un près de vous?
Mal: Oh! oui, en particulier certaines personnes.
Méd: Qui sont ces personnes? Vous avez mentionné l'aumônier et votre mari.
Mal: Oui. Je suis heureuse de voir mon pasteur venir me trouver de la part de mon église. Il y avait une autre jeune amie à peu près de mon âge et je sais qu'elle est une vraie chrétienne. Elle a perdu la vue. Elle est restée plusieurs mois à l'hôpital couchée sur le dos. Elle l'a très bien accepté. C'est le genre de personne à toujours faire quelque chose pour les autres. Elle visite les malades, elle recueille des vêtements pour les pauvres ou quelque chose dans ce genre. Elle m'a écrit une lettre magnifique l'autre jour en citant le psaume 139 et cela m'a vraiment fait du bien d'avoir reçu ça. Elle disait: «Je tiens à ce que tu saches que tu es une de mes amies les plus chères». C'est ça que vous êtes pour une personne comme elle, et ça vous rend heureuse. Ce sont les petites choses qui vous rendent heureuse. Dans l'ensemble, je pense qu'on est très

gentil ici. Mais je pense que je suis un peu fatiguée pourtant d'entendre que les gens souffrent dans les salles. Je l'entends et je pense: «Oh, est-ce qu'ils ne peuvent faire quelque chose pour cette personne», vous savez. Cela peut durer des heures et vous les entendez crier et vous avez peur qu'ils soient peut-être seuls. Vous n'avez pas le droit d'aller dans leur chambre et de leur parler, vous ne pouvez que les entendre. Ce genre de choses me bouleverse. La première fois que j'étais ici, j'ai très mal dormi et j'ai pensé à tout ça. J'ai pensé que ça ne devait pas continuer. Tu es ici pour arriver à dormir. Alors j'ai bien dormi. Mais j'entendais deux malades gémir cette nuit-là. C'est une chose que j'espère ne jamais faire. J'avais une cousine qui avait un cancer, il n'y a pas longtemps; elle était plus âgée que moi. C'était une femme merveilleuse. Elle était estropiée de naissance, mais se débrouillait magnifiquement. Elle était à l'hôpital pendant de très nombreux mois et elle n'a jamais crié. La dernière fois que je lui ai rendu visite, c'était une semaine avant sa mort. Elle était vraiment exemplaire. Elle m'inspirait parce qu'elle se préoccupait beaucoup plus de moi qui avais fait ce voyage pour venir la voir que d'elle et de son état.

Méd: C'est le genre de femme à qui vous voudriez ressembler?

Mal: Eh bien, elle m'a aidée. J'espère en faire autant.

Méd: Je suis sûr que vous le pouvez. C'est ce que vous avez très bien fait ici aujourd'hui.

Mal: Il y a encore une chose qui me tourmente – on ne sait jamais quand on entre dans un état inconscient comme ça, comment on réagira. On réagit parfois très différemment. Je crois que c'est important d'avoir confiance dans son médecin et d'être sûr qu'alors il restera avec nous. Le Dr E. est très occupé, alors on ne parle pas beaucoup avec lui. Si ce n'est pas lui qui pose la question, on ne peut pas exprimer un tas de problèmes de famille ou autres, bien que j'aie senti combien ces choses pèsent sur ma santé. Vous savez très bien que les problèmes peuvent peser très lourd sur notre santé physique.

Chap: C'est ce que vous sous-entendiez l'autre jour en vous demandant si les pressions de votre famille et tous les problèmes qu'il y a là n'avaient pas une influence sur votre santé.

Mal: Oui, parce que c'est vrai, notre fils allait très mal au moment de Noël et effectivement, son père l'a emmené à l'hôpital.

Il a été d'accord d'y aller. Il a dit: «Je ferai ma valise quand nous rentrerons de l'église». Et puis il est allé, mais il a changé d'avis et il est rentré à la maison. Son père a dit qu'il lui avait dit qu'il désirait rentrer à la maison et il l'a ramené à la maison. D'habitude, quand ce garçon arrive à la maison, il va et vient. Il ne peut pas rester assis, il faut qu'il bouge sans arrêt.
Méd: Quel âge a-t-il?
Mal: Vingt-deux ans. Tout va très bien quand on peut tenir en main cette affaire et faire quelque chose pour ça, mais quand vous ne pouvez pas lui donner de réponses à ses questions ou l'aider, c'est une chose terrible, même du lui parler. Il n'y a pas très longtemps, j'ai essayé de lui expliquer ce qui était arrivé à sa naissance et il semblait comprendre. J'ai dit: «tu as une maladie comme moi, je suis malade, et tu as des moments très difficiles. Je sais que tu passes par un très mauvais moment et que c'est terriblement dur pour toi. Mais je te fais pleine confiance, tu en sortiras, de ces mauvais moments et tu te rétabliras», et autres choses. Je sais qu'il a fait de gros efforts, mais on a affaire ici à un état mental et on n'est jamais sûr de ce qu'il faut faire pour ça.
Chap: C'est une rude tension pour vous. Cela doit vous fatiguer, j'en suis sûr.
Mal: C'est exact. Je suis certaine que ça a été mon plus gros problème.
Méd: La première femme de votre père avait de petits enfants et ils ont été dispersés et maintenant, vous avez vous-même le même problème. Que va-t-il leur arriver?
Mal: Ce qui me tourmente le plus, c'est de savoir comment les garder ensemble, comment empêcher qu'on les envoie dans toutes sortes d'institutions! Bien sûr, je sens que ça s'arrangera. Si une personne est réellement condamnée au lit, vous avez un problème entièrement différent. Je puis être de nouveau condamnée à m'aliter et je dis à mon mari que ça s'arrangera au cours des années qui passent, mais ce n'est pas arrivé. Mon beau-père a eu une attaque cardiaque grave et réellement nous ne pensions pas qu'il s'en remettrait comme il l'a fait. Ç'a été surprenant. Mais il est heureux, seulement quelquefois, je me demande s'il ne serait pas plus heureux en étant avec d'autres vieux messieurs du même âge.
Méd: Pourriez-vous alors l'envoyer dans une maison de retraite?

Mal: Oui, ce ne serait pas aussi dur qu'il pense. Mais il est si fier d'être avec son fils et sa belle-fille. Il a été élevé en ville et il a toujours vécu en ville.
Chap: Quel âge a-t-il?
Mal: Quatre-vingt un ans.
Méd: Il a quatre-vingt un ans et votre mère soixante-seize? Mme C., je crois que nous allons nous arrêter, parce que j'ai promis de ne pas aller au-delà de quarante-cinq minutes. Hier, vous avez dit que personne n'avait parlé avec vous de vos problèmes familiaux et de leur contre-coup sur vous et de vos idées sur la mort. Pensez-vous que ce soit une chose que les médecins ou les infirmières ou quelqu'un d'autre à l'hôpital devrait faire, si le malade le désire?
Mal: C'est utile, très utile.
Méd: Alors qui devrait le faire?
Mal: Eh bien, si vous avez assez de chance pour avoir ce genre de médecin, et il y en a peu, vous savez, qui sont capables de s'intéresser à ce côté de votre vie. La plupart sont intéressés seulement par l'aspect médical de leur malade. Le Dr M. est plein de compréhension. Il est venu deux fois me voir depuis que je suis ici et j'apprécie beaucoup la chose.
Méd: Pourquoi croyez-vous qu'il y a une telle réserve?
Mal: C'est la même chose aujourd'hui dans le monde extérieur. Comment se fait-il que nous n'ayons pas plus de gens qui font plus qu'il n'en faut?
Méd: Je crois qu'il nous faut achever, n'est-ce pas? Y a-t-il d'autres questions que vous voudriez nous poser, Mme C.? Nous nous reverrons de toute façon.
Mal: Non. J'espère seulement rencontrer plus de personnes pour leur parler de ces choses qui doivent être résolues. Mon fils n'est pas la seule chose. Il y a beaucoup de gens dans le monde et on essaie simplement d'intéresser assez les gens à des cas comme celui-là pour qu'ils fassent si possible quelque chose pour lui.

Mme C. est semblable à Mme S., une femme d'âge moyen dont la mort approche au milieu d'une vie de responsabilités et qui prend soin de plusieurs personnes qui dépendent d'elle. Elle a un beau-père qui a eu récemment une attaque cardiaque, une mère atteinte de la maladie de Parkinson et qui a soixante-seize ans, une fillette de douze ans qui a encore besoin de sa mère et qui peut grandir «trop vite», comme le craint la malade, un fils de vingt-deux ans qui ne peut se tirer d'affaire tout seul et qui va et vient entre l'hospice et la maison et qui inspire à sa mère crainte et soucis. Son propre père a abandonné trois petits enfants d'un premier mariage et la malade tremble de devoir elle aussi abandonner toutes ces personnes dépendantes à un moment où elles ont si grand besoin d'elle.

Il est compréhensible que de tels fardeaux familiaux rendent très difficile une mort paisible, aussi longtemps que ces questions n'ont pas été discutées et des solutions trouvées. Si une malade de ce genre n'a pas l'occasion de faire part de ses préoccupations, elle est à la fois anxieuse et déprimée. Son angoisse est peut-être manifestée le plus nettement dans son indignation à l'égard du personnel hospitalier qui estime qu'elle peut aller seule aux rayons-X, qui ne prend pas en considération ses besoins et qui est plus soucieux de la fin du travail journalier que du traitement efficace d'un malade affaibli et épuisé qui voudrait tenir le coup aussi longtemps que possible – pas audelà – et voudrait garder sa dignité en dépit des circonstances.

Ce qu'elle décrit le mieux, c'est peut-être le besoin de personnes sensibles et compréhensives et leur influence sur la souffrance; elle en donne un exemple en tenant à garder dans son propre foyer des personnes âgées et à leur permettre d'agir au mieux de leurs possibilités tant qu'elles le peuvent, plutôt que de les envoyer à l'asile. Son fils aussi, dont la présence est à peine tolérable, mais qui désire rester à la maison plutôt que retourner à l'hospice, est autorisé à rester au foyer et à participer dans la mesure où il en est capable à la vie familiale. Dans toute cette lutte pour prendre soin de chacun le mieux qu'elle peut, elle exprime aussi le désir qu'on lui permette de rester à la maison et de faire son travail le plus longtemps possible; même si cela signifie qu'elle doit s'aliter, sa présence doit être supportée. Son désir final, d'être en présence du plus de personnes possible pour leur faire savoir quels sont les besoins des malades, a été partiellement satisfait par ce séminaire.

Mme C. était une malade qui désirait partager ses soucis et acceptait avec reconnaissance une aide, contrairement à Mme L. qui acceptait l'invitation mais était incapable de partager ses préoccupations jusqu'à un moment qui est venu beaucoup plus tard, peu avant sa mort, quand elle nous a demandé de venir la voir.

Mme C. a continué à en faire le plus possible jusqu'à ce que la question de son fils affectivement perturbé soit résolue. Son mari compréhensif et sa religion l'ont aidée en lui donnant la force de supporter des semaines de souffrance. Son dernier vœu, de ne pas paraître «horrible» dans son cercueil, a été partagé par son mari qui comprenait que Mme C. s'était toujours souciée des autres. Je pense que cette peur d'apparaître horrible s'exprimait aussi dans son souci des malades qu'elle entendait crier à haute voix en «perdant peut-être leur dignité», quand elle avait peur de perdre conscience et disait: «On ne sait jamais quand on entre dans un état d'inconscience... comment on réagira... Il est important d'avoir confiance dans son médecin à ce moment, pour qu'il puisse rester près de nous... Le Dr E. est très occupé, alors on ne parle pas beaucoup avec lui...» Ce n'était pas tellement le souci des autres, mais plutôt sa crainte de ne plus être maîtresse d'elle-même, de devenir furieuse quand les problèmes familiaux devenaient trop lancinants pour ses forces qui faiblissaient.

Lors d'une visite ultérieure, elle a reconnu qu'elle avait parfois envie de «hurler»: «S'il vous plaît, occupez-vous en, je ne puis plus me tourmenter plus longtemps pour tous.» Elle s'est sentie profondément soulagée lorsque l'aumônier et l'assistante sociale sont intervenus et qu'un psychiatre a cherché à placer son fils. Ce n'est qu'après que toutes ces questions ont été assumées par quelqu'un, que Mme C. s'est sentie apaisée et a cessé de se tourmenter pour savoir si on la verrait dans son cercueil. L'image a changé, passant de l'idée d'«être horrible» à celle de paix, de repos, de dignité qui a coïncidé avec son acceptation finale et sa détente psychique.

L'entrevue suivante avec Mme L. parlera d'elle-même. Nous l'insérons dans ce livre, parce qu'elle présente le type même du malade qui nous laisse sur notre faim, en oscillant entre des velléités d'accepter notre aide et son refus de tout désir de secours. Il est important que nous n'imposions pas nos services à ce genre de malades, tout en restant disponibles s'ils ont besoin de nous.

Méd: Mme L., depuis combien de temps êtes-vous à l'hôpital?
Mal: Je suis arrivée le 6 août.
Méd: Ce n'était pas la première fois, n'est-ce pas?
Mal: Oh non, je crois bien que ce n'est pas loin de vingt fois ou plus que j'y viens.
Méd: Quand était-ce la première fois?
Mal: La première fois, c'est en 1933 quand j'ai eu mon premier enfant. Mais la première fois que je suis entrée à l'hôpital, c'est en 1955.
Méd: Qu'est-ce qu'il y avait?
Mal: C'était quand j'ai été opérée des capsules surrénales.
Méd: Pourquoi vous a-t-on fait cette intervention?
Mal: Parce que j'avais une tumeur maligne à la base de la colonne vertébrale.
Méd: En 1955?
Mal: Oui.
Méd: Il y a donc onze ans que vous avez eu cette tumeur?
Mal: Non, je l'ai eue pendant plus que onze ans. On m'a enlevé un sein en 1951. Le second a été enlevé en 1954 et l'ablation des capsules et des ovaires date de 1955.
Méd: Quel âge avez-vous maintenant?
Mal: J'ai cinquante-quatre ans, je vais sur les cinquante-cinq.
Méd: Cinquante-quatre et vous avez été malade, à votre avis, depuis 1951.
Mal: Oui.
Méd: Pouvez-vous nous dire comment cela a commencé?
Mal: Eh bien, j'avais une réunion de famille en 1951, où tous les parents de mon mari qui habitaient hors de notre ville se trouvaient. Je suis montée au premier pour ma toilette et pour prendre un bain et j'ai remarqué une grosseur au bout de mon sein. J'ai appelé ma belle-sœur et je lui ai demandé si elle pensait qu'il y avait quelque chose à craindre. Elle a dit oui, elle a téléphoné au docteur, pris un rendez-vous et j'y suis allée. C'était un vendredi et je suis allée chez le docteur le mardi suivant et le mercredi je suis allée à l'hôpital pour des rayons-X. Ils m'ont dit que j'avais une tumeur maligne. Au début de la semaine suivante, il y a eu une intervention chirurgicale et on m'a enlevé un sein.
Méd: Comment avez-vous pris cette affaire? Quel âge aviez-vous à peu près?

Mal: J'avais à peu près trente – ou plus près des quarante ans. Je ne sais pas, tout le monde pensait que j'allais m'effondrer. On ne pouvait comprendre pourquoi j'étais si calme à ce sujet. En fait, je m'étonnais de cela. J'ai reçu deux ou trois fois des chiquenaudes de ma belle-sœur pour avoir fait la remarque que ce pouvait être une tumeur, quand j'ai remarqué cette grosseur. Je l'ai pris très légèrement. Mon fils aîné, lui, l'a très mal pris.
Méd: Quel âge a-t-il?
Mal: Il avait dix-sept ans, pas tout à fait, à quelques mois près. Il est resté à la maison jusqu'à ce que j'aie mon opération. Puis il est entré dans l'armée parce qu'il avait peur que je sois malade ou complètement alitée ou autre chose, alors il s'est engagé. Mais à part ça, cela ne me troublait pas – la seule chose qui m'ennuyait, c'était ces traitements de rayons que j'ai eus après.
Méd: Quel âge avaient vos autres enfants? Il semble que vous en ayez eu d'autres.
Mal: Oui, j'en ai un autre qui a vingt-huit ans.
Méd: Maintenant?
Mal: Oui, maintenant. Il était à l'école secondaire à l'époque.
Méd: Vous avez deux fils.
Mal: Deux fils.
Méd: Votre fils avait vraiment peur que vous mouriez?
Mal: Je crois.
Méd: Alors il est parti.
Mal: Il est parti.
Méd: Comment est-ce qu'il l'a pris plus tard?
Mal: Eh bien, il a ce que j'appelle par plaisanterie l'«hopitalophobie», parce qu'il ne peut pas venir à l'hôpital et me voir couchée dans un lit. La seule fois qu'il est venu, c'était pendant qu'on me faisait une transfusion. Son père lui avait demandé de rapporter quelque chose à la maison ou d'apporter ici quelque chose qui était trop lourd pour lui.
Méd: Comment vous-a-t-on dit que vous aviez une tumeur maligne?
Mal: Très carrément.
Méd: Etait-ce bien ou mal?
Mal: Cela ne m'a pas troublée. Je ne sais pas comment d'autres prennent cela, mais je l'aurais bien su tôt ou tard, c'est ma version. J'ai été renseignée bien plus tôt que les autres ne le

savent. Je crois qu'on devient beaucoup plus sensible au fait que tout le monde vous accorde trop d'attention, on doit s'imaginer que quelque chose va mal, c'est comme cela que je le sens.

Méd: Cela doit vous rendre soupçonneuse, de toute façon.

Mal: Je pense bien.

Méd: C'était en 1951 et maintenant nous sommes en 1966 et vous avez été à l'hôpital et en êtes sortie une vingtaine de fois environ.

Mal: Oui à peu près.

Méd: Que pensez-vous pouvoir nous apprendre?

Mal: (souriante) Je ne sais pas, j'ai encore beaucoup à apprendre.

Méd: Quel est votre état physique maintenant? Je vois que vous portez un corset. Avez-vous des difficultés du côté de la colonne vertébrale?

Mal: C'est ma colonne. On a dû me bloquer des vertèbres en juin dernier, le 15 juin de l'année dernière et on m'a dit que je devais toujours porter le corset. Maintenant, je suis ici pour un petit ennui à ma jambe droite. Mais avec l'aide des bons médecins de l'hôpital, eh bien, ils vont aussi m'arranger cela. J'avais un engourdissement. J'avais perdu un peu l'usage de ma jambe et j'avais une sensation de picotement, comme des aiguilles et des épingles. Hier, ça a disparu. Maintenant, je peux bouger ma jambe librement et elle est de nouveau normalement sensible.

Méd: Avez-vous eu une réapparition de votre tumeur maligne?

Mal: Non, rien. On m'a dit que je n'avais rien à craindre à ce sujet, qu'elle était en sommeil pour le moment.

Méd: Depuis combien de temps est-elle en sommeil, maintenant?

Mal: Eh bien, je suppose, depuis l'ablation des capsules surrénales; il est vrai que je n'en sais trop rien. Si les docteurs me donnent de bonnes nouvelles, je laisse aller.

Méd: Vous aimez en entendre.

Mal: Chaque fois que je m'en vais d'ici, je dis à mon mari que c'est la dernière fois que j'y viens, que je n'y retournerai plus. La dernière fois que je suis sortie, le 7 mai dernier, c'est lui qui l'a dit pour moi, de sorte que je n'ai pas eu besoin de le dire. Mais ça n'a pas duré longtemps. J'étais revenue le 6 août.

Méd: Vous avez une figure souriante, mais tout au fond il y a beaucoup de peine et de tristesse.
Mal: Eh bien, je pense qu'on passe par là de temps en temps.
Méd: Comment prenez-vous la chose, une tumeur maligne, vingt hospitalisations, les deux seins enlevés, les capsules surrénales?
Mal: Et le bloquage des vertèbres...
Méd: Et le bloquage des vertèbres, comment supportez-vous tout ça? Où prenez-vous votre force et quelles sont vos préoccupations?
Mal: Je n'en sais rien, je suppose simplement que la foi en Dieu et l'aide des médecins me soutiennent.
Méd: Qu'est-ce qui passe en premier?
Mal: Dieu.
Chap: Nous avons parlé de cela auparavant et pourtant, même avec cette foi pour vous soutenir, il y a des moments où vous vous sentez malheureuse.
Mal: Oh oui.
Chap: C'est quelque chose de difficile à éviter, parfois, la dépression.
Mal: Oui. Je me sens déprimée, je crois, davantage quand j'ai été longtemps seule. Je repense au passé et je pense que ça ne sert à rien d'être couchée à penser à ça. Tout cela est derrière moi. Je devrais penser davantage à l'avenir. Quand je suis venue pour la première fois et que je savais que j'allais être opérée du cancer, pourquoi, j'avais ces deux garçons à la maison, et j'ai prié en demandant de pouvoir être préservée assez longtemps pour les élever.
Méd: Ce sont de grands jeunes gens maintenant, n'est-ce pas? Au fond, ça a parfaitement réussi. (La malade pleure.)
Mal: C'est de ça que j'ai besoin, excusez-moi, une bonne crise de larmes.
Méd: C'est en ordre. Je me demande pourquoi vous avez dit que vous évitiez la dépression. Pourquoi devriez-vous l'éviter?
Chap: J'ai utilisé un bien pauvre mot. Mme L. et moi avons beaucoup parlé sur cela, comment traiter la dépression. Il ne s'agit en réalité pas de l'éviter. Il s'agit d'aller à sa rencontre et d'en triompher.
Mal: Je ne peux pas faire autrement que pleurer parfois... Désolée...
Méd: Pas du tout, je l'encourage au contraire.

Mal: Ah! vous l'avez fait?
Méd: Oui, je crois que l'éviter, c'est la rendre beaucoup plus mauvaise, n'est-ce pas?
Mal: Eh bien non, je ne pense pas. Je crois qu'on se sent beaucoup plus mal après s'être laissé aller, c'est mon opinion. Parce que n'importe qui dans une situation qui dure aussi longtemps que la mienne,... eh bien,... je crois qu'on doit être reconnaissant de ce qui a existé dans le passé. Vous avez des tas de choses que beaucoup d'autres gens n'ont jamais eu la chance d'avoir.
Méd: Faites-vous allusion à ce temps de répit?
Mal: Le temps de répit est une chose. J'ai fait cette expérience dans ma propre famille au cours de ces derniers mois. Et j'ai l'impression d'avoir eu beaucoup de chance que ces choses ne me soient pas arrivées à moi.
Chap: Vous voulez parler de l'expérience de votre beau-frère?
Mal: Oui.
Chap: Il est mort ici.
Mal: Oui, le 5 mai.
Méd: Quelle était cette expérience?
Mal: Eh bien, il n'a pas été malade très longtemps, il n'a pas eu la chance de pouvoir durer aussi longtemps que moi. Je ne peux pas dire qu'il était vieux. Il avait une maladie dont... s'il l'avait soignée dès le début, je crois que c'était de la pure négligence de sa part, néanmoins ce n'a pas été long.
Méd: Quel âge avait-il?
Mal: Soixante-trois ans.
Méd: Qu'a-t-il eu?
Mal: Le cancer.
Méd: Alors, il ne s'en est pas soucié ou quoi?
Mal: Il avait été malade environ six mois auparavant et tout le monde lui a dit d'aller voir un médecin, d'aller quelque part se soigner. Il s'est négligé jusqu'à ce qu'il ne puisse plus se soigner. Et puis il a décidé de venir ici demander de l'aide. Lui et sa femme étaient très consternés de voir qu'on ne pouvait conserver sa vie comme on avait conservé la mienne. Comme je le disais, il a attendu jusqu'à ce qu'il ne puisse plus s'en tirer.
Méd: Un temps de répit est-il une sorte de temps spécial? Différent de tout autre temps?

Mal: Non, je ne peux pas dire qu'il soit différent. Je ne peux pas le dire, parce que j'ai le sentiment que ma vie est aussi normale que la vôtre ou celle de l'aumônier. Je n'ai pas l'impression de vivre un temps emprunté, ni que je dois tirer davantage de ce temps qui me reste. J'imagine que mon temps est le même que le vôtre.
Méd: Certaines personnes ont l'impression de vivre plus intensément.
Mal: Pas moi.
Méd: Vous savez, ce n'est pas vrai pour tout le monde; vous ne partagez pas ce sentiment?
Mal: Non, non, je sais que je ne le partage pas. Je sais que nous avons tous notre heure, mais ce n'est pas la mienne, voilà tout.
Méd: Avez-vous essayé de penser au fait que ce temps est celui de mieux se préparer à mourir?
Mal: Non, je me contente de vivre au jour le jour, comme je le faisais auparavant.
Méd: Ah, ah, vous ne pensez mêmes pas à ce que c'est et à ce que cela signifie?
Mal: Non, je n'y ai jamais pensé.
Méd: Croyez-vous qu'on devrait y penser? Puisque nous devons mourir un jour.
Mal: Eh bien, cela ne m'est vraiment jamais venu à l'esprit de penser à me préparer à mourir. Je crois que si le moment vient, il y a quelque chose au fond de nous-même qui nous le dit. Je n'ai pas l'impression d'y être déjà prête. Je crois que j'ai du temps devant moi.
Méd: Certes, personne ne sait.
Mal: Non, mais je veux dire que j'estime avoir élevé mes deux garçons. Et maintenant, j'entends m'occuper aussi de mes petits-enfants.
Méd: Vous avez des petits-enfants?
Mal: Sept.
Méd: Vous attendez donc de les voir grandir.
Mal: J'attends qu'il grandissent et me permettent de voir mes arrière petits-enfants.
Méd: Quand vous êtes à l'hôpital, quel genre de chose est votre meilleure aide?
Mal: Oh, je voudrais être avec les docteurs à cent pour cent si je pouvais.

Chap: Je crois avoir une réponse là-dessus aussi, c'est que vous avez toujours une image de l'avenir, d'un but à atteindre. Vous continuez à dire que la seule chose que vous voulez, c'est de pouvoir rentrer chez vous et y faire tout votre travail.
Mal: C'est exact. Je veux recommencer à marcher. Et je suis tout à fait certaine que je le pourrai aussi bien qu'il y a des années. J'y suis déterminée.
Méd: Que pensez-vous qui a contribué à ce que vous ne vous laissiez pas aller, à ce que vous n'ayez pas abandonné?
Mal: J'ai le sentiment que le seul que j'aie laissé à la maison maintenant est mon mari et c'est un grand enfant, plus bébé que tous les bébés mis ensemble. Il a du diabète et une affection des yeux, de sorte qu'il ne voit pas très clair. Nous vivons d'une pension pour infirme.
Méd: Que peut-il faire?
Mal: Eh bien, pas grand-chose. Il a très mauvaise vue. Il ne peut pas voir les signaux lumineux de la circulation. La dernière fois que j'étais à l'hôpital, il parlait avec Mme S. qui était assise de l'autre côté du lit et elle lui a demandé s'il la voyait. Il a dit qu'il pouvait la voir mais qu'elle était floue; j'en ai conclu qu'il a mauvaise vue. Il peut lire les gros titres des journaux, mais les sous-titres, il lui faut une loupe et le reste il ne peut pas le lire.
Méd: A la maison, qui prend soin de qui?
Mal: Eh bien, à ma dernière sortie de l'hôpital, en octobre dernier, nous avons fait un pacte: Si je voulais être ses yeux, il serait mes jambes et c'est là notre programme.
Méd: C'est bien sympathique et comment cela a-t-il marché?
Mal: Eh bien, ça a très bien marché. Il renverse la table par accident, alors je le fais intentionnellement pour qu'il pense qu'il ne l'a pas fait à cause de sa vue. S'il arrive quelque chose, qu'il fasse un faux pas ou autre chose, quoi, je lui dis que ça m'arrive tout le temps et pourtant j'ai deux bons yeux, pour qu'il ne prenne pas mal la chose.
Chap: Il le prend mal quelquefois?
Mal: Oh oui, cela le tourmente parfois.
Méd: A-t-il recouru – ou pensé recourir à un chien pour aveugles ou a-t-il pensé à un entraînement, à des leçons d'orientation ou autre chose?
Mal: Nous avons une femme de ménage de l'Armée du Salut.

Et elle est allée voir au quartier géneral. Elle lui a dit qu'elle allait voir si on pouvait faire quelque chose pour lui comme aide.
Méd: L'Association des aveugles peut estimer ses besoins, on y donne des cours d'entraînement et une canne si nécessaire.
Mal: Ce serait vraiment bien.
Méd: Il semble que chez vous, chacun intervient pour l'autre et fait ce que l'autre ne peut faire. Vous devez donc vous faire du souci à son sujet pour ce qui se passe quand vous êtes à l'hôpital.
Mal: C'est vrai, je m'en fais.
Méd: Comment se débrouille-t-il?
Mal: Mes enfants le prennent pour le repas du soir. Trois fois par semaine, nous avons la femme de ménage qui vient faire les nettoyages et le repassage. Il peut faire la lessive. Je ne le décourage pas pour tout ce qu'il peut faire. J'ai constaté qu'il a baissé pas mal, pour bon nombre de choses, mais je lui dis que ça va bien pour le maintenir en activité et lui laisser ses responsabilités.
Méd: Vous faites en sorte de lui dire des choses qui l'encouragent.
Mal: J'essaye.
Méd: Faites-vous la même chose vis-à-vis de vous-même?
Mal: J'essaye de ne pas me plaindre de ce que j'éprouve. Quand il me demande comment ça va, je lui dis toujours que je me sens très bien, jusqu'à ce que je doive lui dire que je dois retourner à l'h ôpital et qu'on m'a dit d'y revenir. C'est le seul moment où il apprend quelque chose sur ma santé.
Méd: Pourquoi? Vous a-t-il demandé de faire comme cela auparavant?
Mal: Non, je l'ai fait de moi-même, parce que j'avais une amie qui s'est persuadée qu'elle était vraiment malade. Elle s'est installée dans un fauteuil roulant. Depuis lors, j'ai décidé qu'il fallait vraiment que ça aille très mal avant que je me plaigne. Je crois que c'est une leçon que j'ai apprise d'elle. Elle est allée voir tous les médecins de la ville pour qu'ils soient d'accord avec elle qu'elle avait une sclérose en plaques. Les médecins ne trouvaient rien chez elle. Aujourd'hui, elle est dans son fauteuil roulant et elle ne peut simplement plus marcher.

Je ne sais pas si elle est malade ou pas, mais il y a dix-sept ans que ça dure.
Méd: C'est là un cas extrême.
Mal: Oui, mais je veux dire, la manière dont elle se plaint continuellement... Et puis j'ai une belle-sœur qui souffre des ongles des mains et ça l'ennuie de s'épiler les jambes et un tas d'autres choses et je ne peux pas supporter ces plaintes continuelles de ces deux femmes et j'ai décidé qu'il fallait vraiment que ça aille très mal pour que je me plaigne.
Méd: Qui était ainsi dans votre famille? Vos parents étaient-ils des gens comme ça?
Mal: Ma mère est morte en 1949 et les seuls moments où j'ai su qu'elle était vraiment malade, c'est deux fois. La dernière, c'est quand elle a eu sa leucémie, dont elle est morte. Je ne me rappelle pas bien de mon père, ce que je me rappelle, c'est qu'il a eu la grippe pendant l'épidémie de 1918, quand il est mort. Je ne puis donc pas dire grand-chose de lui.
Méd: Se plaindre équivaut donc à mourir, puisque les deux ne se sont plaints que juste avant de mourir.
Mal: C'est vrai, c'est exact!
Méd: Mais, vous savez, il y a un tas de gens qui expriment leurs souffrances et leur douleur et ne meurent pas.
Mal: Je sais bien. J'ai une belle-sœur, l'aumônier la connaît aussi.
Chap: Un autre aspect de l'hospitalisation de Mme L., c'est qu'il y a d'autres malades qui la tiennent en haute considération. Alors, elle se trouve être une sorte de réconfort pour les autres.
Mal: Oh, je ne sais pas...
Chap: Je me demande quelquefois si vous ne voudriez pas avoir quelqu'un avec qui parler, quelqu'un qui vous réconforte au lieu de tous ces gens qui s'appuyent sur vous?
Mal: Je n'ai pas l'impression d'avoir besoin de réconfort, M. l'aumônier. Et je n'ai sûrement pas besoin de pitié pour quoi que ce soit, parce que je ne me sens pas dans un état à faire pitié. Je me sens comme s'il n'y avait vraiment rien dont je puisse avoir à me plaindre. Les seuls que je plains, ce sont mes pauvres médecins.
Méd: Vous vous apitoyez sur eux? Vous ne devriez pas les plaindre, parce qu'ils n'ont pas à être plaints, n'est-ce pas?

Mal: Je sais qu'ils ne désirent pas qu'on les plaigne, mais j'imagine, eh, quand ils sortent des chambres après avoir entendu parler des bobos et des misères de chacun, je parie qu'ils voudraient vraiment tout plaquer. Les infirmières aussi.
Méd: Ils le font quelquefois.
Mal: Eh bien, je ne les en blâme pas.
Méd: Vous avez dit que vous collaboriez avec eux. Cela vous arrive-t-il de taire des informations parce que vous n'aimez pas les surcharger?
Mal: Oh non. J'estime que je leur dirai ce qu'il y a de vrai et c'est pour eux la seule manière de travailler. Comment soigneraient-ils les gens si on ne leur dit pas ce qui va mal?
Méd: Avez-vous des sentiments de gêne physique?
Mal: Je me sens parfaitement bien, mais il est certain que je voudrais pouvoir faire ce que je dois faire.
Méd: Qu'est-ce que vous voudriez pouvoir faire?
Mal: Me lever, marcher, rentrer tout droit à la maison et marcher tout du long du chemin.
Méd: Et alors?
Mal: Eh bien, je ne sais pas ce que je ferais si je rentrais, probablement me mettre au lit (sourire). Mais je me sens réellement bien. Je n'ai ni mal ni douleur en ce moment.
Méd: Et c'est ainsi depuis hier?
Mal: Eh bien, j'avais cette sensation de picotement dans mes jambes jusqu'à hier et ça a cessé. Je n'allais pas mal pour ce qui est de ça, mais j'étais un peu en souci à la maison, parce que je n'étais pas capable de marcher ces dernières semaines aussi bien que je le pouvais auparavant. Je sais que je me forçais, et probablement, si j'avais admis cela dès le début, si j'avais demandé de l'aide et si j'avais soigné ça, ce ne serait pas arrivé au point où ça en est. Mais j'ai toujours pensé que ça irait mieux le lendemain.
Méd: Alors vous avez attendu un peu en espérant que ça disparaîtrait.
Mal: J'ai attendu, attendu jusqu'à ce que je voie que ça n'allait pas mieux. Alors j'ai consulté.
Méd: Et vous êtes bien forcée de faire face à cette situation.
Mal: Je suis forcée de constater les faits.
Méd: Comment cela se passera-t-il quand vous arriverez au bout de vos jours? Prendrez-vous les choses de la même manière?

Mal: J'attendrai jusqu'à ce que ce jour vienne. Je l'espère. En prenant soin de ma mère avant son entrée à l'hôpital, j'ai vu qu'elle l'a pris comme c'est venu.
Méd: Savait-elle?
Mal: Elle n'a pas su qu'elle avait une leucémie.
Méd: Non?
Mal: Les médecins m'ont dit de ne pas le lui dire.
Méd: Qu'en pensez-vous? Avez-vous une impression là-dessus?
Mal: Eh bien, j'étais mal à l'aise qu'elle ne le sache pas, parce qu'elle disait au docteur ce qui n'allait pas chez elle. Et je crois qu'elle travaillait contre le médecin parce qu'elle ne savait pas. Elle lui disait qu'elle souffrait de la vésicule biliare et elle se droguait pour une maladie de la vésicule biliaire et prenait des médicaments qui ne pouvaient faire aucun bien à personne dans son état.
Méd: Pourquoi pensez-vous qu'ils ne lui ont rien dit?
Mal: Je n'en sais rien, je n'en ai aucune idée. J'ai demandé au médecin quand il m'a dit ce qui allait arriver, si elle savait et il a dit non, elle ne doit pas le savoir.
Méd: Quel âge aviez-vous alors?
Mal: Eh bien, j'étais mariée. J'avais à peu près trente-sept ans.
Méd: Et vous avez fait ce que le médecin vous disait.
Mal: J'ai fait ce qu'il m'a dit.
Méd: Elle est donc morte sans réellement savoir ou sans en parler?
Mal: Oui.
Méd: Il est donc très difficile de savoir comment elle l'a pris?
Mal: C'est exact.
Méd: Que pensez-vous qui est le plus facile pour un malade?
Mal: Oh, je pense que c'est très individuel. Pour ce qui me concerne, je suis contente de savoir ce que j'ai.
Méd: Hum, et votre père...
Mal: Mon père, il a su ce qu'il avait. Il avait la grippe. J'ai vu divers malades qui ne savaient pas ce qu'ils avaient. Le chapelain connaît la dernière. Elle savait ce qu'elle avait, mais ne savait pas qu'elle allait mourir. C'était Mme J. Elle a livré une grande bataille, elle était déterminée à rentrer chez elle auprès de son mari. Sa famille lui a caché la gravité de son état et elle n'a rien soupçonné pendant tout ce temps. Peut-être était-ce la

meilleure manière de s'en aller, pour elle. Je ne sais pas. Je crois que ça dépend des individus. Je pense que les médecins savent quelle est la meilleure façon d'aborder des choses comme cela. Je crois qu'ils sont le mieux placés pour juger comment les gens le prendront.

Méd: Alors, ils le font au plan de l'individu.

Mal: Je crois.

Méd: Et on ne peut pas généraliser. Non, nous sommes d'accord qu'on ne peut pas le faire. C'est ce que nous essayons de faire ici, voir chaque cas individuel et essayer d'apprendre comment on peut aider tel type d'individu. Et je crois que vous êtes le genre de combattant qui fera tout son possible jusqu'au dernier jour.

Mal: Je m'y efforcerai.

Méd: Et quand vous aurez à y faire face, vous l'affronterez. Votre foi a beaucoup contribué à vous faire garder le sourire à travers cette épreuve.

Mal: Je l'espère.

Méd: A quelle confession appartenez-vous?

Mal: Luthérienne.

Méd: Dans votre foi, qu'est-ce qui vous aide le plus?

Mal: Je ne sais pas. Je ne peux pas le préciser. J'ai reçu beaucoup de réconfort en parlant à l'aumônier. Je l'ai même appelé par téléphone pour parler avec lui.

Méd: Lorsque vous vous sentez réellement cafardeuse, seule, sans personne près de vous, quel genre de choses faites-vous?

Mal: Je ne sais pas. Tout ce qui me passe par la tête et qui doit être fait, je suppose.

Méd: Par exemple?

Mal: Eh bien, j'ai pris un programme de TV, ces derniers mois, et j'ai ainsi détourné ma pensée de moi-même. C'est la seule chose à faire. Regarder quelque chose d'autre ou téléphoner à ma belle-fille pour lui parler d'elle et de ses enfants.

Méd: Au téléphone?

Mal: Au téléphone, tout en s'occupant.

Méd: A faire toutes sortes de choses?

Mal: Simplement à faire quelque chose qui m'écarte de moi-même. Et j'appelle l'aumônier seulement pour un peu de soutien moral de temps en temps. Je ne parle vraiment pas de mon état, avec personne. En général, ma belle-fille sait que

quand je l'appelle, j'ai le cafard ou je suis à plat. Elle fait parler un des enfants ou elle me raconte quelque chose qu'ils ont fait et ça passe pendant un moment.
Méd: J'admire votre courage d'être venue ici pour cet entretien. Savez-vous pourquoi?
Mal: Non.
Méd: Nous avons un malade chaque semaine et nous avons chaque semaine un entretien, mais je constate maintenant que vous êtes quelqu'un qui n'a pas réellement envie d'en parler et vous saviez que vous veniez ici pour en parler. Et vous avez bien voulu le faire.
Mal: Eh bien, si cela peut aider quelqu'un d'autre d'une manière quelconque, je suis d'accord de le faire. Comme je l'ai dit, pour ce qui concerne mon état, ma santé, je me sens en aussi bonne santé que vous ou le chapelain. Et je ne suis pas malade.
Méd: Je pense simplement que c'est remarquable que Mme L. ait accepté de venir. Vous pensiez être utile d'une façon ou de l'autre et nous aider.
Mal: Je l'espère. Si je puis venir en aide à quelqu'un, je suis enchantée de pouvoir le faire, même si je ne suis pas capable de sortir et de faire quelque chose... Eh bien, je suis ici pour un certain temps. Peut-être aurons-nous d'autres entretiens (sourire).

Mme L. a accepté notre invitation d'exposer quelques-uns de ses soucis, mais elle a fait preuve de certaines contradictions entre sa façon de faire face à sa maladie et sa manière de la nier. Ce n'est qu'après cette entrevue que nous avons pu comprendre quelque chose à ce désaccord intérieur. Elle s'est proposée pour ce séminaire, non parce qu'elle désirait parler de sa maladie ou de la mort, mais pour rendre service, du moment qu'elle devait se restreindre et qu'elle était incapable d'agir en dehors de son lit. «Je vis aussi longtemps que j'agis», avait-elle dit à un moment. Elle console d'autres malades, mais elle est en réalité pleine de ressentiments de ne pouvoir s'appuyer sur l'épaule de quelqu'un. Elle appelle le chapelain pour une confession privée confidentielle, presque secrète, mais elle n'admet que très laconiquement au cours de l'entretien, qu'elle s'est parfois sentie déprimée et qu'elle a eu besoin de conversation. Elle a achevé l'entretien en déclarant: «Je suis aussi bien que vous ou le chapelain», ce qui signifie: «J'ai soulevé le voile, maintenant, je me dissimule de nouveau le visage.»

Il est ressorti de l'entretien que se plaindre équivaut à mourir. Ses deux parents ne se sont jamais plaints et n'ont admis qu'ils étaient malades que juste avant leur mort. Mme L. doit donc rester en fonction, rester active si elle veut vivre. Elle doit être les yeux de son mari à demi aveugle et l'aide à nier la perte graduelle de sa vue. Lorsqu'il a un accident à cause de sa mauvaise vue, elle simule un accident semblable pour souligner que cela ne vient pas de son infirmité à lui. Quand elle est déprimée, elle doit parler à quelqu'un, mais sans se plaindre: «Les gens qui se plaignent sont dans un fauteuil roulant depuis dix-sept ans.»

On comprend qu'une maladie progressive et toutes ses conséquences soit vraiment très difficile à accepter de la part d'un malade qui sent si intensément que la plainte est nécessairement suivie de paralysie permanente ou de mort.

Cette malade a été aidée par sa parenté qui a accepté qu'elle téléphone pour parler «d'autre chose», elle a eu un appareil de télévision pour se distraire, plus tard, de petits objets artisanaux qu'elle pouvait faire pour se donner le sentiment d'être encore capable de faire quelque chose. Quand le côté enseignement de ce genre d'entretien est mis au point, on voit qu'une malade comme Mme L. peut faire part de toute une série de doléances sans avoir le sentiment d'être étiquetée comme personne qui se lamente.

XI. Réactions au seminaire sur la mort et l'agonie

La tempête de la nuit dernière a couronné ce matin d'une paix dorée.

R. Tagore, Stray Birds CCXCIII

Réactions du personnel hospitalier

Comme cela a été dit plus tôt, le personnel hospitalier a réagi à notre séminaire par une vive résistance et parfois par une hostilité non déguisée. Au début, il était presque impossible d'obtenir du personnel de service l'autorisation de s'entretenir avec l'un des malades. Les chefs de clinique étaient plus difficiles à aborder que les internes, ceux-ci plus résistants que les externes ou les étudiants en médecine. Il est apparu que plus un médecin était chevronné, moins il était disposé à s'engager dans ce type de travail. D'autres auteurs ont étudié l'attitude du médecin face à la mort et à un malade mourant. Nous n'avons pas étudié les raisons individuelles de cette résistance, mais nous l'avons souvent observée.

Nous avons aussi constaté le changement d'attitude, une fois le séminaire organisé, lorsque le médecin responsable avait recueilli l'opinion soit d'un de ses confrères, soit d'un des patients qui était venu devant l'auditoire. Les étudiants et les aumôniers de l'hôpital ont également contribué à ce que le personnel se familiarise avec notre travail et les infirmières ont peut-être été les participants les plus utiles.

Ce n'est pas une simple coïncidence si l'un des médecins les mieux connus pour les soins complets dont il entourait un malade mourant, la doctoresse Cicely Saunders, a commencé son activité comme infirmière et est maintenant médecin responsable des mourants dans un hôpital spécialement équipé pour les soins à leur donner. Elle a confirmé que la majorité des malades savent que la mort approche, qu'on le leur ait dit ou non. Elle se sent parfaitement à l'aise de parler de cela avec eux, et comme elle ne ressert pas le besoin de refuser, elle-même la réalité, il lui arrive rarement de rencontrer un refus auprès de ses patients. S'ils ne veulent pas parler de la mort, elle respecte certainement leur réticence. Elle insiste sur l'importance du médecin qui sait s'asseoir et écouter. Elle atteste que la plupart de ses malades saisissent l'occasion pour lui dire (plus souvent qu'avec l'autre méthode!) qu'ils savaient ce qui allait arriver, le ressentiment et la peur étant presque inexistants à la fin. «Mais ce qui est encore plus important», dit-elle, «c'est que le personnel qui a choisi de faire ce travail ait eu l'occasion d'y penser profondément et de trouver sa satisfaction dans un domaine différent de celui que constituent les objectifs et les activités habituels des hôpitaux. S'ils y croient eux-mêmes et s'ils s'attachent vraiment à cette activité, ils aideront davantage le malade par leur attitude que par n'importe quel discours.»

Hinton fut aussi impressionné par la manière de voir et la perspicacité que montrèrent les malades parvenus à l'extrémité, en présence de la mort, qui survint presque toujours chez eux dans la plus grande sérénité. Je donne ces deux exemples parce que je crois qu'ils sont le reflet tant de l'attitude de ces deux auteurs que de ce qu'ils disent des réactions de leurs malades.

Dans le personnel soignant de notre hôpital, nous avons trouvé deux catégories de médecins qui étaient capables d'écouter et de parler calmement du cancer, de la mort imminente ou du diagnostic d'une maladie généralement mortelle. C'était ceux qui étaient très jeunes dans la profession médicale et qui avaient fait ou l'expérience de la mort d'une personne qui leur était très proche et qui avaient tiré les conséquences de cette perte, ou avaient suivi le séminaire pendant une période de plusieurs mois; l'autre groupe, moins nombreux, était composé de médecins plus âgés qui – ce n'est qu'une supposition – avaient vécu une génération plus tôt dans une ambiance où l'on utilisait moins de mécanismes de défense et moins d'euphémismes, où l'on faisait face à la mort comme à une réalité, auxquels il faut ajouter les médecins formés en vue des soins aux mourants. Ils avaient été formés à l'école ancienne de l'humanitarisme et ils réussissent maintenant comme médecins dans un monde médical plus scientifique. Ce sont les médecins qui parlent à leurs malades de la gravité de leur maladie sans exclure tout espoir. Ces médecins ont été utiles et ont été un grand soutien tant pour leurs malades que pour notre séminaire. Nous avons eu moins de contact avec eux, non parce qu'ils étaient l'exception, mais parce que leurs malades étaient paisibles et avaient rarement besoin d'aide.

Environ neuf médecins sur dix réagirent avec malaise et contrariété ou avec une hostilité ouverte ou cachée, lorsqu'on les aborda pour leur demander la permission de parler à l'un de leurs malades. Tandis que les uns prétextaient l'état physique ou affectif déficient de leur malade pour faire toutes réserves, d'autres niaient carrément avoir dans leur service des malades à toute extrémité. Certains se mettaient en colère lorsque leurs malades leur demandaient de pouvoir nous parler, comme s'il s'agissait d'une accusation d'incapacité de leur part de mener à bien leur traitement. S'il n'y en eut qu'un petit nombre à refuser franchement, la grande majorité a estimé nous faire une grande faveur lorsqu'ils finissaient par se décider à autoriser un entretien. Ce n'est que très lentement que la situation à changé et qu'ils viennent nous demander de voir l'un de leurs malades.

Mme P. est un exemple de l'agitation qu'un séminaire de ce genre a pu provoquer parmi les médecins. Elle était très profondément troublée par plusieurs aspects de son hospitalisation. Elle sentit un grand besoin de pouvoir exprimer ses soucis et elle a désespérément cherché à découvrir qui était son médecin. Elle avait été hospitalisée à la fin de juin, au moment où se produisait un vaste chassé-croisé dans le personnel hospitalier et elle eut beaucoup de peine à reconnaître son «équipe» lorsqu'ils s'en allèrent pour laisser la place à un autre groupe de jeunes médecins. L'un de ces nouveaux venus, qui avait antérieurement suivi le séminaire, remarqua son angoisse, mais fut dans l'impossibilité de lui consacrer un peu de temps, parce qu'il essayait fébrilement de faire la connaissance de ses nouveaux chefs, de ses nouvelles salles et de ses nouvelles responsabilités. Lorsque je l'abordai pour lui demander de pouvoir m'entretenir avec Mme P., il y consentit aussitôt. Peu d'heures après le séminaire, son nouveau chef, un chef de clinique, m'accrocha dans un hall très fréquenté et me reprocha furieusement et haute voix de voir cette dame, ajoutant: «C'est le quatrième malade de suite que vous avez pris dans mon service.» Il ne ressentit aucune gêne à exprimer ses griefs devant des visiteurs et des malades; et cela ne le troubla pas le moins du monde de s'adresser sans aucun égard à un membre plus ancien de la faculté. Il était nettement hors de lui à cause de cette affaire et parce que d'autres membres de son équipe avaient immédiatement donné leur accord sans s'être réferes à lui auparavant.

Il ne s'est pas demandé pourquoi tant de ses malades avaient des difficultés à faire face à leur maladie, pourquoi ses coéquipiers évitaient de lui en parler, pourquoi il était impossible à ses patients d'exprimer même leurs soucis sur ces questions. Le même médecin déclara à ses internes, un peu plus tard, que dorénavant, il leur était interdit de parler à leurs malades de l'aspect grave de leur maladie ou n'en parler avec nous. Dans la même séance, il exprima le respect et l'admiration qu'il avait pour le séminaire et pour notre action envers les malades graves, mais quant à lui, il ne voulait y participer en aucune manière et cette déclaration englobait ses patients, dont la plupart étaient atteints d'une maladie incurable.

Un autre médecin me téléphona au moment où j'entrais dans mon bureau après un entretien particulièrement émouvant. J'avais là une demi-douzaine d'ecclésiastiques visitants et de chefs infirmiers, lorsqu'une voix forte hurla dans le téléphone et dit quelque chose dans ce genre: «Comment pouvez-vous avoir le culot de parler à Mme K. de sa mort quand elle ne sait même pas à quel point elle est malade et qu'elle veut rentrer une fois encore chez elle?» Lorsque je finis par reprendre mes esprits, j'expliquai le contenu de notre entretien, savoir que cette femme avait demandé à parler à quelqu'un qui n'était pas impliqué directement dans son traitement. Elle voulait communiquer à quelqu'un de l'hôpital qu'elle savait que ses jours étaient comptés. Elle n'était pas encore capable de reconnaître cela dans toute sa signification. Elle nous demandait de la rassurer à propos de son propre médecin (celui qui était au téléphone) pour qu'il lui donne, d'une manière ou de l'autre, un signe lorsque sa fin serait prochaine et ne joue pas à cache-cache avec elle jusqu'à ce qu'il soit trop tard. Elle avait la plus grande confiance en lui et se sentait très mal à l'aise de ne pas être parvenue à lui faire savoir qu'elle était consciente de la gravité de son état.

Lorsque le médecin eut entendu parler de ce que nous faisions en réalité (et qui était en opposition totale avec ce qu'il supposait!) il fut plus curieux que fâché et finit par consentir à écouter la bande magnétique de l'entretien de Mme K., qui était en réalité un plaidoyer de la malade en sa faveur à lui.

Les ecclésiastiques visitants n'eussent pas pu faire une expérience plus instructive que cette interruption concrète de ce médecin colérique qui leur révéla l'effet de torsion que peut provoquer un séminaire de cette nature.

Antérieurement, dans mon activité à l'égard de malades mourants, j'ai noté le besoin extrême qu'avait le personnel hospitalier de nier l'existence de malades mortellement atteints dans leur service. Dans un autre hôpital, j'ai parfois perdu des heures à chercher un patient capable d'être interrogé, pour ne m'entendre dire qu'une chose, c'est qu'il n'y en avait aucun qui soit à toute extrémité et qui soit en mesure de parler. Traversant une salle, je vis un homme âgé qui lisait un document dont le titre était: «Les vieux soldats ne meurent jamais». Il avait l'air gravement malade et je lui demandai si sa lecture ne l'effrayait pas. Il me regarda avec colère et dégoût, me disant que je devais être un de ces médecins qui ne peut soigner un malade que tant qu'il va bien, mais que s'il entre dans ses derniers moments, nous tous, nous nous défilons loin de lui. C'était mon homme! Je lui a parlé de mon séminaire sur la mort et sa préparation* et de mon désir de m'entretenir avec quelqu'un devant les étudiants pour leur apprendre à ne pas s'effaroucher devant ces malades. Il accepta de bon cœur de venir et il nous a offert un des entretiens les plus inoubliables que j'aie jamais connus.

En général, les médecins ont été pour la plupart sur la réserve à l'idée de se joindre à nous dans ce travail, d'abord par des rapports, ensuite en assistant au séminaire. Ceux qui l'ont fait ont collaboré de manière très efficace et une fois associés, ils ont continué en s'engageant de plus en plus. Il faut beaucoup

---

* Je donnais habituellement ce séminaire comme introduction à la psychiatrie avant de commencer mon activité actuelle, décrite dans ce livre.

de courage et d'humilité pour prendre part à un séminaire auquel participent non seulement les infirmières, les étudiants et les assistants sociaux avec lesquels les médecins travaillent d'habitude, mais surtout au cours duquel ils sont exposés au risque d'entendre une opinion très franche sur le rôle qu'ils jouent dans la réalité ou dans l'imagination de leurs patients. Ceux qui ont peur d'apprendre comment les autres les voient seront naturellement sur la réserve à l'idée de participer à une telle rencontre – en dehors du fait que nous abordons un sujet qui est habituellement tabou et qu'on ne débat pas publiquement avec les malades et le personnel. Ceux qui ont assisté à ces séminaires ont toujours été étonnés de tout ce qu'ils pouvaient apprendre de leurs malades ou des opinions et observations d'autres participants et ils ont fini par considérer ces entretiens comme une expérience exceptionnelle et profitable qui leur donnait des idées et des encouragements pour la poursuite de leur activité.

C'est le premier pas qui est le plus difficile pour les médecins. Une fois la porte ouverte, une fois qu'ils ont entendu ce que nous faisons réellement (au lieu de spéculer sur ce que nous pouvions bien faire), ou qu'ils ont réellement assisté à un séminaire, il est presque certain qu'ils continueront. Nous avions eu plus de deux cents entretiens sur une période de près de trois ans. Pendant tout ce temps, nous avons eu des médecins d'ailleurs, d'Europe, de la côte est ou ouest des Etats-Unis, qui ont suivi le séminaire en passant par Chicago, mais nous n'avions eu que deux membres de la faculté de notre propre université qui nous honorèrent de leur présence. Je suppose qu'il est plus facile de parler de la mort et de sa préparation quand cela regarde le malade de quelqu'un d'autre et qu'on peut y assister comme à une pièce de théâtre plutôt qu'en étant les participants réels d'un drame.

Le personnel infirmier était plus divisé dans ses réactions. A l'origine, ils nous répondaient avec la même colère et souvent pas des remarques tout à fait déplacées. Certains nous ont comparés à des vautours et nous ont fait comprendre que notre présence était indésirable dans leur service. Il y en eut d'autres, cependant, qui nous accueillirent avec soulagement et espoir. Leurs motifs étaient très variés. Ils étaient en colère contre certains médecins pour la manière dont ils informaient leur malade de la gravité de sa maladie; ils étaient en colère contre eux d'éviter la question ou de les laisser à l'écart lors de leur tournée médicale. Ils étaient en colère contre les innombrables analyses inutiles qu'ils ordonnaient comme succédané du temps qu'ils auraient dû passer avec eux. Ils se sentaient impuissants devant la mort et quand ils constatèrent que les médecins avaient le même sentiment d'impuissance, cela les mit en colère de manière disproportionnée. Ils les blâmaient d'être incapable d'avouer qu'il n'y avait plus rien d'autre à faire pour tel malade et d'ordonner des examens uniquement pour prouver que quelqu'un faisait quelque chose pour ces malades. Ils étaient exaspérés par l'inconfort et le manque d'organisation touchant les membres de la famille de ces malades et ils étaient bien moins capables de les éviter que les médecins. Ils étaient beaucoup plus exposés que les médecins au contact et aux griefs des malades, mais ils avaient beaucoup plus qu'eux de déceptions et de restrictions.

Beaucoup d'infirmières souffraient d'un manque de formation dans ce domaine et étaient peu instruites de leur rôle en face d'une crise semblable. Elles reconnaissaient plus facilement que les médecins les conflits dans lesquels elles se trouvaient et elles prolongeaient, souvent au-delà de toute attente, leur participation, au moins à une partie du séminaire, pendant que l'une de leurs collègues s'occupait des salles. Leur attitude changeait beaucoup plus rapidement que celle des médecins et elles s'ouvraient aux discussions sans hésitation, une fois qu'elles s'étaient aperçu que la franchise et l'honnêteté avaient plus d'efficacité que le genre de paroles prévu par les usages, en ce qui concerne leur attitude à l'égard des malades, des membres de la famille ou des membres de l'équipe soignante. Lorsqu'un des médecins pouvait dire qu'un malade lui arrachait presque des larmes, les infirmières furent promptes à avouer qu'elle évitaient d'entrer dans la chambre d'une femme pour ne pas voir la photo de ses petits enfants, sur la table de nuit.

Ils furent bientôt disposés à exprimer leurs vrais soucis, leurs conflits, à saisir les mécanismes lorsque leurs déclarations étaient utilisées pour comprendre une situation de conflit au lieu de juger. Ils se sentirent également libres de soutenir un médecin qui avait le courage d'écouter un malade exposer son opinion sur lui et ils ne tardèrent pas à remarquer quand il se mettait sur la défensive, de sorte qu'ils purent surveiller leur propre réflexe de défense.

Il y avait une salle de l'hôpital où les malades graves semblaient rester seuls la plupart du temps. L'infirmière-chef organisa une rencontre avec le personnel hospitalier pour essayer d'en comprendre les problèmes spécifiques. Nous nous réunîmes dans une petite salle de conférences et chaque infirmière fut priée de dire ce qu'elle pensait du rôle des infirmières vis-à-vis des malades parvenus à l'extrémité. Une infirmière aînée brisa la glace et exprima son dépit de voir «la perte de temps dépensé à s'occuper de ces malades». Elle insista sur la réalité de l'insuffisance de personnel hospitalier et sur «l'absurdité absolue de perdre un temps précieux pour des personnes qu'on ne peut plus du tout aider».

Une infirmière plus jeune ajouta qu'elle était toujours très mal en point quand «ces gens meurent dans mes bras» et une autre était particulièrement furieuse quand «ils meurent devant moi pendant que d'autres membres de la famille sont présents» ou juste quand «elle avait secoué l'oreiller». Une seule des douze infirmières estimait que les malades mourants ont aussi besoin de ses soins et que s'il n'y a pas grand-chose qu'on puisse faire, on peut au moins assurer leur confort physique. Toute la réunion fut une expression courageuse de leur antipathie pour ce genre de travail à laquelle se mêlait un sentiment de colère, comme si ces malades commettaient envers elles un acte insultant en mourant en leur présence.

Ces mêmes infirmières sont parvenues à comprendre les raisons de leurs sentiments et peuvent probablement réagir maintenant à l'égard de leurs malades en train de mourir comme à l'égard d'êtres humains qui ont besoin de soins et de sollicitude, plus que leurs camarades de chambre mieux portants.

Leur attitude a graduellement changé. Beaucoup d'entre elles ont assumé le rôle que nous jouions dans le séminaire. Elles se sentent tout à fait à l'aise lorsqu'un malade leur pose des questions relatives à son avenir. Elles ont bien moins peur de passer quelques instants au chevet d'un malade à l'extrémité et elles n'hésitent plus à venir nous voir pour exposer certains de leurs problèmes à propos d'une personne particulièrement troublée ou de relations particulièrement difficiles. Il leur arrive de nous amener ou de présenter au bureau des aumôniers des parents de malades et elles organisent des rencontres entre infirmières pour discuter des différents aspects des soins complets qu'on doit à un malade. Elles ont été à la fois nos élèves et nos maîtres et ont apporté au séminaire une contribution considérable. Il faut reconnaître beaucoup de mérite au personnel administratif et à la direction qui ont soutenu le séminaire dès les débuts et qui ont même pris des dispositions pour faire affluer les participants, tandis que d'autres trouvaient le temps d'assister aux entretiens et aux discussions.

Les assistants sociaux, les ergothérapistes, le personnel paramédical, bien que moins nombreux, ont également apporté leur contribution et fait du séminaire un laboratoire vraiment interdisciplinaire. Des volontaires ont rendu visite à nos malades par la suite et ont servi de lecteurs à ceux qui étaient trop handicapés, pour ouvrir un livre. Nos ergothérapistes ont secouru beaucoup de nos malades au moyen de petits programmes d'artisanat et de bricolage qui leur montraient qu'ils avaient encore certaines capacités d'action. De tout le personnel impliqué dans ce projet, les travailleurs sociaux semblent être ceux qui appréhendent le moins d'aborder cette situation critique. Il se peut que cela provienne de ce qu'une assistante sociale est tellement occupée à prendre soin des vivants qu'elle n'a réellement pas grand-chose à faire avec les mourants. Elle est généralement chargée de s'occuper des enfants, de l'aspect financier du traitement, peut-être de la recherche d'une maison de retraite, mais surtout, des conflits de la parenté, de sorte que la mort est pour elles moins troublante que pour le personnel soignant qui a affaire directement au mourant et dont la responsabilité prend fin avec sa mort.

Un livre sur l'étude interdisciplinaire des soins donnés aux malades mourants ne serait pas complet sans un mot sur le rôle de l'aumônier d'hôpital. Il est souvent celui qu'on appelle quand un malade est dans un état critique, mourant, quand la famille a des difficultés à accepter la nouvelle ou quand l'équipe soignante désire qu'il joue le rôle de médiateur. Pendant la première année, j'ai fait ce travail sans l'aide des ecclésiastiques. Leur présence a passablement modifié le séminaire. La première année a été incroyablement difficile pour plusieurs raisons. On ne connaissait encore ni mon travail, ni ma personne et je me heurtai à une résistance et à une réserve bien compréhensibles en plus des difficultés inhérentes à cette entreprise. Je n'avais aucune ressource et je ne connaissais pas assez bien le personnel pour savoir qui aborder et qui éviter. Il a fallu parcourir des centaines de kilomètres dans l'hôpital pour trouver en tâtonnant qui était abordable et qui ne l'était pas. Et j'aurais certainement abandonné depuis longtemps, s'il n'y avait eu les réactions des malades, en grande majorité excellentes.

Ce fut à la fin d'une recherche infructueuse que je débouchai un soir, épuisée et déçue dans le bureau de l'aumônier pour demander de l'aide. L'aumônier de l'hôpital partagea alors avec moi ses soucis relatifs à ces malades, me raconta ses propres déceptions, son besoin de trouver de l'aide et cela fit que dès ce moment-là, nous unîmes nos forces. Il avait à portée de main une liste de malades critiques et il avait eu déjà des contacts avec beaucoup de malades graves; ainsi, la quête prit fin et la question fut de choisir ceux d'entre eux qui étaient le plus désemparés.

Parmi tous les aumôniers, pasteurs, prêtres ou rabbins qui ont suivi le séminaire, j'en ai vu fort peu qui évitaient la question ou montraient autant d'hostilité ou de colère déplacée que celle que j'ai rencontrée parmi les autres membres des professions médicales. Ce qui m'a étonné, en revanche, c'est le nombre d'ecclésiastiques qui se contentaient d'utiliser un livre de prières ou de lire un chapitre de la Bible comme unique moyen de communication avec les malades, évitant ainsi d'écouter leurs doléances et d'être exposés à des questions auxquelles ils eussent été incapables ou peu désireux de répondre. Beaucoup d'entre eux avaient rendu visite à d'innombrables malades graves, mais n'ont vraiment commencé qu'au séminaire à aborder sérieusement la question de la mort et de la préparation à la mort. Ils étaient très préoccupés du déroulement des funérailles et de leur rôle pendant et après l'office funèbre, mais ils avaient d'énormes difficultés à prendre contact réellement avec la personne en train de mourir.

Ils se servaient souvent comme excuse des ordres du médecin «de ne pas en parler» ou de la présence de tel ou tel membre de la famille pour n'avoir pas de vraie communication avec les malades parvenus à leur fin. Ce ne fut qu'au cours de rencontres répétées qu'ils commencèrent à comprendre leur propre mouvement de recul en face des conflits et, par conséquent, l'usage qu'ils faisaient de leur Bible, des supplications des parents, des ordres médicaux, comme excuse ou comme prétexte de leur refus de s'engager.

La modification d'attitude la plus touchante et la plus instructive a peut-être été celle de l'un de nos étudiants en théologie qui avait suivi régulièrement les cours et semblait profondément engagé dans ce travail. Un après-midi, il vint à mon bureau et me demanda un entretien privé. Il venait de passer une semaine de profonde angoisse et de confrontation avec la possibilité de sa propre mort. Ses glandes lymphatiques avaient énormément grossi et on lui demandait de se présenter pour une biopsie, pour examiner la possibilité d'un cancer. Il assista au séminaire suivant et fit part devant le groupe des étapes de bouleversement, de colère et d'incrédulité par lesquelles il était passé – les jours de rage, de dépression et d'espoir alternant avec une anxiété et une peur viscérales. Il compara avec brio ses tentatives de faire front à la crise avec la dignité et la fierté qu'il avait vues chez nos patients. Il décrivit le réconfort que lui apporta la compréhension de sa femme et nous fit part des réactions de ses jeunes enfants qui avaient surpris certaines de leurs discussions. Il sut parler de tout cela avec réalisme et nous fit percevoir la différence qu'il y a entre être un observateur et être le malade lui-même.

Cet homme ne se servira jamais de mots creux quand il rencontrera un malade à fin de vie. Son attitude n'a pas changé à cause du séminaire, mais parce qu'il a eu lui-même à faire face à l'éventualité de sa propre mort au moment même où il apprenait comment aborder la question de la mort imminente de ceux dont il avait la charge.

Nous avons appris dans nos rapports avec le personnel soignant que la résistance à cette entreprise est énorme, l'hostilité déplacée et la colère difficiles à supporter parfois, mais ces attitudes peuvent changer. Lorsque le groupe a compris les raisons de ses attitudes défensives, a appris à affronter les conflits et les a analysés, chacun a pu contribuer non seulement au bien-être du malade, mais aussi à l'évolution et à la compréhension des autres participants. Lorsque l'obstacle de la peur est grand, le besoin est tout aussi grand. Cela peut être la raison pour laquelle le fruit de notre travail a tellement meilleur goût maintenant, parce qu'il a fallu remuer un sol ingrat et accorder tant de soins à son ensemencement.

Réactions des étudiants

La plupart de nos étudiants sont venus à ce cours sans savoir ce qu'il fallait en attendre exactement ou parce qu'ils avaient entendu rapporter par d'autres étudiants certains traits qui les intéressaient. La plupart d'entre eux ont eu le sentiment qu'ils devaient rencontrer des «malades réels» avant d'être chargés de la responsabilité de les soigner. Ils savaient que les entretiens avaient lieu derrière un miroir transparent et que cela servait aux étudiants à se familiariser avec le procédé avant d'avoir à visiter et à affronter un véritable malade. Un grand nombre d'étudiants (avons-nous appris plus tard au cours des discussions) s'étaient inscrits à cause de certains conflits non résolus dans leur propre vie à propos de la mort d'un être aimé ou d'un être ambivalent, et quelques-uns vinrent dans le désir d'apprendre les techniques d'entretien et d'interrogation. La plupart ont dit être venus pour apprendre davantage dans ce domaine complexe, l'agonie; il n'y en eut que quelques-uns qui avaient vraiment cette intention. Plus d'un venait à la première entrevue, très sûr de lui, et décidé à quitter l'auditoire avant la fin de l'entretien. Beaucoup d'étudiants ont dû faire plusieurs tentatives avant d'être capables d'aller jusqu'au bout de l'entrevue et de la discussion et ils étaient encore profondément bouleversés après qu'un malade eut demandé de faire la séance dans l'auditoire et non derrière le miroir.

Il fallut trois séances et davantage avant qu'ils soient à l'aise pour parler de leurs propres réactions et de leurs impressions devant le groupe et beaucoup continuèrent à discuter de leurs réactions bien après la tombée de la nuit. Il y avait un étudiant qui reprenait constamment de petits détails de l'entretien en lançant un argument nouveau dans le groupe, jusqu'à ce que les autres participants se demandent si ce n'était pas, là aussi, une manière d'éviter le vrai problème, la mort imminente du malade. D'autres ne pouvaient parler que des problèmes de technique médicale et d'organisation, se sentant très mal à

l'aise lorsque l'assistante sociale évoqua la détresse d'un jeune mari et d'enfants en bas âge. Lorsqu'une infirmière mentionna et mit en doute la raison d'être de certains procédés et de certains examens, les étudiants en médecins s'identifièrent immédiatement au médecin qui les avait prescrits et volèrent à son secours. Un autre étudiant en médecine se demanda s'il réagirait de la même façon si le malade était son père et qu'il ait, lui, à donner des ordres. Tout à coup, les étudiants des diverses disciplines commencèrent à prendre conscience des dimensions des problèmes que les médecins ont à affronter et à mieux apprécier non seulement le rôle du malade, mais aussi les conflits et les responsabilités des divers membres de l'équipe soignante. On fit ainsi l'expérience d'un respect croissant et d'une plus grande estime du rôle de chacun, ce qui permit aux participants du groupe de mettre en commun leurs problèmes au plan interdisciplinaire.
Partis d'un sentiment qui était à l'origine l'embarras, l'impuissance ou la simple peur, ils purent parvenir à un sentiment de maîtrise du groupe sur les problèmes en prenant progressivement conscience de leur propre rôle dans ce psychodrame. Chacun d'eux fut contraint d'aborder les questions capitales; il devait s'y engager, sinon quelqu'un d'autre dans le groupe ne tarderait pas à relever sa fuite devant la réalité. De la sorte, chacun pour son compte s'efforça d'assumer sa propre attitude en face de la mort et put se familiariser avec elle en même temps que tout le groupe. Parce que chacun dans le groupe passa par le même processus douloureux, mais prometteur, il devint plus facile aux membres, pris individuellement, de voir que, comme dans la thérapeutique de groupe, la résolution de ses propres problèmes pouvait aider les autres à affronter leurs propres conflits et à apprendre comment les résoudre le mieux possible. Ouverture d'esprit, honnêteté et acceptation ont permis de constater ce que chaque membre pouvait apporter au groupe.

Réactions des malades

A l'opposé du personnel soignant, les malades ont réagi favorablement et de façon extrêmement positive à nos visites. Moins de deux pour cent des patients interrogés ont sèchement refusé d'assister au séminaire, un seul d'entre eux sur deux cents ne voulut même pas parler de la gravité de sa maladie, des problèmes résultants de cette maladie incurable ou de ses craintes de mourir. Ce type de malades est décrit avec plus de détails (chapitre III sur le refus).

Tous les autres malades ont accueilli favorablement la possibilité de parler avec quelqu'un qui les soignait. La plupart d'entre eux ont commencé par nous éprouver d'une manière ou de l'autre pour s'assurer que nous voulions vraiment parler des dernières heures ou des soins des derniers moments. En majorité, les patients ont bien accueilli notre façon de renverser leurs positions défensives et ont été soulagés de n'avoir pas à jouer un jeu de conversation superficielle tandis qu'au fond d'eux-mêmes, ils étaient profondément troublés par des peurs réelles ou imaginaires. Beaucoup d'entre eux réagirent à notre première conversation comme si nous avions ouvert une écluse: ils déversèrent tous leurs sentiments refoulés et témoignèrent d'une très réelle détente après ces entretiens.

Certains malades retardèrent la confrontation, simplement pour nous demander le lendemain ou dans la semaine suivante, de venir les voir et parler avec eux. Il est utile pour ceux qui tentent de faire ce travail de se rappeler qu'un refus, de la part d'un malade, ne signifie pas: «Non, je ne veux pas parler de ça.» Cela signifie seulement: «Je ne suis pas prêt maintenant à tout avouer et à faire part de certains de mes soucis.» Si l'on ne cesse pas les visites après ce refus, le patient donnera lui-même le feu vert quand il sera prêt à parler. Tant qu'ils savent que quelqu'un est disponible aussitôt qu'ils seront prêts, ils appelleront au bon moment. Beaucoup de ces malades ont exprimé plus tard leur reconnaissance pour notre patience et nous ont fait part des luttes qu'ils avaient eu au fond d'eux-mêmes avant de pouvoir les traduire par des mots.

Il y a beaucoup de malades qui n'emploient jamais le mot mort ou agonie, mais qui en parlent sans cesse de manière déguisée. Un thérapeute perspicace peut répondre à leurs questions ou à leur anxiété en se servant des mots qu'ils évitent et être d'un très grand secours pour ce genre de malades. De nombreux exemples en sont donnés dans les cas de Mme A. et de Mme K. (chap. II et III).

Si nous nous demandons ce qui est si utile et si important pour qu'un aussi grand nombre de malades à fin de vie désirent faire cette expérience en notre compagnie, nous devons prendre garde aux réponses qu'ils nous donnent lorsque nous les questionnons sur les raisons de leur accord. Beaucoup de malades se sentent totalement désespérés, inutiles, incapables de trouver une signification à leur existence quand ils sont dans cet état. Ils attendent les tournées des médecins, un traitement aux rayons-X peut-être, la venue de l'infirmière qui apporte les médicaments; et les jours et les nuits se succèdent dans une monotonie sans fin. Et voilà que dans cette monotonie languissante, un visiteur entre, il les ranime, il est curieux comme un être humain, il s'étonne de leurs réactions, s'enquiert de leurs forces, de leurs espoirs, de leurs déceptions. Quelqu'un prend réellement une chaise et s'assied. Quelqu'un les écoute vraiment sans être pressé de partir. Quelqu'un ne parle pas par euphémismes, mais de manière concrète, loyale, dans un langage simple, des choses qui occupent une place constante dans leur esprit – qu'on peut repousser par moment, mais qui reviennent toujours au premier plan.

Quelqu'un vient rompre la monotonie, la solitude, l'attente sans but et désespérante.

Un autre aspect de la question est peut-être plus important: le sentiment que leurs communications peuvent avoir de l'importance et avoir une signification utile au moins à d'autres. Il y a un sens du service chez ces patients, au moment où ils sentent qu'ils n'ont plus aucune utilité pour personne sur cette terre. A tel point qu'un malade déclare: «Je voudrais être utile à quelqu'un. Peut-être en donnant mes yeux ou mes reins, mais cet entretien me paraît bien mieux, parce que je puis le faire pendant que je suis encore en vie.»

Certains malades ont utilisé le séminaire pour éprouver leurs forces d'une manière particulière. Ils s'en sont servi pour nous évangéliser, pour nous parler de leur foi en Dieu, du fait qu'ils sont prêts à accepter sa volonté, alors que la peur était inscrite sur leur visage. D'autres avaient une foi authentique qui leur permettait d'accepter la fin de leur vie; ils ont été fiers de le faire savoir devant un groupe de jeunes, dans l'espoir qu'il en resterait quelque chose. Notre cantatrice d'opéra souffrant d'une tumeur de la face demanda à venir dans notre classe comme ultime spectacle, comme dernière occasion de chanter devant nous avant de retourner dans sa salle où l'on était prêt à lui arracher les dents avant un traitement aux rayons.

Ce que je tente de dire, c'est que les réactions ont été unanimement positives, les raisons et les motifs très variés. Quelques malades ont pu désirer refuser, mais ont craint que ce refus puisse avoir des conséquences sur les soins qu'ils recevraient par la suite. Un pourcentage certainement plus élevé en a profité pour étaler leur colère et leur mauvaise humeur contre l'hôpital, le personnel, la famille ou le monde en général à cause de leur isolement.

Vivre un temps qui ne nous appartient plus, attendre en vain que les médecins fassent leur tournée, languir d'heures de visite en heures de visite, regarder par la fenêtre, espérer qu'une infirmière disposera d'un moment pour bavarder... c'est ainsi que beaucoup de malades parvenus en fin de vie passent le temps. Est-il donc étonnant que ces patients soient intrigués par un étrange visiteur qui veut leur parler de leurs propres impressions, de leurs réactions dans ces circonstances? Qui vient s'asseoir et partager certaines de leurs frayeurs, de leurs rêveries, des souhaits qu'on formule pendant ces heures de solitude? Peut-être n'est-ce que cela, un peu d'attention, un peu d'«ergothérapie», l'interruption de la monotonie des choses, un peu de couleur sur la blancheur des murs de l'hôpital, que ce séminaire offre à ces malades. Ils sont tout à coup habillés, assis dans un fauteuil roulant, conscients qu'un groupe de gens pleins d'intérêt est attentif. Ce n'est peut-être que cette attention qui est secourable et qui apporte un rayon de soleil, un peu de signification et peut-être d'espoir dans la vie d'un malade dont la maladie est incurable.

La meilleure manière de mesurer l'accueil favorable que les malades ont fait à ce type d'activité est probablement le fait qu'ils nous ont tous bien accueillis pendant le reste de leur hospitalisation, temps pendant lequel le dialogue s'est poursuivi. La majorité des malades renvoyés chez eux ont maintenu le contact de leur propre initiative par des appels télephoniques dans des périodes critiques ou lors d'événements importants. Mme W. m'a téléphoné pour me faire part de ses sentiments de grand soulagement lorsque ses médecins, les Dr. K. et P. lui ont rendu visite chez elle pour contrôler sa santé. Son désir de nous faire part de la bonne nouvelle est peut-être un indice

de l'intimité de ces relations officieuses, mais significatives. Elle a dit: «Si j'étais sur mon lit de mort et que je voie l'un des deux, je suis sûre que je mourrais le sourire aux lèvres!» Cela montre la portée de ce genre de relations, ce qu'elles peuvent devenir et à quel point de petits témoignages d'intérêt peuvent constituer d'importantes communications.
Le Dr B. a été décrit dans des termes analogues par M. E. qui disait: «J'étais si désespéré par l'absence de tout contact humain, j'étais prêt à tout laisser tomber. Les internes venaient à longueur de journée me piquer les veines. Ils ne s'occupaient pas de savoir si le lit et le pyjama étaient en désordre. Et puis, un jour, le Dr B. entra et avant que je m'en aperçoive, il retira une aiguille. Je n'ai rien senti, il l'a fait si adroitement. Puis il m'a mis un pansement – cela ne s'était jamais fait auparavant – et m'a expliqué comment l'enlever pour que ça ne fasse pas mal!» M. E. (jeune père de trois très petits enfants, qui avait une leucémie aiguë) disait que c'était là la chose la plus frappante qui lui était arrivée pendant son épreuve.
Les malades réagissent souvent avec une reconnaissance exagérée envers quelqu'un qui a pris soin d'eux et leur a consacré un peu de son temps. Ils sont sevrés de ces prévenances dans un monde encombré de gadgets où ils sont des numéros et il n'est pas surprenant qu'un petit geste d'humanité déclenche une réaction aussi excessive.
A une époque d'incertitude, à l'époque de la bombe à hydrogène, d'agitation générale et de la grande masse, un petit don personnel peut reprendre une valeur considérable. Le don est réciproque: de la part du malade, sous la forme de l'aide, de l'inspiration et de l'encouragement qu'il peut apporter à ceux qui ont les mêmes difficultés; de notre part, sous la forme de nos attentions, de notre temps et de notre désir de partager avec d'autres ce qu'ils nous ont appris à la fin de leur vie.
La dernière raison de la bonne réaction d'un malade peut être le besoin d'un mourant de laisser quelque chose derrière lui, de faire un petit cadeau, éventuellement de créer l'illusion de l'immortalité. Nous reconnaissons que nous avons apprécié leur façon de partager avec nous leurs idées sur ce sujet tabou, nous leur disons que leur rôle est de nous *instruire,* d'aider ceux qui viendront après eux, en créant ainsi l'idée que quelque chose vivra peut-être après leur mort, une idée, un sémi-

naire où leurs suggestions, leur imagination, leurs pensées continueront à vivre, à être discutées, à être en quelque sorte immortalisées.

Une communication a été établie par le malade mourant qui tente de se détacher des relations humaines pour affronter la dernière séparation avec le moins de liens possible, mais qui est incapable d'y parvenir sans l'aide de personnes extérieures qui prennent leur part de ses difficultés et de ses conflits.

Nous parlons de la mort – sujet socialement proscrit – d'une manière franche et sans complications, ouvrant ainsi la porte à une grande diversité de discussions, permettant un refus total, si cela semble nécessaire ou une conversation franche sur les craintes et les soucis du malade, si c'est cela qu'il choisit. Le fait que *nous* ne pratiquions pas le refus, que nous soyons prêts à employer les mots de mort, d'agonie, est peut-être la communication la plus favorablement accueillie par la plupart de nos patients.

Si nous essayons de résumer brièvement ce que ces malades nous ont enseigné, le fait qui ressort à mon avis est qu'ils sont tous conscients de la gravité de leur maladie, qu'on le leur ait dit ou non. Ils ne font pas toujours part de cette certitude à leur médecin ou à leurs proches. La raison de cette attitude est qu'il est pénible de penser à cette réalité; tout conseil implicite ou explicite de ne pas en parler est perçu par le malade qui, pour le moment, l'accepte avec soulagement. Cependant, il vient un moment où tous nos patients ont senti le besoin de parler à quelqu'un de leurs préoccupations, d'ôter le masque, de regarder la réalité en face, de régler certaines affaires d'importance vitale pendant qu'il était encore temps. Ils ont accueilli avec reconnaissance une percée dans leurs défenses, ils ont apprécié notre disponibilité, le fait que nous étions prêts à parler avec eux de leur mort prochaine et des tâches qu'ils n'avaient pas terminées. Ils désiraient partager avec une personne compréhensive certains de leurs sentiments, en particulier celui de colère, de rage, d'envie, de culpabilité, d'isolement. Ils ont clairement fait comprendre qu'ils pratiquaient la dénégation, lorsque le médecin ou un membre de la famille s'attendait à la dénégation, à cause de leur dépendance à leur égard et de leur besoin de conserver une relation humaine.

Les malades n'avaient pas d'objection à ce que le personnel ne les confronte pas avec les faits de manière directe, mais ils étaient vexés d'être traités comme des enfants et de ne pas être respectés lorsque des décisions importantes devaient être prises. Ils ont tous perçu un changement d'attitude et de comportement lorsque le diagnostic de cancer était posé et ils ont pris conscience de leur état à cause de ce changement d'attitude de leur entourage. Autrement dit, ceux à qui on ne disait pas directement ce qu'ils avaient l'apprenaient de toute manière par le message implicite et le changement de comportement de la parenté ou du personnel soignant. Ceux à qui l'on disait les choses explicitement ont été presque unanimes à approuver cette circonstance, à l'exception de ceux qui ont été mis au courant brutalement, dans un couloir, un hall, sans préparation ni suite, ou encore d'une manière qui brisait tout espoir.

Tous nos malades ont réagi aux mauvaises nouvelles d'une façon presque identique, typique non seulement de l'annonce d'une maladie inguérissable, mais de toute réaction humaine en face d'un coup très brutal et inattendu: choc et incrédulité. La dénégation a été le fait de la plupart de nos patients, durant de quelques secondes à plusieurs mois, comme le révèlent quelques-uns des entretiens que nous avons mentionnés. Cette dénégation n'est jamais totale. Après elle, ce qui domine est la colère et la rage. Elles s'expriment sous des formes multiples, comme une envie à l'égard de ceux qui sont encore capables de vivre et d'agir. Cette colère était partiellement justifiée et amplifiée par les réactions du personnel et de la famille, souvent presque irrationnelles, et par la répétition de certaines expériences antérieures, comme le montre l'exemple de Sœur I. Lorsque l'entourage était capable de supporter cette colère sans en faire une question de personne, le malade était très efficacement aidé à atteindre le stade de la récrimination temporaire suivi d'une dépression, qui est une étape conduisant à l'acceptation finale. Le diagramme suivant montre comment ces étapes ne se remplacent pas l'une l'autre, mais peuvent cœxister et se chevaucher parfois.

L'acceptation finale a été atteinte par beaucoup de malades sans aide externe, d'autres ont eu besoin d'aide pour passer à travers ces différentes étapes et mourir en paix avec dignité.

Quels qu'aient été le degré de maladie ou les mécanismes par lesquels ils ont assumé leur état, tous nos malades ont conservé une forme de l'espoir jusqu'au dernier moment. Les patients qui ont été informés du diagnostic fatal les concernant, sans qu'on leur laisse entrevoir la moindre chance, sans une lueur d'espoir, sont ceux qui ont le plus mal réagi et n'ont jamais pu se réconcilier complètement avec la personne qui leur a donné cette information de manière trop brutale. Pour ce qui concerne nos malades, tous ont conservé quelque espoir et il est bon pour nous de nous en souvenir! Cet espoir peut consister dans l'attente d'une nouvelle découverte, de résultats nouveaux dans quelque laboratoire de recherches, d'un nouveau remède, d'un nouveau sérum, il peut provenir d'un miracle de Dieu ou de la découverte que les radiographies ou les coupes pathologiques concernaient en réalité un autre malade. Il peut provenir d'une rémission survenant naturellement, comme la décrit éloquemment M. J. (au chapitre IX), mais c'est cet espoir qui devrait subsister, que nous soyons ou non d'accord avec la forme qu'il a prise.

Bien que nos malades aient beaucoup apprécié le fait de pouvoir faire part de leurs appréhensions et aient parlé avec nous très librement de la mort et de son approche, ils nous ont aussi donné eux-mêmes le signal pour changer de sujet et pour aborder des questions plus agréables. Ils ont tous reconnu qu'il était bon de pouvoir exprimer en plein jour leurs impressions; ils avaient aussi besoin d'en choisir le moment et sa durée.

Des conflits et des mécanismes de défense antérieurs nous permettent de prédire jusqu'à un certain point les mécanismes de défense qu'un patient utilisera de préférence au moment de cette crise. Les gens simples, ayant moins de conventions sociales, moins d'attitudes compliquées, moins de liens avec la société, moins d'obligations professionnelles, semblent avoir relativement moins de difficultés à faire face à cette crise finale que ceux qui vivent dans l'aisance et qui perdent beaucoup plus du point de vue du luxe matériel, du confort et du nombre de leurs relations personnelles. Ils semble que ceux qui ont vécu une vie de souffrances, de travail épuisant, de peines, qui ont élevé leurs enfants et ont eu des satisfactions dans leur travail, montrent plus de facilité à accepter la mort paisiblement et dignement que ceux qui ont dominé ambitieusement leur

– «Etapes» de l'approche de la mort

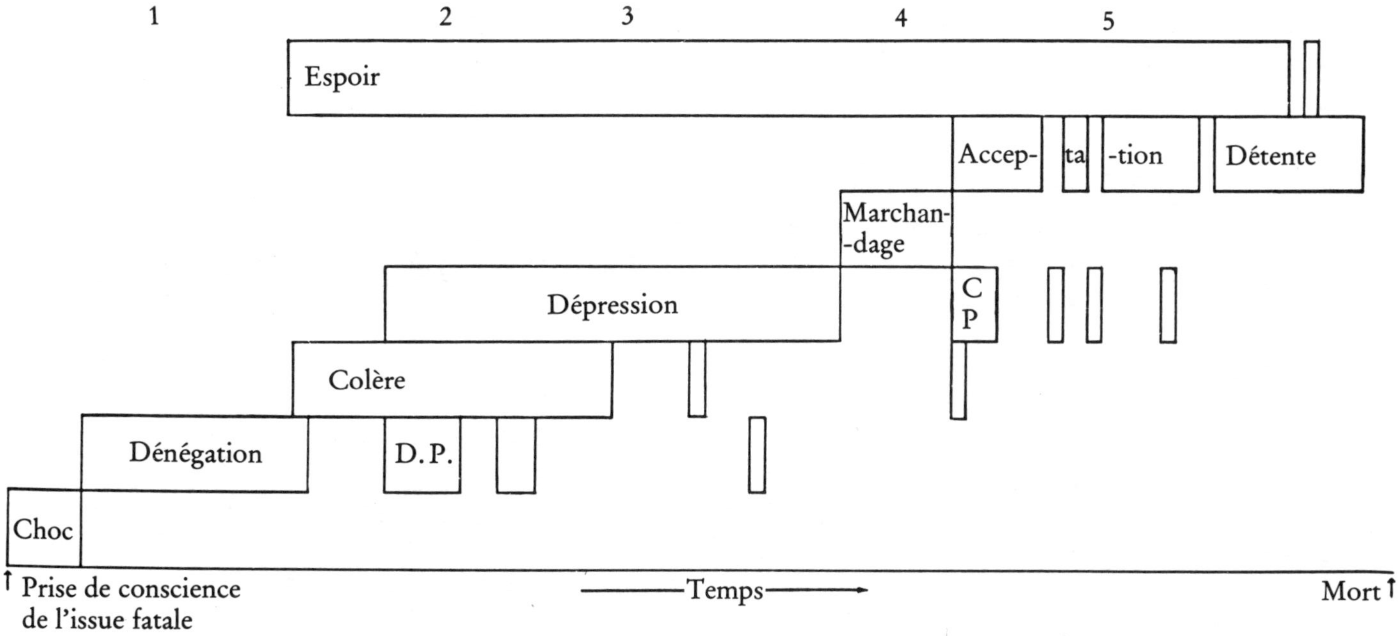

C.P. = Chagrin préparatoire
D.P. = Dénégation partielle

entourage, accumulé des biens matériels, entretenu un grand nombre de relations sociales, mais moins de relations personnelles, si nécessaires à la fin d'une vie. C'est ce qui a été exposé dans plus d'un exemple détaillé au chapitre IV sur le stade de colère.

Les malades religieux semblent peu différents de ceux qui n'ont pas de religion. La différence peut être difficile à définir, puisque nous n'avons pas déterminé avec précision ce que nous entendions par personne religieuse. Nous pouvons toutefois dire que nous n'avons trouvé que très peu de personnes vraiment religieuses ayant une foi personnelle profonde. Ces rares personnes ont été aidées par leur foi et la meilleure comparaison est celle qu'on peut faire entre eux et les rares patients qui étaient de vrais athées. La majorité des malades était entre deux, ils avaient certaines formes de croyance religieuse, mais pas assez pour les préserver des conflits et de la peur.

Lorsque nos malades atteignaient l'étape de l'acceptation et de la décontraction, des interventions de l'extérieur étaient considérées comme le trouble le plus grand et elles ont empêché plusieurs malades de mourir en paix dans la dignité. C'est le signal de la mort imminente et cela nous a permis de prévoir la mort prochaine alors qu'il n'y avait pas ou peu d'indices de celle-ci au plan médical. Le malade réagit à un système de signaux internes qui l'avertit de sa mort imminente. Nous sommes capables de percevoir ces signaux sans connaître réellement les signes psychosomatiques que perçoit le patient. Lorsqu'on interroge le malade, il peut reconnaître cette prise de conscience et nous la communique souvent en nous demandant de nous asseoir à son chevet maintenant, parce qu'il sait que demain, ce sera trop tard. Nous devrions être très attentifs à cette insistance de la part de nos malades, parce que nous risquons de manquer la chance unique de les écouter pendant qu'il est encore temps.

Notre séminaire interdisciplinaire sur l'étude des malades parvenus à leurs derniers moments est devenu un moyen reconnu d'aborder l'enseignement, il est fréquenté chaque semaine par plus de cinquante personnes provenant de milieux différents, de disciplines et de motivations variées. C'est peut-être le seul endroit où le personnel hospitalier se retrouve de manière inofficielle et discute des besoins et des soins globaux du malade sous différents angles. En dépit du nombre croissant d'étudiants qui y participent, le séminaire ressemble souvent à un groupe en séance thérapeutique dans lequel les participants parlent librement de leurs propres réactions et de leurs visions concernant le malade, apprenant ainsi quelque chose sur leurs propres motivations et leur propre comportement.

Les étudiants en médecine et en théologie bénéficient d'avantages académiques en suivant ce cours et ont écrit des mémoires utiles sur ce thème. En bref, c'est devenu une partie intégrante du programme de beaucoup d'étudiants qui rencontrent des malades à fin de vie plus tôt au cours de leurs études, pour être mieux préparés à en prendre soin quand ils en seront responsables, de manière à être moins sur la défensive. Des généralistes et des spécialistes plus chevronnés ont assisté au séminaire et ont apporté leur contribution grâce à leur expérience pratique en dehors de l'organisation hospitalière. Les infirmières, les assistantes sociales et le personnel administratif ont participé avantageusement à ce dialogue entre les disciplines et chaque discipline a appris quelque chose aux autres sur leur rôle professionnel et sur leurs propres luttes. Cela a créé une compréhension mutuelle beaucoup plus large, une plus grande estime, non seulement par la mise en commun des responsabilités partagées, mais surtout peut-être par l'acceptation mutuelle d'une franche expression de nos propres réactions, de nos craintes et de nos imaginations. Si un médecin peut avouer qu'il a la chair de poule en écoutant un certain malade, son infirmière peut se sentir plus détendue lorsqu'elle fait part de ses sentiments intimes en face de cette situation.

Une malade a peut-être exprimé le plus éloquemment le changement de l'atmosphère. Elle nous avait appelés pendant une hospitalisation précédente pour exprimer sa mauvaise humeur et sa rancœur à propos de la solitude et de l'isolement dans lequel elle se trouvait dans une certaine salle. Elle eut une rémission inattendue et nous fit venir une seconde fois lorsqu'elle fut admise à l'hôpital après rechute. Elle avait une chambre dans l'unité où elle était précédemment et désirait revenir au séminaire pour y faire part de sa surprise de voir que l'atmosphère y était complètement différente. «Imaginez-vous» dit-elle, «il arrive maintenant qu'une infirmière entre dans ma chambre, prend réellement son temps et demande:

‹Avez-vous envie de parler?› » Nous n'avons pas de preuve que ce soit vraiment le séminaire et la plus grande aisance des infirmières qui ont provoqué ce changement, mais nous avons, nous aussi, noté les changements intervenus dans cette unité précise où nous avons un nombre croissant de rapports médicaux, de requêtes des infirmières et de demandes de nouveaux malades graves.

Mais le plus grand changement est peut-être le fait que le personnel lui-même nous demande en consultation, ce qui est un signe d'une prise de conscience croissante qu'il a des conflits qui peuvent avoir de fâcheuses conséquences sur le meilleur traitement à donner au malade. Dernièrement, nous avons aussi reçu des demandes de malades incurables et de membres de leur famille en dehors de l'organisation hospitalière pour trouver pour eux des tâches dans les structures du séminaire, pour donner plus de sens à leur propre vie et à d'autres personnes qui se trouvaient dans des circonstances semblables.

Peut-être qu'au lieu de sociétés gelées, nous devrions susciter des sociétés traitant les questions de la mort et de sa préparation pour encourager au dialogue sur ce sujet et aider les gens à vivre en étant moins effrayés jusqu'à leur mort.

Un étudiant a écrit dans un journal que l'aspect le plus surprenant de ce séminaire était peut-être que nous parlions si peu de la mort elle-même. N'est-ce pas Montaigne qui disait que la mort n'est qu'un instant ou cesse le fait de mourir? Nous avons appris que pour le malade, la mort elle-même n'est pas le problème, mais qu'on craint l'agonie à cause du sentiment qui l'accompagne, désespoir, impuissance, isolement. Ceux qui ont suivi le séminaire et réfléchi à ces choses ont exprimé librement leurs impressions et ont fait l'expérience que quelque chose peut être fait, non seulement affrontent leurs malades avec moins d'anxiété, mais se sentent aussi beaucoup plus à l'aise vis-à-vis de la possibilité de leur propre mort.

XII. Therapeutique des malades a fin de vie

La mort fait partie de la vie comme la naissance. La marche est faite du pied qui se lève et du pied qui se pose.
R. Tagore, Stray Birds CCLXVII

De ce qui précède, il ressort que le malade à fin de vie a des besoins très particuliers qui peuvent être comblés si nous prenons le temps de les écouter et de chercher quels ils sont. La chose la plus importante à lui communiquer est peut-être le fait que nous sommes prêts à partager avec lui quelques-uns de ses soucis. Le travail auprès des mourants exige une certaine maturité qui ne naît que de l'expérience. Nous devons jeter un coup d'oeil sans complaisance sur notre propre attitude en face de la mort et de l'agonie avant de pouvoir nous asseoir tranquillement et sans anxiété au chevet d'un malade moribond.

L'entretien qui ouvre les portes est une rencontre entre deux personnes qui peuvent communiquer sans crainte ni anxiété. Le thérapeute – médecin ou chapelain ou quiconque assume ce rôle – cherchera à faire savoir au malade dans son propre langage et dans ses actes, qu'il ne prendra pas la fuite si les mots cancer ou agonie sont prononcés. Le patient ne tardera pas à saisir cette occasion pour s'ouvrir ou il fera savoir à son interlocuteur qu'il est sensible à ce message, mais que le temps n'est pas propice. Le malade fera savoir à cette personne quand il sera prêt à faire part de ses préoccupations et le thérapeute lui donnera l'assurance qu'il reviendra en temps opportun. Beaucoup de nos malades n'ont pas eu davantage que cet entretien destiné à ouvrir les portes. A l'époque, ils s'accrochaient à la vie à cause d'une affaire inachevée; ils se faisaient du souci pour une sœur arriérée et n'avaient trouvé personne pour la prendre en charge s'ils mouraient ou ils n'avaient pas pu prendre de dispositions pour s'occuper d'enfants et avaient besoin de partager ce souci avec quelqu'un. D'autres étaient rongés de remords pour quelque «péché» réel ou imaginaire et se sentaient profondément soulagés lorsque nous leur avons donné l'occasion d'en faire part, spécialement en présence du chapelain. Tous ces malades se sont senti mieux après ces «confessions» ou les dispositions prises pour s'occuper des autres; ils moururent généralement peu après que quelqu'un s'était déclaré prêt à reprendre à son compte ces tâches inachevées. Il est rare qu'une crainte irréelle empêche un malade de mourir, comme nous en avons donné un exemple dans l'histoire de la femme qui «avait trop peur de mourir» parce qu'elle ne pouvait concevoir d'être «dévorée vivante par les vers» (chapitre IX). Elle avait la phobie des vers et était en même temps consciente de l'absurdité de cette peur. Parce que c'était si saugrenu, comme elle le disait elle-même, elle était incapable d'en faire part à sa famille qui avait dépensé toutes ses économies pour son hospitalisation. Après une entrevue, cette vieille dame put faire part de ses craintes et sa fille l'assista pour prendre des dispositions pour son incinération. Cette malade mourut aussi peu après qu'elle eut été amenée à exprimer à haute voix ses terreurs.

Nous sommes toujours étonnés de la mesure dans laquelle une séance peut soulager un malade d'un fardeau écrasant et nous nous demandons pourquoi il est si difficile pour le personnel soignant et la famille de découvrir ses besoins puisqu'il suffit souvent d'une simple question directe.

Bien que M. E. ne soit pas un malade dont l'issue était fatale, nous nous servirons de son cas comme exemple typique d'un entretien destiné à ouvrir les portes. Il s'applique bien à la situation parce que M. E. se présentait lui-même comme un mourant, à la suite de conflits non résolus accélérés par la mort d'une personne ambivalente.

M. E. Juif de quatre-vingt trois ans, avait été admis dans les services d'un hôpital privé à cause d'une grave perte de poids, d'anorexie et de constipation. Il se plaignait d'innombrables maux dans l'abdomen et avait un aspect hagard et épuisé. Son humeur générale était dépressive et il pleurait très facilement.

Un examen médical complet se révéla négatif et le chef de clinique finit par demander une expertise psychiatrique. Il fut interrogé au cours d'un entretien thérapeutique et diagnostique en présence de nombreux étudiants. Il ne fit aucune objection devant cette assemblée et parut soulagé de parler de ses propres problèmes. Il raconta qu'il était en parfaite santé jusque quatre mois avant son admission, quand il devint subitement «un homme vieux, malade et solitaire». Questionné plus avant, il relata que quelques semaines avant le début de toutes ses misères physiques, il avait perdu une belle-fille et deux semaines avant que commencent ses maux, sa femme avec laquelle il était brouillé était morte subitement pendant qu'il était en vacances hors de la ville.

Il était en colère contre sa parenté de n'être pas venu le voir lorsqu'il l'attendait. Il se plaignit du service des infirmières et était en général très critique à l'égard des soins dont il était l'objet de la part de tout le monde. Il était certain que ses parents viendraient immédiatement, s'il pouvait leur promettre «quelques milliers de dollars à sa mort» et il élaborait à longueur de journée des projets de logement dans lequel il vivrait avec d'autres vieilles personnes et des voyages de vacances auxquels tous seraient invités à participer. Il ne tarda pas à apparaître que sa colère était en rapport avec le fait qu'il était pauvre et que cette pauvreté signifiait qu'il devait faire son excursion lorsqu'elle était prévue pour son lieu de résidence, ce qui revient à dire qu'il n'avait aucun choix en la matière. Questionné davantage, il finit par laisser entendre qu'il se reprochait son absence lors de l'hospitalisation de sa femme et qu'il cherchait à transposer cette faute sur les personnes qui organisaient les vacances.

Lorsque nous lui avons demandé s'il ne s'était pas senti abandonné par sa femme et s'il n'était pas tout simplement incapable d'admettre cette rancœur contre elle, une avalanche de sentiments amers s'exprimèrent, à travers lesquels il nous fit part de son incapacité de comprendre pourquoi elle l'avait quitté en faveur d'un frère (qu'il taxait de nazi), comment elle avait élevé leur fils unique comme non-juif et finalement comment elle l'avait laissé seul maintenant, alors qu'il avait tellement besoin d'elle! Parce qu'il se sentait très coupable de ses sentiments négatifs envers la défunte, il transposait ces sentiments sur la parenté et le personnel hospitalier. Il était convaincu qu'il devait être puni pout toutes ces mauvaises pensées et qu'il devait souffrir peines et tourments pour diminuer sa culpabilité.

Nous lui avons simplement dit que nous pouvions partager ses sentiments mélangés, qu'ils étaient très humains et que tout le monde en avait de semblables. Nous lui avons aussi dit carrément que nous nous demandions s'il ne pourrait pas avouer quelque colère contre sa femme et l'exprimer dans de brèves visites que nous lui ferions par la suite. Il répondit à cela: «Si cette douleur ne disparaît pas, je n'aurai plus qu'à sauter par la fenêtre». A quoi nous avons répondu: «Votre mal peut provenir de tous ces sentiments de colère et de déception que vous ravalez. Faites-les sortir de votre système sans avoir honte et vos douleurs disparaîtront probablement.» Il nous quitta avec des sentiments visiblement mélangés, mais il demanda à recevoir de nouveau notre visite.

L'interne qui le raccompagna dans sa chambre fut impressionné par son attitude effondrée et en prit note. Il insista sur ce que nous avions dit pendant l'entretien et confirma que ses réactions étaient parfaitement normales, après quoi le patient se redressa et retourna dans sa chambre d'une démarche plus altière.

Une visite le lendemain révéla qu'il n'avait pour ainsi dire pas été dans sa chambre. Il avait passé la plus grande partie de la journée à parler avec les gens, à se rendre à la cafeteria, à jouir de sa nourriture. Sa constipation et ses douleurs avaient disparu. Après deux bonnes séances de décharge intestinale le soir de l'entretien, il se sentit «mieux que jamais» et fit des projets de départ de l'hôpital et de reprise de ses activités antérieures.

Le jour de son départ, il souriait et racontait quelques-uns des bon jours qu'il avait vécus avec sa femme. Il parla aussi du changement de son attitude à l'égard du personnel «à qui j'ai donné bien du fil à retordre» et de sa famille, en particulier de son fils qu'il invita à venir pour mieux le connaître «puisque nous allons nous sentir tous les deux seuls pour un certain temps».

Nous lui avons répété que nous étions à sa disposition, s'il avait d'autres problèmes, physiques ou affectifs et il nous répliqua en souriant qu'il avait reçu là une excellente leçon et qu'il pouvait faire face à sa propre mort avec une égalité d'âme plus grande.

L'exemple de M. E. montre combien des entretiens de ce genre peuvent être bénéfiques pour des personnes qui ne sont pas elles-mêmes malades, mais qui – soit pour raison d'âge, soit simplement parce qu'elles ne parviennent pas à surmonter la mort d'une personne ambivalente – souffrent beaucoup et considèrent leurs maux physiques ou affectifs comme un moyen d'atténuer des sentiments de faute à cause de souhaits hostiles qu'elles veulent étouffer à l'égard de personnes défuntes. Cet homme âgé n'était pas tellement effrayé par la mort que par la contrariété qu'il éprouvait à l'idée de mourir avant d'avoir payé pour les désirs destructeurs qu'il avait eus à l'égard d'une personne morte sans lui donner la possibilité «d'arranger les choses». Il souffrait de douleurs atroces et c'était un moyen de réduire sa crainte de la rétribution et il transposait une bonne part de son hostilité et de sa colère sur le personnel soignant et sur sa parenté, sans être conscient des raisons de son ressentiment. Il est saisissant de voir à quel point un simple entretien peut révéler une foule de ces données et comment quelques explications jointes à l'affirmation que ces sentiments d'amour et de haine sont humains et compréhensibles et n'exigent pas le paiement d'un prix cruel, peuvent soulager et faire disparaître une quantité de ces symptômes somatiques.

Pour les malades qui n'ont pas à résoudre un problème simple et unique, une thérapeutique à court terme est utile et n'exige pas nécessairement l'intervention d'un psychiatre, mais une personne compréhensive qui a le temps de s'asseoir pour écouter. Je pense à des malades comme sœur I., qui a été visitée à plusieurs reprises et qui a reçu sa thérapeutique autant de ses camarades de chambrée que de nous. Ce sont des malades qui ont la chance d'avoir assez de temps pour résoudre certains de leurs conflits pendant leur maladie et peuvent parvenir à une compréhension plus profonde et à une plus grande appréciation des choses dont ils peuvent encore jouir. Ces séances thérapeutiques, comme les brèves séances de psychothérapie avec des maldes plus gravement atteints, sont irrégulières dans leur durée et leur fréquence. Elles sont fixées individuellement selon les conditions physiques du malade, sa capacité et son désir de parler à un moment donné; elles comportent souvent des visites de quelques minutes pour les assurer de notre présence même lorsqu'ils ne désirent pas parler. Elles se poursuivent même plus fréquemment lorsque le malade se sent moins bien et souffre davantage et prennent alors la forme d'une présence silencieuse et amicale plutôt que celle d'une échange de paroles.

Nous nous sommes souvent demandé si une thérapeutique de groupe avec un groupe choisi de malades en fin de vie était indiquée, vu qu'ils ont souvent en commun la même solitude. Ceux qui travaillent dans des divisions de malades à l'extrémité sont parfaitement conscients des interactions qui se produisent entre malades et des nombreuses communications utiles qui se font entre malades graves. Nous sommes souvent surpris du nombre de nos expériences en séminaire qui sont communiquées d'une personne mourante à une autre; nous avons reçu des «rapports» de patient à patient. Nous avons vu des malades assis ensemble dans le «salon» de l'hôpital, qui avaient été interrogés au séminaire et qui ont continué leurs séances officieuses comme des membres d'une fraternité. Jusqu'ici, nous avons laissé aux malades le soin de choisir jusqu'à quel point ils veulent partager leurs expériences avec les autres, mais nous sommes en train d'étudier leurs motivations en vue d'une rencontre plus officielle, puisque cela semble être souhaité au moins par un petit groupe de nos patients. Cela concerne les malades qui ont une maladie chronique exigeant plusieurs hospitalisations successives. Ils ont fait connaissance depuis longtemps, ils ont en commun non seulement la même maladie, mais les mêmes souvenirs des hospitalisations précédentes. Nous avons été très impressionnés par leur réaction presque joyeuse lorsqu'un de leurs «copains» mourait, ce qui n'est autre qu'une confirmation de leur conviction inconsciente que «cela peut t'arriver, mais pas à moi». Cela peut aussi être un facteur qui opère lorsque tant de malades ou de membres de leur famille, comme Mme G. (chapitre VII), prennent plaisir à rendre visite à d'autres malades, peut-être plus gravement atteints qu'eux. Sœur I. se servait de ces visites comme manière d'exprimer son hostilité en découvrant les besoins des malades et en prouvant ainsi au personnel soignant qu'il n'était pas efficace (chapitre IV). En les secondant comme une infirmière, non seulement elle pouvait momentanément nier sa propre incapacité de servir, mais elle pouvait aussi exprimer sa rancœur contre ceux qui se portaient bien et qui étaient incapables de servir les malades avec plus d'efficacité. Accueillir de tels malades dans un système de thérapeutique de groupe les aiderait à comprendre leur comportement et aiderait en même temps le personnel soignant, parce que cela les rendrait plus capables d'admettre leurs propres besoins.

Mme F. est une autre femme qu'il faut évoquer à propos d'une thérapeutique de groupe officieuse qu'elle organisa entre elle et certains jeunes malades graves, tous hospitalisés pour une leucémie ou une maladie de Hodgkin dont elle avait souffert plus de vingt ans. Pendant les années précédentes, elle était hospitalisée en moyenne six fois l'an, ce qui finit par aboutir à sa totale acceptation de sa maladie. Un jour, une jeune fille de dix-neuf ans, Anne, fut admise, terrorisée par sa maladie et son issue et incapable de partager cette terreur avec quelqu'un. Ses parents avaient refusé d'en parler et Mme F. devint dès lors son consolateur officieux. Elle lui parla de son mari, de ses fils, de la maison dont elle s'était occupée pendant tant d'années malgré ses nombreuses hospitalisations et finalement cela rendit Anne capable d'exprimer ouvertement ses angoisses et de poser des questions qui la concernaient. Lorsqu'Anne fut renvoyée chez elle, elle adressa une autre jeune malade à Mme F. et ainsi une réaction en chaîne de relations humaines commença à s'organiser, tout à fait comparable à une thérapeutique de groupe dans laquelle un malade en remplace un autre. Le groupe comportait rarement plus de deux ou trois personnes et resta uni aussi longtemps que ses membres restaient à l'hôpital.

Le silence qui va au-delà des mots

Il y a un moment dans la vie d'un malade où la souffrance cesse, où l'esprit glisse dans un état dont le rêve est absent, où le besoin d'aliments devient minime, ou la conscience du monde environnent commence à s'estomper dans l'obscurité. C'est l'heure où la famille déambule dans les corridors de l'hôpital, tourmentée par l'attente, ne sachant s'il faut cesser d'être là autour du vivant, ou rester auprès de lui jusqu'à

l'instant de sa mort. C'est l'heure où il est trop tard pour parler et pourtant, c'est l'heure où la famille appelle à l'aide avec le plus d'intensité – avec ou sans mots formulés. Il est trop tard pour une intervention médicale (et si on l'entreprend, elle est trop cruelle, malgré les bonnes intentions), mais il est aussi trop tôt pour une séparation définitive d'avec le mourant. C'est le moment le plus dur pour les proches, soit qu'on souhaite se sauver, en finir avec ça; soit qu'on se cramponne désespérément à quelque chose qu'on est en train de perdre pour toujours. C'est l'heure de la thérapeutique du silence à l'égard du patient et de la disponibilité à l'égard des proches.
Le médecin, l'infirmière, l'assistante sociale ou le chapelain peuvent être d'un grand secours pendant ces derniers moments, s'ils peuvent comprendre les conflits familiaux à ce moment-là et aider à choisir la seule personne qui se sente le plus à l'aise en restant auprès du malade agonisant. C'est cette personne qui devient en fait le thérapeute du malade. Ceux qui se sentent trop mal à l'aise peuvent être assistés en soulageant leur sentiment de culpabilité et en leur donnant l'assurance que quelqu'un restera avec le mourant jusqu'à sa mort. Ils peuvent alors rentrer chez eux en sachant que le moribond ne sera pas mort seul, tout en ne se sentant ni honteux, ni coupables d'avoir évité ce moment que tant de gens ont peine à affronter.
Ceux qui ont le courage et l'amour nécessaires pour rester auprès d'un malade agonisant dans le *silence qui va au-delà des mots,* sait que ce moment n'est ni effrayant, ni douloureux, mais la cessation paisible du fonctionnement du corps. Assister à la mort paisible d'un être humain nous rappelle une étoile filante; l'une de ces millions de lumières dans le vaste ciel, étincelle pendant un bref instant pour disparaître dans une nuit sans fin, pour toujours. Etre le thérapeute d'un malade mourant nous fait prendre conscience du caractère unique de chaque individu dans le vaste océan de l'humanité. Cela nous fait prendre conscience de notre finitude, de l'étendue limitée de notre existence. Il y en a peu, parmi nous, qui dépassent soixante-dix années et pourtant, pendant ce temps si court, la plupart d'entre nous créent et vivent une biographie unique, notre fil dans le tissu de l'histoire des hommes.

Dans un vase, l'eau étincelle; dans l'océan elle est sombre.
Petite, la vérité s'inscrit dans des mots clairs;
grande, elle s'épanouit dans le vaste silence.
R. Tagore, Stray Birds CLXXVI

Chez Labor et Fides
Dans la collection tout public ENTRÉE LIBRE

1. Claude F. Molla, *L'Islam, c'est quoi ?*
2. Robert Grimm, *Culpabilité sans issue ?*
3. Francine et André Dumas, *Marie de Nazareth.*
4. Christian Duquoc, *La femme, le clerc et le laïc.*
5. Jacques Galtier, *Protestants en révolution.*
6. Jean-Marc Prieur, *Responsables de la création.*
7. Éric Fuchs et Christian Grappe, *Le droit de résister.*
8. Jean Baubérot, *La laïcité, quel héritage ?*
9. Denis Müller, *Fascinante astrologie.*
10. Jean Baubérot et Jean-Paul Willaime, *ABC du protestantisme.*
11. Otto Schäfer-Guignier, *Et demain la terre...*
12. Carl-A. Keller, *New-Age.*
13. Pierre-Luigi Dubied, *L'angoisse et la mort.*
14. Raphaël Aubert, *La tentation de l'Est.*
15. Wolf Krötke, *La chute du mur.*
16. Éric Junod, *Les sages du désert.*
17. Jean-Pierre Bastian, *Amérique latine. 1492-1992.*
18. Bernard Reymond, *La femme du pasteur.*
19. Bernard Hort, *Rêver l'Église.*
20. Pierre-André Stücki, *Les leçons de l'existentialisme.*
21. Bernard Chevalley, *La foi en ses termes.*
22. Christian Demur et Denis Müller, *L'homosexualité.*
23. Pierre Gisel, *Corps et esprit.*
24. Olivier Abel, *La justification de l'Europe.*
25. Jérôme Koechlin, *Villes du Golfe après la tempête.*
26. Denis Müller, *Réincarnation et foi chrétienne.*
27. Dora C. Valayer, *Le respect des hôtes*
28. James H. Cone, *Malcolm X et Martin Luther King.*

Achevé d'imprimer par Corlet, Imprimeur, S.A.
14110 Condé-sur-Noireau (France)
N° d'Imprimeur : 36437 - Précédent dépôt : septembre 1996 - Dépôt légal : janvier 1999

Imprimé en U.E.